中国易学文化传承解读丛书

奇门启悟

刘文元 著

中国商业出版社

图书在版编目(CIP)数据

奇门启悟 / 刘文元著. —北京：中国商业出版社，2009. 4
ISBN 978-7-5044-6421-7

Ⅰ. 奇… Ⅱ. 刘… Ⅲ. 奇门遁甲—研究 Ⅳ. B992. 2

中国版本图书馆 CIP 数据核字（2009）第 044483 号

责任编辑　孙启泰

*

中国商业出版社出版发行
010-63180647　www.c-cbook.com
（100053 北京广安门内报国寺 1 号）
新华书店总店北京发行所经销
北京龙跃印务有限公司印刷

*

2009 年 4 月第 1 版　2009 年 4 月第 1 次印刷
710×1000 毫米　16 开　19.75 印张　257 千字
定价：45.00 元

* * * *

(如有印装质量问题可更换)

《中国易学文化传承解读丛书》出版前言

中国传统文化以诗、书、易、礼、春秋为源头经典。《三字经》上曾讲“诗、书、易，礼、春秋，号六经，当讲求”，又说“有连山，有归藏，有周易，三易详”。在这六种（其中礼，有周礼、礼记二种）经典中，又以易经为最重要的经典。儒家将其列为群经之首，道家将其列为三玄之冠。因此，武汉大学哲学学院博士生导师唐明邦教授将易经称之为“中华文化的源头活水”。

易经文化的传承，一向分为两大部分，一部分是义理的传承，主要从哲学、政治学、社会学、伦理学等人文科学的方面进行阐释、发挥，以指导现实社会发展的方方面面；另一部分就是数术的传承，主要从未来学、预测学、咨询文化的角度进行阐释、发挥，乃至创新、改造，以适应现实社会生活和各色人等的心理咨询需求。

该套丛书，虽然也有部分文章着重从义理方面进行阐发解读，但大部分著作主要是从数术角度进行传承，进行解读。这十几部书涉及到数术中的绝大部分种类，既有古代称之为“三式”的太乙、奇门、六壬，又有八卦、六爻、梅花易数以及四柱命理等，都是作者近几年最新的研究和实践成果。

数术文化，源远流长。中华传统文化从本质上讲是一种没有宗教的文化（所谓本土宗教道教，也是在佛教等外来宗教传播的形势下，才以道家老子为鼻祖而新创的一种宗教），而易经数术文化在中国历史上在一定意义上发挥着“准宗教”的作用，起着抚慰广大人民心灵的作用，换言之，发挥着社会心理学的作用。这就是它“野火烧不尽，春风吹又生”，能够顽强生存下来，得到持久传承的原因。即使到现代科学如此昌明的今天，有人称之为电子时代，信息化社会，但它不仅未能消亡，反而仍然在生生不息地传承着。

当今社会上人们对数术文化有着不同见解和看法。有人将它斥为“封建迷信”，有人将其视为“预测学”或“民俗学”，也有少数人盲目痴迷它，但大多数人处于不了解的状况。

为了使广大读者能够深层次地了解传统文化中的数术文化，以便独立地确定自己的意见和见解，我们出版了这部“中国易学文化传承解读丛书”，参与解读的作者都是个人研究的心得和实验的成果，正确与否，只是一家之言，一得之见。广大读者可以从中辨别真伪，或赞同，或批判，或质疑，或否定。

本丛书的很多内容讲的是预测及占筮技术。对此，我们比较赞同著名作家柯云路先生的观点，他在给本丛书之一的《梅花新易》一书的序中写到：“占筮技术在当今的实际应用则是该谨慎的。一个，是因为这种占筮技术本身的作用还是有其限度的，现代人该更多依靠科学决策。另一个，这一行良莠不齐，很容易给各种江湖骗子可乘之机。所以，对于一般大众来讲，我的告诫常常是：命一般不算，起码要少算。算错了，被误导，就真不如不算，那很有损害。而要真正使自己活得好，倒是该从大处掌握《易经》中的道理，那就是乾卦讲的‘天行健，君子以自强不息’，还有坤卦讲的‘地势坤，君子以厚德载物’。大的道理是十分简易的，再加上做事中正，为人诚信，与时偕行，知道进退，《易经》的大道理就都有了”。

目　录

序

中国历史上产生的数术种类很多，常见的有卜筮、星命、堪舆、相术、星占、太乙、六壬、奇门等。古今数术界习惯地将太乙、六壬、奇门遁甲这三种数术门类合称为“三式”。其中太乙统天象，奇门管地理，六壬尽人事。

“三式”于众多数术门类中一直占有着极高的地位，被历代学者尊为“帝王之学”、“最高预测学”等。至今民间仍流传着“精通三式，便是神仙”之说法。

“三式”之中，唯奇门遁甲最具神秘色彩。关于奇门遁甲产生的具体年代，现无从考证，大体可定为上限在《周易》成书之后，下限在东汉末年之前。自奇门遁甲产生以来，一直在少数人手中秘密流传。西晋的道教领衔人物葛洪为弘扬道教文化，将奇门遁甲公布于世。在此之后与南北朝及隋代形成了奇门遁甲的鼎盛时代。

在我国正史中最早列有奇门遁甲书名的是《隋书·经籍志》。《隋书·经籍志》中以“遁甲”为题的书名有：遁甲诀一卷（吴相伍子胥撰）、遁甲文一卷（伍子胥撰）、遁甲肘后立成囊中秘一卷（葛洪撰）、遁甲叙三元玉历立成一卷（郭弘远撰）、遁甲立成法一卷（临孝恭撰）、黄帝九元遁甲一卷（王琛撰）、阳遁甲用局法一卷（临孝恭撰）、遁甲反覆图一卷（葛洪撰）、遁甲孤虚记一卷（伍子胥撰）、遁甲秘要一卷（葛洪撰）、三元遁甲六卷（许昉撰）、三正遁甲一卷（杜仲撰）、阳遁甲九卷（释智海撰）等50余种。

从《隋书·经籍志》所列举的书目可以看出，隋朝及其前代南北朝时期，是遁甲术最兴盛的时期。

又《新唐书·艺文志》所收录的遁甲著作有：伍子胥遁甲文一卷、许昉三元遁甲六卷、葛洪三元遁甲图三卷、杜仲三元遁甲一卷、荣氏遁甲开山图二卷、信都芳遁甲经二卷等 20 种。

《宋史·艺文志》中收录的遁甲著作有：僧一行的遁甲通明无惑十八铃局一卷、李淳风的周遁三元纂例一卷、袁天罡的遁甲步小游太一诸将立成图二卷、胡万顷的太一遁甲万胜时定主客立成诀一卷、司马骧的遁甲符宝万岁经图历一卷、冯恩古的遁甲六经等共二十九种。

《明史·艺文志》所收录的遁甲著作有：八门遁甲一册、奇门遁甲一册、遁甲符应一册、奇门五总龟、九宫八卦遁法、八门九星式共计六种。

《清史稿·艺文志》中所收录的奇门著作有：奇门一得二卷（甘时望撰）、奇门阐秘六卷（罗世瑶撰）、奇门金章一卷，此三种为正编。另有一种补编本奇门遁甲启悟一卷。

正史所收录的书目，要比实际书目少得多。于正史之外，我国最早记载有奇门遁甲书名之著作是晋代葛洪的《抱朴子》一书，《抱朴子》中记录的与奇门遁甲有关的书名有四种：一为《灵宝经》，一为《遁甲中经》，另为《太乙遁甲》，再一本是葛洪自己所著的《囊中立成》。

现在我们能够看到的最早的奇门遁甲书是唐代李筌编著的《神机制敌太白阴经》卷九的《遁甲》章。再者就是北宋杨惟德等人编著的《景祐遁甲应符经》，收入《道藏》里的《秘藏通玄变化洞微遁甲真经》。明代有池本理的《烟波钓叟歌解》，程道生的《遁甲演义》，茅元仪的《奇门玄览》等。

关于奇门遁甲术是如何产生的？在什么时代产生的？以下书中均有记载：一是唐代李筌在《神机制敌太白阴经》卷九·《遁甲》章中有：黄帝征蚩尤，七十二战而不克，昼梦金神引领长头元狐之裘而言曰："某天帝之使，授符于帝。"帝惊悟，求其符不得，乃问风后、力牧。力牧曰："此天帝也"。乃于盛水之阳，筑坛祭之。偶有元龟巨鳌从水中出，含符致于坛而去。似皮非皮，似绨非绨，以血为文，曰："天乙在前，太乙在后。"黄帝受符再拜。于是设九宫，置八门，布三奇六仪为阴阳二遁，凡一千八十局，名曰天乙遁甲式，三门五将具，而征蚩尤，以斩之。

《秘藏通玄变化六阴洞微遁甲真经》载《遁甲神经出处序》中曰：昔蚩

尤作乱，黄帝频战不克，帝曰："闻伏羲治天下无兵，今蚩尤一庶人，生妖气，伐而无功，战而不克，吾之过矣"。忽目前五色云从空而下，云中有六玉女持书，出二童曰："奉九天玄女圣命，送遁甲符经三卷，告与伐之，愿传，此文乃天地祸福，是八卦之吉凶，辨风云之变动，识气候之成败，观日月之盈亏，论阴阳之顺逆，晓星辰之休咎，知人情之胜负。此术乃万变万化之法也。"帝乃长跪而受之。帝遂开函，得《阴符经》三卷。上卷乃神仙炼丹抱一之术，说长生之法；中卷安邦定国，抚安王民之法；下卷论战伐之事。遁甲者，乃玄女之法。帝得之，而设坛造印、剑、令依此，战蚩尤于逐鹿之野，尔后厥胜。

《烟波钓叟歌》曰：轩辕黄帝战蚩尤，逐鹿经年苦未休。偶梦天神授符诀，登坛致祭谨虔修。神龙负图出洛水，彩凤衔书碧云里。因命风后演成文，遁甲奇门从此始。

以上三书所载之内容虽细节不同，但都是说奇门遁甲术是黄帝战蚩尤的时代由天神赐给黄帝的。

奇门遁甲的传播与完善过程，从《烟波钓叟歌》中可窥端倪："一千八十当时制，太公删成七十二，逮于汉代张子房，一十八局为精义。"由此可知，黄帝、风后——姜太公——张良（张子房）三代合成，完善并传承了奇门遁甲。《道藏》中之《秘藏通玄变化六阴洞微真经》一书说，奇门遁甲产生后，黄帝便把它藏在金殿里，后授之尧、舜、禹、汤、文、武，战国失之，秦皇独得焉，驱神阴功，既统海内，复以无道失之。后散落民间。

有关奇门遁甲的历史与传承，兹不多述。单从学术角度来讲，奇门遁甲术根源于洛书九宫推演而成之当无疑。清代《四库全书》在《遁甲演义》一书的提要中说："言遁甲者，皆祖洛书。然河图以图名，当有奇偶之象；洛书以书名，当有文字之形。"

最近二十余年来，国内掀起"周易热"，著书立说者比比皆是，然多以四柱、六爻方面的新作为最多。有关奇门遁甲方面的新作，特别是关于奇门实占方面的新著作，鲜有所见。近年来海内外所出版的奇门遁甲著作中，绝大多数都是经典古籍的摘录、翻版。唯 1999 年张志春先生出版的《神奇之门》一书中，首次披露了实占例题，起到了抛砖引玉之作用，从此以后的数年内，国内相继出现了研究奇门遁甲的热潮。

刘文元撰著的《奇门启悟》一书，深入浅出，涉及面广，结构独特新颖，立论观点正确，分析透彻，心得独具，语言精练而通俗易懂。如此雅俗共赏的、学术价值很高的奇门著作，目前国内并不多见。这与作者博学多才、治学严谨、勤于实践、拥有扎实深厚的基础知识密不可分的。作者不仅精通奇门，更擅长大六壬，对传统的四柱命理、六爻纳甲、梅花易数、玄空风水、拆字测字、外应预测（风角占）、太乙等都有独到的研究，这在国内易界是少有的。

本书的第一个最大的优点也是有别于其他奇门著作的特点，就是作者将多年研究飞盘奇门与转盘奇门的核心学术成果全盘托出，毫无保留地奉献给读者，这不仅填补了目前国内飞盘奇门遁甲研究领域的空白项，而且对于完善奇门遁甲、弘扬传统易学文化方面，必将起到积极的作用。如此坦荡地公开十数年的研究成果，表明了作者无私无畏的品格及治学严谨的学者风范，这在研究奇门的队伍中是罕见的。

研究奇门遁甲的人都知道，要想登堂入室，必须从学会布局开始入手，其中涉及到转盘奇门布局法、飞盘奇门布局法这两种。目前国内易学界研究奇门遁甲的人群中，绝大多数都是用转盘法来布局的，极少有人真正懂得飞盘奇门的正确布局方法。作者于《奇门启悟》基础篇中用通俗易懂的语言，将转盘奇门的布局方法、飞盘奇门的布局方法讲述得十分透彻、清晰明了。对初学奇门的人无疑将起到敲门砖的作用。这不仅能使更多的人步入奇门遁甲的研究行列，也对弘扬传统文化起到了积极的作用。

本书的第二个优点是，作者将奇门中的一些判断要领及判断技巧，用通俗易懂的语言，详尽细致地一一进行了披露，不兜圈子，直指根本。这是本书的一大闪光点。自古至今，有关奇门判断要领及判断技巧方面的学术资料，很难得一见。作者毫无保留地将这些精彩实用的宝贵内容全部公开，表明了作者无私奉献的品格。这正是刘文元的讲课水平与实战能力得到越来越多的广大易友们高度认可与赞扬的原因所在。

本书的第三个优点，也是《奇门启悟》一书最核心的部分，理、象、数融于一炉的分类占断，使读者加深对奇门占断及奇门数术模型的深入理解，培养灵活、细致入微的占断能力，起到了很好的作用。作者从日常大量的真人真事的预测案例中，精选代表性强、技巧大的奇门占例，精心分类，以满足各个方面预测类别之需要。细细品味每个案例的解读便会发现：作者将六壬、四柱、六爻、梅花易、外应、风水、字相、奇门等众多数术门类之精华都体现在一个占例中了。如此浓缩各类数术精华于一炉的上乘占例，目前于国内易学界是十分罕见的，甚至是绝无仅有的。因此，这本《奇门启悟》的公开出版，不仅能够引导更多的初学者入门，更能令一些有基础的奇门爱好者们犹如醍醐灌顶般，在奇门占断上得到启迪、开悟。

有缘与作者刘文元先生结成师生关系，深知他为人正直、待人宽厚，他的知识面较广，功底扎实，其预测技术的准确率很高，他那乐于将其研究成果无保留公布于世的品格，在易学界实属少见，喜看这样一位敦品励学的中青年易学家茁壮成长，以《礼记》上“洁净精微，易之教也”的话勉之，让其发扬广大，为弘扬易学文化贡献力量。

廖墨香

2008 年 6 月

前　言

奇门遁甲这一数术门类，总给人以玄妙的印象，加之历史上各朝代都是将奇门遁甲一术秘密传承于宫廷之中，因此，历朝历代掌握奇门遁甲的人为数并不多，而精通此术的人更是寥若晨星。

从历史上看，各朝代凡真正精通奇门遁甲的术士，绝大多数都服务于朝廷统治阶层。如汉代张良、三国时期的诸葛亮、明朝刘伯温等等，因此，奇门遁甲又有“帝王之学”之美誉。

从近代看，有关奇门遁甲方面的研究与发展，远远不及古人。中国近现代历史上的两次浩劫，一个是八国联军火烧圆明园，一个是“文化大革命”。这两次史无前例的内忧外患令中国许多宝贵的传统文化备受摧毁，许多极其珍贵的奇门遁甲典籍因这两次劫难而毁于一旦，实为中国文化史上一大损失。

自20世纪80年代以后，中国传统文化逐步开始复苏，至90年代开始，国内逐渐形成了“周易热”的浪潮，研习易学文化的人越来越多。其中研究六爻纳甲、四柱学的人数最为广泛。主要根源于邵伟华先生的《周易与预测学》、《四柱预测学》这两本书的公开出版。绝大多数易学爱好者都是在这两本书的启迪下走进易学研究这个大门的。

20世纪90年代以后尽管“周易热”持续了很多年，从外观上看研究周易的人越来越多，但究其深度是远远不够的。因为多数人总是停留在对六爻纳甲、四柱学的研究上，对于奇门遁甲、大六壬、太乙神数等高层数术的研究与发掘工作，一直是个空白。由于传统经典古籍的各类奇门遁甲著作中，绝大多数是没有占例解析的。一般的爱好者若想通过自学入门是很难的。

直至1999年，由花山文艺出版社出版的张志春先生撰著的《神奇之门》一书中，首次公开了大量的实占例题解析，从而使相当一部分易学爱好者们由此迈进了奇门遁甲的研究行列。不夸张地讲，是张志春先生掀起了国内研究奇门遁甲的热潮，这对奇门遁甲的研究与发掘工作，起到了极其重要的作用。

继张志春先生的《神奇之门》之后，国内又相继出版了张志春的学生杜新会所著《奇门遁甲现代实例精解》、张志春的学生石建国著的《奇门遁甲解真》等著作，这些奇门新著的正式出版，对宏扬传统奇门遁甲文化，起到了积极的推进作用。

我的奇门遁甲学术体系师承于两个人：一是西安的张光老师，另一个便是张志春老师。张光老师教给我的是飞盘奇门遁甲，张志春老师教给我的是转盘奇门遁甲。从国内研究奇门遁甲的人群中可以看出，绝大多数人都是以转盘奇门遁甲为主体进行研究的，对于飞盘奇门遁甲方面的研究，几乎是空白的。由于经典传统的奇门遁甲自古便有飞盘、转盘两大类，目前国内正式出版的各类奇门著作几乎全是以转盘奇门遁甲为蓝本，致使许多喜欢飞盘奇门遁甲的易学爱好者们找不到一本有参考价值的、讲述飞盘奇门遁甲方面的权威著作。鉴于此，我决定写一本融飞盘奇门、转盘奇门于一炉的、专业性很强的奇门遁甲研究著作。于是，这本名为《奇门启悟》的奇门专著自2005年年初开始执笔，历时三载，终于在2008年元月正式定稿了。

笔者撰著的这本书之所以命名为《奇门启悟》，主要是该书在编排过程中以启迪、开悟易友们的灵活占断能力为主线，旨在于短期内迅速提高易友们的实战能力。

《奇门启悟》一书在编排程序上，既考虑到初学者能够通过阅读该书很容易登堂入室，又考虑到有一定奇门基础知识的人通过阅读该书能够迅速拓宽占断视野，从而提高实战能力。

《奇门启悟》一书中详细讲解了飞盘奇门遁甲的布局方法、转盘奇门遁甲的起局方法，同时又重点推出了奇门中的一些判断要领及判断技巧，并且在分类占断章节中增添了射覆项目研究、阴宅吉凶预测、阳宅吉凶预测、股票交易及股市走势预测等精彩占断项目，填补了目前国内已出版的各类奇门著作中所缺少的占断项目，从而使《奇门启悟》一书更具权威性、全面性、可读性。

笔者坚信，《奇门启悟》一书的公开出版，定会让众多的奇门遁甲爱好者们有醍醐灌顶之感，国学奇门遁甲的宏扬光大，指日可待！

刘文元

2008年6月于瓦房店市周易文化研究会

内容简介

由辽宁省周易研究会理事、瓦房店市周易文化研究会会长刘文元先生编写的最新研易力作《奇门启悟》一书于2009年正式面向社会公开推出。

刘文元自1983年开始拜师习练道家内丹功法，于1988年开始自学易经，从此踏上研易之路。1994年亲往西安拜奇门大师张光先生为师，学习正宗飞宫奇门遁甲。同年又受到六壬名家陈维辉先生的悉心指点，于六壬学上有所开悟。1997年至2000年期间，曾多次前往河北省周易研究会，跟随张志春先生学习转盘奇门遁甲。2004年4月，学术论文《奇门遁甲预测术的优势》在第一届易学与当代经济建设国际研讨会上荣获最佳论文奖项。2004年6月由新疆人民出版社出版、张志春著的奇门遁甲提高技能化最新著作《开悟之门》一书中，收录了多个由刘文元提供的精彩奇门占例。

国内现在出版的各类奇门遁甲著作中，几乎全是以转盘奇门为主流的，极少有人真正懂飞盘奇门的具体布局方法。由于传统奇门自古便分为飞盘、转盘两大类，因此从弘扬传统数术文化这个角度讲，飞盘奇门遁甲的发掘工作迫在眉睫。《奇门启悟》一书的公开发行，使易学界这一空白项目得到了填补。

《奇门启悟》一书重点讲述了飞盘奇门遁甲与转盘奇门遁甲的区别所在。详细介绍了飞盘奇门的具体布局方法及转盘奇门遁甲的布局方法。并详细讲解了在何时适宜用转盘起局方法，何时适宜用飞盘起局方法。

《奇门启悟》一书中详细讲解了奇门判断的重要纲领、诀窍，在一个排好的奇门局中，九个宫位之间并非是乱生乱克，其有一定的生克路线，而在一个宫位内，星、门、宫、神、三奇六仪之间也有固定的生克路线，只有把这些生克路线搞懂了，才能从真正意义上断准奇门，而这些鲜为人知的学术内容将在该书中首次披露。

《奇门启悟》一书着重点落在实战上。刘文元认为：再多的理论讲述，没有较高的实战准确率，都是无用的。因此，《奇门启悟》一书将百分之八十的笔墨都用在对具体实占例题的详细分析、解读上，力求让易友们在看过本书之后，其实战能力会得到迅速提高。

《奇门启悟》一书于分类占断中，详细论述了大量的生活中大部分常见的各类占测，其具体分为：经济财运类（投资求财、买货求财、卖货求财、借贷财物、放贷、索债、股票股市预测）、官运预测、丢失财物、出行预测、官讼预测、行人走失预测、刑事案件预测、体育竞技胜负预测、天气预测、工作岗位择业就业预测、胎产预测、人体疾病预测、考学升学预测、婚姻预测、战争战事预测、阳宅风水吉凶预测、阴宅风水吉凶预测、终身运预测、射覆项目预测等 25 个项目的预测，每类预测项目至少由两个或两个以上的实例解析。可以肯定地说，《奇门启悟》一书是目前国内所出版的各类奇门著作中，内容最全、实例最多、解析最详细、理论体系最完善、天机吐露最多、实战实用性最强的权威性的高层奇门著作之一。该书最适合有一定奇门基础的、想急于提高实战能力的易友们阅读。笔者坚信，易友们在阅读了《奇门启悟》一书之后，其理论深度及实战能力一定会有质的飞跃！

《奇门启悟》一书重点推出了股票股市预测、阳宅风水吉凶预测、阴宅风水预测、终身运预测、射覆项目预测等精彩篇章，以填补国内其他奇门著作中的空白项。从而使该书更具有吸引力，更大程度地开阔易友们的视野。

《奇门启悟》一书着重讲述了在实战过程中的一些判断要领及判断技巧，其主要内容有：宫与宫之间的生克关系是主线及基本纲领；星、门、宫、神、三奇六仪之间的生克关系是如何进行的；值符、值使与九宫之间的生克关系是如何进行的；空亡及各类神煞之具体查法及用法；如何在奇门局中定位“我”的位置及信息；如何在奇门中定位六亲体系……

《奇门启悟》一书中首次提出了奇门中的六亲体系，这是目前国内易学界所没有提及到的一个关键点、要点！国内已出版的各类奇门著作中，多数是以日干为我，代表求测人，时干代表对方或所求测之事这种模式。对于一人一占还比较实用，当遇上几个人同时来求测的时候，便会出现信息重复使用的现象，从而大大降低了预测的准确率。为了解决这个问题，刘文元先生翻阅了大量古籍资料，终于找到了最有效的办法：引入奇门六亲体系，则上述问题便会迎刃而解。

《奇门启悟》一书中重点提出了以求测者年命落宫为基准点，抛出传统的以日干落宫为“我”的旧观念，这样一来大大地提高了预测的准确程度，使信息落点更精确到位。比如，传统奇门中测婚姻，以庚为夫，乙为妻，只要乙、庚落宫相生，且不临空亡，则婚易成。反之则不成。刘文元认为：凡测婚姻，重点查看男女双方年命落宫为主线，如果男女双方年命落宫相生，且不逢空亡，即使奇门局中乙、庚落宫相冲、相克，亦无妨，婚事依旧可成。反之，若男女双方年命落宫相克，即使奇门局中乙、庚落宫相生，又不逢空亡，婚事仍然成不了。因婚姻大事由命中注定，必看年命落宫生克，方能定之。

《奇门启悟》一书不仅在预测、实战上讲述得深入浅出，更在运用奇门数术的气数结构上找寻天机点，对已经出现的灾厄或即将出现的灾厄进行化解，从而真正实现预知未来、改变命运的上乘境界。这些实用性很强的精华内容在《奇门启悟》一书中都毫无保留地奉献给广大奇门爱好者们。

第一章 基础篇

一、洛 书

河图、洛书是宇宙生命规律的数理模型。绝大多数数术模型都根源于洛书九宫模式推演成之。奇门遁甲数术模式也是根据洛书九宫、后天八卦模型演成。《易大传》曰：观奇门遁甲之说，而知后天卦位，圣人之好生而恶杀也。木居东震，为生八卦，皆以护生。庚居西兑，为杀八卦，皆以制杀。故遁甲本“河图”而用“洛书”，一依文王之卦位也。夫甲为干首，何以云遁，畏庚而遁也。“河图”以一、六为水，二、七为火，三、八为木，四、九为金，五、十为土也。“洛书”除十不用于北一之水，东三之木，皆仍其旧，而移西九之金于南，移南七之火于西，金、火易位，使金伏火地，火入金乡，所以柔庚之刚锐而护甲也。文王画卦，离南而兑西，则直以九金予火，以七火予金矣。于是以二居西南为坤土，二犹火也，庚藉坤土以生，当其生之，即以制之。以六居西北为乾金，六本水也，庚赖乾金为辅，阳为辅之，阴以泄之。是其泄制之法，早用之于父母胎性之内矣。北一之坎水，甲之恩地也。东北之八，本震宫也，艮土居之，以兵冲弟，妨其市恩于仇也。东南之四，本兑宫也，巽木居之，以妹嫁仇伺其阴谋于室也。于是离火得位于正南，而甲始安居东，三以称帝，斯庚无能为矣。

河图为体，洛书为用。河图即先天，洛书为后天。河图为体而体中有用。洛书为用而用中有体。河图与洛书相为经纬，于是阴阳变化之妙，天地造化之机，悉在于此。

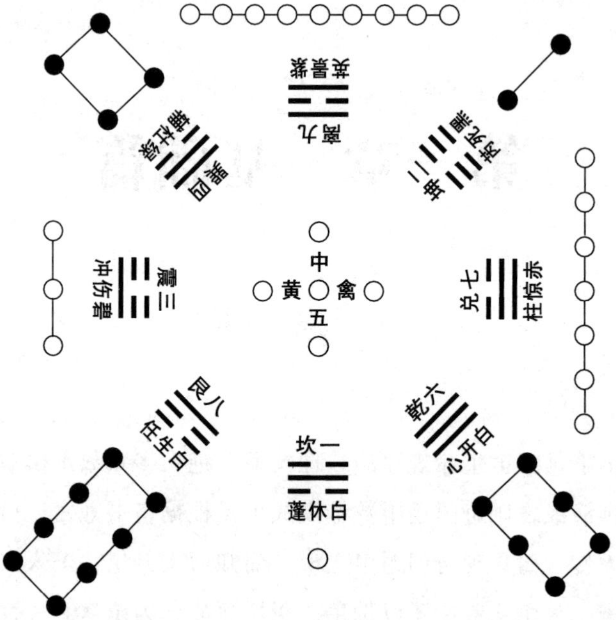

洛书九宫后天八卦奇门遁甲图

《阴符》曰：甲以乙妹妻庚，以丙男丁女御庚，称为三奇。今由后天卦位按之，则卦卦皆奇也。奇门以离为景门，甲所仰也。坎为休门，甲所养也。乾方为甲木之生地，而曰“开门”。巽方为庚金之生地，而曰“杜门”。易称亥巳为天门、地户，开天门、塞地户，义严矣哉！艮方为甲木之得禄，而曰“生门”。坤方为庚金之得禄，而曰“死门”。凡所以奉甲而备庚者，详且尽矣。兑曰“惊门”，惊防巳者之众也。震曰“伤门”，盖甲以伤害之虑终其身也。故甲始终遁也。即以九色星征之，三碧四绿，震、巽之本色也。兑七为赤，则非金之色而火之色矣。金固白色也，其星最吉，不以予兑，而以予乾、坎、艮三宫。然犹以乾、艮两宫者为白奸，以乾宫暗藏有戌之金，艮宫暗藏有丑之金。盖畏庚如虎，防之不遗余力耳。《阴符》之说合诸后天之卦位，而知其道可以养生，可以修身，可以治国，可以行兵，而区区传为握奇阵法，犹其一端者耳。

二、先天八卦

《说卦传》曰：天地定位，山泽通气，雷风相薄，水火不相射，八卦相错。数往者顺，知来者逆，是故《易》逆数也。雷以动之，风以散之，雨以润之，日以烜之，艮以止之，兑以说之，乾以君之，坤以藏之。

以上说的是先天八卦。先天八卦又称为伏羲八卦，是由宋代邵雍所传，其源于道家。邵雍曰：乾南、坤北、离东、坎西、震东北、兑东南、巽西南、艮西北。自震至乾为顺，自巽至坤为逆。震始交阴而阳生，巽始消阳而阴生。兑阳长也。艮阴长也。震兑在天之阴也。巽艮在地之阳也。故震兑上阴而下阳，巽艮上阳而下阴，无以始生言之。故阴上而阳下，交泰之义也。地以既成言之，故阳上而阴下，尊卑之义也。乾坤定上下之位，离坎列左右之门，天地之所阖辟，日月之所出入。是以春夏秋冬，晦朔弦望，昼夜长短，行度盈缩，莫不由乎此矣。

先天八卦讲的是对待，而后天八卦讲的是流行。比如乾卦与坤卦相对，故曰：天地定位。震卦与巽卦相对，故曰：雷风相薄。艮卦与兑卦相对，故曰：山泽通气。坎卦与离卦相对，故曰：水火不相射。

先天八卦讲的是对称、平衡。如乾居南、坤居北而遥相对称平衡。乾为老头，坤为老太太，是也。离居东，坎居西，遥相对称平衡，离为中女，坎为中男，是也。震居东北，巽居西南，遥相对称平衡，震为长男，巽为长女，是也。艮居西北，兑居东南，遥相对称平衡，艮为少男，兑为少女，是也。

先天八卦数为：乾一、兑二、离三、震四、巽五、坎六、艮七、坤八，乾一与坤八合九；兑二与艮七合九；离三与坎六合九；震四与巽五合九，四九三十六数。故邵子曰：三十六宫皆是春。

古人通过观察，发现天体运行规律的有序性，然后用卦画来仿效其运行规律，于是便形成了先天八卦，如图：

先天八卦图

从上图可以看出，自坤卦左行，表示冬至一阳初生，起于北方。自乾卦右行，表示夏至一阴初生，起于南方。此由先天八卦初爻视之。左边都是阳爻，右边都是阴爻，客观地反映了太阳视运动年周期的规律。

由先天八卦的中爻组成，上面都为阳爻，表示白昼太阳从东方升起，经南天而下落西方。下面都为阴爻，表示了太阳从西方落入地平线后的黑夜。这便是地球自转一周，即太阳视运动日周期的运动轨迹。

由先天八卦的第三爻（上爻）组成的，可分为两图，一是记月亮运行一月之象，即朔望月。北方为日月合朔（即日月相会）之处，为每月月底，不见月相，故而称为“晦”。从“晦”经上弦到望，即从上月月底到本月十五，由阴转阳阶段，用阴爻来表示。从“望”经下弦到“晦”，为阳转阴阶段，故用阳爻示之。由于日月掩映现象都发生在上下弦，即卦象中四隅位置上，故以先天八卦四隅位置之爻位来表示。

再者，为反映太阳年周期南北经天运动规律，从日晷测影发现二至（冬至、夏至）、二分（春分、秋分）都在东南西北四正位置上。比如太阳从东到南，称为上经天运动，故在正东位和正南位，以阳爻来表示。太阳从西到北，称下经天运动，故在正西位和正北位置，以阴爻来表示。由此而知，先天八卦图是古代天文学家用来表示年月日时周期的符号。

先天八卦以乾坤坎离为四正，震巽艮兑为四维。先天卦为体，后天卦为用。先天卦为灵魂，后天卦为肉体。

三、后天八卦

《说卦传》曰：帝出乎震，齐乎巽，相见乎离，致役乎坤，说言乎兑，战乎乾，劳乎坎，成言乎艮。万物出乎震，震东方也。齐乎巽，巽东南也。齐也者，言万物之洁齐也。离也者，明也，万物皆相见，南方之卦也。圣人南面而听天下，向明而治，盖取诸此也。坤也者，地也，万物皆致养焉，故曰致役乎坤。兑，正秋也，万物之所说也，故曰说言乎兑。战乎乾，乾西北之卦也，言阴阳相薄也。坎者，水也，正北方之卦也，劳卦也。万物之所归也，故曰劳乎坎，艮，东北之卦也，万物之所成终而所成始也，故曰成言乎艮。

由此可见，古人认为后天八卦是讲流行致用的。所谓流行，指的是万事万物生生不息、盛衰变化之理。每年从春天开始，一年四季循环，节气交替，无首无尾，绵绵不断，乃至无穷之象。一个年周期的时间为 365 日 5 小时 48 分 46 秒。八卦中每卦分主三节、九侯、四十五日有余。由此可见后天八卦图像是“仰观天象、俯察地理”的产物。

震卦主东方，东方甲乙木，古云：“斗柄东指，天下皆春”。春天万物始生，震卦一阳发动，故曰万物出于震。

巽卦主东南方，立夏时节，万物竞相齐长，卦象阳盛于外，故曰齐乎巽。

离卦南方也，古云：“斗柄南指，天下皆夏。”夏天阳气盛大而万物繁茂华实。南方有丙丁火，卦象阴内而阳外，乃著名之象。

坤属西南方，立秋季节。坤卦至柔，故曰致役乎坤。

兑卦为正西，为仲秋，斗柄西指，天下皆秋。西方有庚辛金，丰收季节，万物皆悦乎。卦象兑口上开，悦之象也。

乾为西北，立冬之时。乾阳居坤阴之上，阴阳相搏，故曰战乎乾。

坎属北方，斗柄北指，天下皆冬。北方有壬癸水，其卦象一阳伏于二阴之中，藏蛰之象，故为万物之所归。

艮为东北方，一年之终，又为一年之开始（艮宫有丑、寅二支，丑为一年之终，寅为新一年开始）。其卦象阴盛而阳止于上，故曰成言乎艮。后天八卦为天象八极、八风、八节之符号。其中二至为寒暑之极，二分为阴阳之和，四立为生长收藏之始。每卦三爻，三八二十四节气备矣。此便是后天八卦同天文历法相结合，反映回归的周期。从而展现出一幅一年四季变化分明，万物休养生息的大地图像：

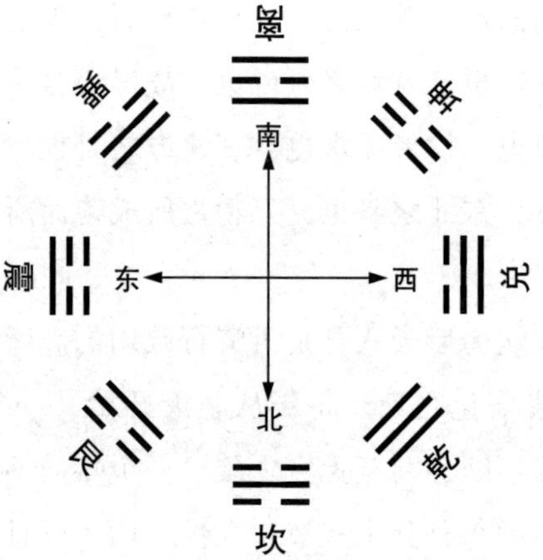

后天八卦图

后天之卦序，依太极既分之后，播五行于四时也。震、巽二木主春，故震在东方，巽在东南次之。离火主夏，故为南方之卦。兑、乾二金主秋，兑为正秋，乾西北次之。坎水主冬，故为北方之卦。土主四季，故坤土在夏秋之交，为西南方之卦。艮土在冬春之交，为东北方之卦。

五行相生之序为：震巽木生火，故离次之。火生土，故坤次之。坤土生金，故兑、乾次之。金生水，故坎次之。水生震木，艮之土以济之。乃成造化之功。万物出焉。此即循环无穷、造化流行之序。金木水火居四正之位，只有土旺于四维。火非土必不能生金，水非土必不能生木。故土以中央统四方而旺于四季土月。

总之，先天八卦为体，后天八卦为用。先天八卦讲对待，后天八卦讲流行、应用，以尽变化之能。邵雍曰：先天非后天，则无以成其变化。后天非先天，则不能以自行也。

四、三奇六仪

奇门遁甲中，三奇指的是：乙、丙、丁。其中乙为日奇，丙为月奇，丁为星奇。

六仪指的是：戊、己、庚、辛、壬、癸。六仪中分别遁藏了六甲旬首，分别为：甲子隐于戊下，甲戌隐于己下，甲申隐于庚下，甲午隐于辛下，甲辰隐于壬下，甲寅隐于癸下。即通常可表示为：甲子戊、甲戌己、甲申庚、甲午辛、甲辰壬、甲寅癸。

五、三奇六仪排列顺序

在奇门遁甲中，三奇六仪按照一个固定不变的顺序排列：戊、己、庚、辛、壬、癸、丁、丙、乙。这是一种永远不变的排列顺序。不论阴遁还是阳遁。都必须按此顺序布列六仪三奇。

六、九　星

奇门遁甲中的九星，指的是天蓬星、天芮星、天冲星、天辅星、天禽星、天心星、天柱星、天任星、天英星。该九星在后天八卦洛书九宫中有固定本位。其中天蓬星在坎一宫，天芮星在坤二宫，天冲星在震三宫，天辅星在巽四宫，天禽星在中五宫，天心星在乾六宫，天柱星在兑七宫，天任星在艮八宫，天英星在离九宫。如图：

（巽四） 天辅星	（离九） 天英星	（坤二） 天芮星
（震三） 天冲星	（中五） 天禽星	（兑七） 天柱星
天任星 （艮八）	天蓬星 （坎一）	天心星 （乾六）

七、八　门

八门指的是休门、死门、伤门、杜门、开门、惊门、生门、景门。该八门在后天八卦洛书九宫中有其固定本位。其中休门在坎一宫，死门在坤二宫，伤门在震三宫，杜门在巽四宫，开门在乾六宫，惊门在兑七宫，生门在艮八宫，景门在离九宫，中五宫无门。如图：

杜门 巽四	景门 离九	死门 坤二
伤门 震三	中五	惊门 兑七
生门 艮八	休门 坎一	开门 乾六

八、九神（八神）

奇门遁甲自古分成飞盘与转盘两种。在飞盘奇门遁甲中，用的是九神，即：值符、螣蛇、太阴、六合、勾陈、太常、朱雀、九地、九天。

而在转盘奇门遁甲中，用的是八神，又称八诈神，即：值符、螣蛇、太阴、六合、白虎、玄武、九地、九天。

九、奇门遁甲的具体定局方法

我们经常看到一些奇门著作中说到今天用阳遁 8 局，或者阴遁 3 局等。那么，这些阳遁 8 局、阴遁 3 局都是以什么为基准定出来的呢？下面针对这些问题进行详细讲解。先看古人留下的这些口诀：

阳遁九局起例

冬至惊蛰一七四，小寒二八五同推。
春分大寒三九六，立春八五二相随。
谷雨小满五二八，雨水九六三为期。
清明立夏四一七，芒种六三九为宜。
十二节气四时定，上中下元是根基。

这首歌诀的意思是：冬至、惊蛰的上元为阳遁一局，中元为阳遁七局，下元为阳遁四局；小寒的上元为阳遁二局，中元为阳遁八局，下元为阳遁五局；春分、大寒上元为阳遁三局，中元为阳遁九局，下元为阳遁六局；立春上元为阳遁八局，中元为阳遁五局，下元为阳遁二局；谷雨、小满上元为阳遁五局，中元为阳遁二局，下元为阳遁八局；雨水上元为阳遁九局，中元为阳遁六局，下元为阳遁三局；清明、立夏上元为阳遁四局，中元为阳遁一局，下元为阳遁七局；芒种上元为阳遁六局，中元为阳遁三局，下元为阳遁九局。

阴遁九局起例

夏至白露九三六，小暑八二五之间。
大暑秋分七一四，立秋二五八遁还。
霜降小雪五八二，大雪四七一相关。
处暑排来一四七，立冬寒露六九三。
此是阴遁起例法，节气推移细心参。

这首歌诀的意思是夏至白露上元为阴遁九局，中元为阴遁三局，下元为阴遁六局;小暑上元为阴遁八局，中元为阴遁二局，下元为阴遁五局;大暑秋分上元为阴遁七局，中元为阴遁一局，下元为阴遁四局;立秋上元为阴遁二局，中元为阴遁五局，下元为阴遁八局;霜降小雪上元为阴遁五局，中元为阴遁八局，下元为阴遁二局;大雪上元为阴遁四局，中元为阴遁七局，下元为阴遁一局;处暑上元为阴遁一局，中元为阴遁四局，下元为阴遁七局;立冬寒露上元为阴遁六局，中元为阴遁九局，下元为阴遁三局，古人为了记忆方便，将上述的阳遁九局起例与阴遁九局起例用最简单的字句进行概括、总结，形成了以下极为简便的歌诀，以便于后学者记忆，歌诀为：

冬至一七四，小寒二八五。
大寒三九六，立春八五二。
雨水九六三，惊蛰一七四。
春分三九六，清明四一七。
谷雨五二八，立夏四一七。
小满五二八，芒种六三九。
夏至九三六，小暑八二五。
大暑七一四，立秋二五八。
处暑一四七，白露九三六。
秋分七一四，寒露六九三。
霜降五八二，立冬六九三。
小雪五八二，大雪四七一。

奇门遁甲中有阳遁九局，阴遁九局，共十八局。由于六十花甲是由六组以甲为首的各旬首所组成，每个旬首均带领十组干支，即甲子旬首领导着：乙丑、丙寅、丁卯、戊辰、己巳、庚午、辛未、壬申、癸酉这些干支为一组；甲戌旬首领导着：乙亥、丙子、丁丑、戊寅、己卯、庚辰、辛巳、壬午、癸未这些干支为一组；甲申旬首领导着：乙酉、丙戌、丁亥、戊子、己丑、庚寅、辛卯、壬辰、癸巳这些干支为一组；甲午旬首领导着：乙未、丙申、丁酉、戊戌、己亥、庚子、辛丑、壬寅、癸卯这些干支为一组；甲辰旬首领导着：乙巳、丙午、丁未、戊申、己酉、庚戌、辛亥、壬子、癸丑这些干支为一组；甲寅旬首领导着：乙卯、丙辰、丁巳、戊午、己未、庚申、辛酉、壬戌、癸亥这些干支为一组。

由于我们研究的是时家奇门，每日有十二个时辰，如此，五日（12×5）正好用完60个时辰，正为一个六十花甲循环一周。古人将60个时辰全部用完（五天）的时间称为一元，一年有二十四个节气，一个节气十五天，正好可以排出三个五天，即可以排出三个元。因此，将第一个五天所在的这一局称之为上元，第二个五天称之为中元，第三个五天称之为下元。一年共有二十四个节气，一个节气为三元，则24×3=72，于是一年共可演出七十二局来。

创造奇门遁甲的先人根据八卦九宫的时空模型，做出如下对应：以坎宫北方对应冬至、小寒、大寒三个节气；艮宫东北方对应立春、雨水、惊蛰三个节气；震宫东方对应春分、清明、谷雨三个节气；巽宫东南方对应立夏、小满、芒种三个节气；离宫南方对应夏至、小暑、大暑三个节气；坤宫西南方对应立秋、处暑、白露三个节气；兑宫西方对应秋分、寒露、霜降三个节气；乾宫西北方对应立冬、小雪、大雪三个节气。

如此，后天八卦所对应的一个圆周便出来了。大家知道，一个圆周为360度，分为八份，则每份占45度，亦即每个卦象占45度，由于一年有二十四个节气，分为八份（八卦），则每个卦位占三个节气。

按古人的规定，从冬至那一刻开始起用阳遁，一直用到夏至为止；从夏至那一刻开始，用阴遁局，一直用到冬至为止。这样，一年中便分成阳遁局半年，阴遁局半年了。于是，从坎卦开始，艮卦、震卦，巽卦所对应的节气全部用阳遁起局；从离卦开始，坤卦、兑卦、乾卦所对应的节气全部用阴遁起局。这里需要特别指明的是：以上这些规律只限于北半球地区，因为南半球的24节气与北半球正好是相反的，即北半球为夏至，则南半球为冬至；北半球为春分，则南半球为秋分。所以，住在南半球的人要想用奇门遁甲进行预测，必须注意将节气及阴阳遁换算一下，方无差错。现将八宫卦所对应的二十四节气及每个节气用局数排列如下：

巽四 芒种 小满 立夏 六 五 四 三 二 一 九 八 七	**离九** 大暑 小暑 夏至 七 八 九 一 二 三 四 五 六	**坤二** 白露 处暑 立秋 九 一 二 三 四 五 六 七 八
震三 谷雨 清明 春分 五 四 三 二 一 九 八 七 六	中五	**兑七** 霜降 寒露 秋分 五 六 七 八 九 一 二 三 四
艮八 惊蛰 雨水 立春 一 九 八 七 六 五 四 三 二	**坎一** 大寒 小寒 冬至 三 二 一 九 八 七 六 五 四	**乾六** 大雪 小雪 立冬 四 五 六 七 八 九 一 二 三

大家认真观察这个图，便会发现其中有一些固定规律。比如阳遁，先从坎一宫来看，坎宫是从冬至开始起用的，由于坎宫数目为一，故坎宫开始的第一个冬至节气的上元用的就是坎宫的数目一，即阳遁一局；再看艮宫，艮宫数目为八，即通常说的艮八宫。艮宫是从立春节气开始的，故艮宫开始的第一个立春节气的上元用的就是艮宫的数目八，即阳遁八局；其次看震宫，震宫数目为三，即通常说的震三宫。震宫是从春分节气开始的，故震宫开始的第一个春分节气的上元用的就是震宫的数目三，即阳遁三局；然后看巽宫，巽宫数目为四，即通常说的巽四宫。巽宫是从立夏节气开始的，故巽宫开始的第一个立夏节气的上元用的就是巽宫的数目四，即阳遁四局。

再从阴遁局来观察，阴遁局是从离宫开始的，离宫数目为九，离宫是从夏至节气开始的，故从离宫开始的第一个夏至节气的上元用的就是离宫的数目九，即阴遁九局；再看坤宫，坤宫数目为二，即通常说的坤二宫。坤宫是从立秋节开始的，故坤宫开始的第一个节气立秋的上元用的就是坤宫的数目二，即阴遁二局；再看兑宫，兑宫数目为七，即通常说的兑七宫。兑宫是从秋分节气开始的，故兑宫开始的第一个秋分节气的上元用的就是兑宫的数目七，即阴遁七局；最后看乾宫，乾宫数目为六，即通常说的乾六宫。乾宫是从立冬节气开始的，故乾宫开始的第一个立冬节气的上元用的就是乾宫的数目六，即阴遁六局。

从上面我们可以看出，八卦在哪个宫，这个宫所对应的第一个节气的上元就用该宫位数目来定其为几局，阳遁用阳局，阴遁用阴局。其中坎、艮、震、巽四阳宫用阳遁；离、坤、兑、乾四阴宫用阴遁。

其次，于四阳宫位中，即坎、艮、震、巽这些宫位中所对应的第二个节气与第三个节气的上元用几局，按阳遁顺排来定之，即坎宫冬至上元用阳遁一局，则小寒上元用阳遁二局，而大寒上元自然要用阳遁三局了。艮宫为立春、雨水、惊蛰三个节气，因立春上元为阳遁八局，则雨水上元为阳遁九局，惊蛰上元便为阳遁一局了；同理，震宫为春分、清明、谷雨三个节气，由于春分上元为阳遁三局，则清明上元为阳遁四局，谷雨上元便为阳遁五局了；巽宫为立夏、小满、芒种三个节气，因为巽宫第一个节气为立夏，立夏上元为阳遁四局，故小满上元为阳遁五局，芒种上元便为阳遁六局了。

阴遁局的排法与阳遁局相反，即离、坤、兑、乾四阴宫位中所对应的第二个节气与第三个节气的上元用几局，按阴遁逆排来定，即离宫夏至上元用阴遁九局，则小暑上元用阴遁八局，则大暑上元自然用阴遁七局了。同理，坤二宫中从立秋节气开始，则立秋上元用阴遁二局，处暑上元用阴遁一局，白露上元自然用阴遁九局了；兑七宫亦然，兑宫从秋分开始，则秋分上元用阴遁七局，寒露上元用阴遁六局，霜降上元用阴遁五局；乾六宫也是如此，乾宫从立冬开始，于是乾宫立冬上元用阴遁六局，小雪上元用阴遁五局，大雪上元则用阴遁四局。

上述内容便是每个节气上元前五天之用局及排局规律，那么，每个节气的中元、下元用几局是如何确定的呢？为什么冬至上元用阳遁一局，中元用阳遁七局，下元用阳遁四局呢？古人的“冬至一七四”、“小寒二八五”到底是怎么回事呢？

原来这是由于六旬一局即六十个时辰正好能完成遁甲一种格局的规律所决定的。众所周知，所谓几局是由甲子戊落在几宫来确定的，同时六甲旬首分别值班十个时辰便完成一局，即六甲旬首分占六个宫位布完一种格局。如旬首甲子戊如果在这一局中落于坎一宫，下一局其就必然落入兑七宫，这是因为二、三、四、五、六宫分别有甲戌己、甲申庚、甲午辛、甲辰壬、甲寅癸这五位占着，于是下一局旬首甲子戊就必须再落到兑七宫去值班了。这样，局和局之间，排完一种布局之后要接着再排下一种，中间必然要隔着五个宫位。基于这种原因，故冬至上元用完阳遁一局后，则中元要用阳遁七局，其中间隔着二、三、四、五、六共有五个宫位；中元用完阳遁七局时，往下继续数过五个宫位，即八、九、一、二、三，则下元该用阳遁四局了。同理，小寒上元用阳遁二局，往后数过五个宫位三、四、五、六、七，于是中元应该用阳遁八局了。中元用完阳遁八局，再往后数过五个宫位九、一、二、三、四，则下元就该应用阳遁五局了。这就是口诀中所言“冬至一七四”、“小寒二八五”、“大寒三九六”等四阳宫位中每个节气之中元、下元用几局的依据与规律所在。

阴遁四宫位，因为是逆数倒排，故每个节气的中元和下元所用阴遁几局，则采用倒数过五个宫位的方法，自然便知道用几局了。例如夏至节气上元用阴遁九局，往后倒数逆排五个宫位八、七、六、五、四，则中元应当用阴遁三局。再往后倒数过五个宫位二、一、九、八、七，则下元该用阴遁六局了。此即是阴遁“夏至九三六”、“小暑八二五”、“大暑七一四”等阴四宫每个节气中元、下元所用几局的排列依据和规律。把上述这些规律都搞明白了，则一年二十四节气中，每个节气的上、中、下三元应当用阳遁、阴遁几局则一目了然。

具体到每一天应该用阳遁几局或阴遁几局，是如何确定的呢？下面将六十花甲子作为干支计日符号与上、中、下三元对应进行排列，以期从中找寻其规律性：

上元： 1. 甲子　2. 乙丑　3. 丙寅　4. 丁卯　5. 戊辰

中元： 1. 己巳　2. 庚午　3. 辛未　4. 壬申　5. 癸酉

下元： 1. 甲戌　2. 乙亥　3. 丙子　4. 丁丑　5. 戊寅

上元： 1. 己卯　2. 庚辰　3. 辛巳　4. 壬午　5. 癸未

中元： 1. 甲申　2. 乙酉　3. 丙戌　4. 丁亥　5. 戊子

下元：1. 己丑　2. 庚寅　3. 辛卯　4. 壬辰　5. 癸巳

上元：1. 甲午　2. 乙未　3. 丙申　4. 丁酉　5. 戊戌

中元：1. 己亥　2. 庚子　3. 辛丑　4. 壬寅　5. 癸卯

下元：1. 甲辰　2. 乙巳　3. 丙午　4. 丁未　5. 戊申

上元：1. 己酉　2. 庚戌　3. 辛亥　4. 壬子　5. 癸丑

中元：1. 甲寅　2. 乙卯　3. 丙辰　4. 丁巳　5. 戊午

下元：1. 己未　2. 庚申　3. 辛酉　4. 壬戌　5. 癸亥

从以上的干支排列中，可以看出如下规律：

1. 每一元的头一天的天干，不是甲就是己，奇门中把这个元头称之为“符头”，即符头只有两个，不是甲则就是己。

2. 凡是上元第一天的地支总是子午卯酉中的一个，中元第一天的地支总是寅申巳亥中的一个，下元第一天的地支总是辰戌丑未中的一个。古学者将子、午、卯、酉称为四仲，即春夏秋冬每个季节的中间的那个月；把寅、申、巳、亥称为四孟，即春夏秋冬每个季节的第一个月；把辰、戌、丑、未称为四季，即春夏秋冬每个季节最末的那个月。

由上述规律可以看出，日天干凡是甲、己者均为符头，即每元的第一天；凡日地支为子午卯酉者，均为上元第一天；凡日地支为寅申巳亥者，均为中元第一天；凡日地支为辰戌丑未者，均为下元第一天。

换言之，上元符头即上元头一天的日干支为甲子、甲午、己卯、己酉；中元符头即中元头一天的日干支为甲寅、甲申、己巳、己亥；下元符头即下元头一天的日干支为甲辰、甲戌、己丑、己未。知道了这个规律，我们就可以根据每一天的干支来确定其属于上、中、下三元中的哪一元，再根据节气，就可知道这一天应该用奇门遁甲的几局了。

现举例说明：

2002 年公历 4 月 18 日，农历为壬午年三月初六，这一天日柱干支为丙辰，应当用奇门中哪一局呢？先查符头，丙辰属于甲寅旬，符头为甲寅，寅申巳亥为中元，故知这一天应当用中元。又根据这一天在清明之后、谷雨之前，所以用清明中元。清明节气十五天上中下三元所用奇门局为四一七，故而知道这天应当用阳遁一局。

再举一例：

2004 年公历 8 月 10 日，农历为甲申年六月二十五日，日干支为辛酉，旬首为甲寅，即辛酉属甲寅旬，而辛酉日的符头是己未，辰戌丑未为下元，故知这一天应该用下元。根据这一天在立秋之后，处暑之前，所以应该用立秋下元。立秋节气十五天上中下三元所用奇门局为二五八，故而知这天应当用阴遁八局。

由于时家奇门每个节气所用的元，既与节气相联系，又与日干支相联系。时家奇门按每个节气十五天分别用上中下三元，一年二十四节气，15×24=360，共计有 360 天，而一年的实际时间即地球绕太阳运行的周期为 365 日 5 小时 48 分 46 秒，二十四节气是按照地球绕太阳运行的实际时间、度数来制定的，即每一个节气平均为 15.2184 日，不是正好十五天，这样以来，每个节气交节的这一天，并不能都与符头（即上元头一天）的日干支碰到一起，由此便引出以下三种情况：

1. 交节的这一天正好碰上上元符头，即日干支为甲子、甲午、己卯、己酉，古人称之为“正授”。

2. 上元符头在节气的前边，这种情形叫“超神”，出现这种情形的时候较为多见。

3. 节气在前，即交节时间在前，上元符头在后，这叫“接气”。这种情况一般出现在置闰之后。

在实际操作中，大部分情况是上元符头在节气的前边，类似这种差距，有时只有一二天，有时会出现四五天，最多可达九天以上。当上元符头超过节气九天的时候，就要置闰。置闰指的是接着这个节气下元的最后一天，再从上元第一天开始，把这个节气的上中下元重复一遍。这样重复十五天，本来是“超神”，一下子就变为“接气”了，即上元符头跑到下一个节气的后边了。

在传统奇门遁甲中，置闰有一个规定，那就是只有在芒种和大雪这两个节气的时候才能置闰。为何如此安排呢？因为芒种在夏至前，属于阳遁的最后一个节气；大雪在冬至节前，属于阴遁的最后一个节气。从冬至开始实行阳遁，从夏至开始实行阴遁，为了使符头与节气尽量接近和一致，故在改变阴阳遁之前，把符头调整好，使符头与节气不要差得太远。若是在其他的节气置闰，就容易使阴阳混淆，把应该阳遁的时间搞到阴遁里边去，或把应该阴遁的时间搞到阳遁中来。故置闰的目的是调整二十四节气与奇门遁甲上中下三元的对应关系。自古以来多数人主张用置闰法来解决这一矛盾，以保持以甲、己日为符头，以使时家奇门用局从日干支就可以确定下来。

当然也有人不主张置闰，称之为“无闰派”。不置闰即可以解决上述矛盾，有两种方法，一种叫拆补法，另一种方法既不用置闰，又不用拆补，而是名为茅山派布局法。

先说拆补法。拆补法仍然把上中下三元放在一个节气之中，仍然采用日干支甲子、甲午、己卯、己酉为上元符头，甲寅、甲申、己巳、己亥为中元符头，甲辰、甲戌、己丑、己未为下元符头。但由于多数情况下不是“正授”，而是“超神”，所以从交节以后所用上元天数必然不满五天，这便称之为“拆”。到了交下一个节气之前，用完下元之后，一般可能还有二三天可以用来补上上元所缺的天数，这便称之为“补”。即多数情况下交节后所用上元为残局，用完下元又来弥补这个残局，出现残上——中——下——补上的情形。

拆补法的缺点是：在同一个节气中，遁甲局的排列不能完全按照上、中、下的顺序排列，经常出现残下——上——中——补下，残中——上——下——补中的现象，即使是上局开头，也是残上——中——下——补上的排列，两个节气交接也是上节气的补下接这一节气的残下或补中接残中，补上接残上。这种现象的出现，使人感到很零乱，十分烦琐，因而并不利于广泛使用。为了规范统一，于是古人又产生了茅山道人的布局方法，该方法的特点是：既不用置闰，又不用拆补。茅山道士留给后人一首歌诀：

癸亥超接癸亥弃，甲子三元子上起。

接气超神署代候，万年千岁随转移。

不用闰奇并拆补，泄尽奇门超接机。

遁甲真符依此例，何愁应候不准的？

茅山道士的方法与拆补法相同的是，从进入该节气的时刻起，一直到出这个节气的时刻止，完全用该节气自己的遁甲局，绝不允许出现置闰法中本节气用上一个或下一个节气的遁甲局的现象。其与拆补法不同的是，茅山道士的方法是从交本节气那一时刻起即开始用本节气之上元局，而根本不去考虑日支的子午卯酉为上元，寅申巳亥为中元，辰戌丑未为下元之说。上元用满六十个时辰即转入中元，中元用满六十个时辰即转入下元。这样就避免了拆补法从残局入到补局出，或从下元——上元——中元等不顺的问题。

由上面的论述可知，茅山道人的起局方法主要是根据节气来制定的，即进入某个节气的交节那一刻起，便直接用这个节气的上元，无须考虑子午卯酉为上元、寅申巳亥为中元、辰戌丑未为下元之规律，上元用满六十个时辰后，直接用这个节气的中元，中元用满六十个时辰后，再直接用这个节气的下元。此时，会出现以下几种情况：

1. 该节气的下元已用满六十个时辰，但新的节气还没有到来，此时继续用该节气的下元，一直用到下一个节气到来那一刻为止，然后起用下个节气的上元。

2. 该节气的下元还没有用满六十个时辰，而新的节气已经来临，此时舍弃该节气的下元不用，而直接起用新节气的上元。

茅山道士的起局方法将遁甲三元与节气之间的差异在一个节气内就解决了，因此不需要置闰。由于它是从进入某节气即用某节气的上元，中元自然按部就班排列，只是在遁甲下元有所取舍。此可以不用打乱上、中、下元的次序，在理论上又较拆补法更为简捷适用，笔者经过十五年的大量实践，认为此法可以作为永久的规范来使用，比之拆补、置闰局，具有更高的准确率。

十、奇门遁甲的起局方法

（一）转盘奇门遁甲的排局方法

转盘奇门遁甲的排局方法是按下列步骤进行的：

1. 九星按蓬、任、冲、辅、英、芮（禽）、柱、心的顺序，顺时针布列九宫。不论阴遁、阳遁，永远顺时针旋转布列九宫。

2. 八门按休、生、伤、杜、景、死、惊、开这种不变的顺序，不论阴遁、阳遁，永远顺时针旋转布列九宫。

3. 八神按值符、螣蛇、太阴、六合、白虎、玄武、九地、九天这个不变的排列顺序，阳遁时顺时针旋转布列九宫。阴遁时逆时针旋转布列九宫。

下面通过实例来讲解转盘奇门遁甲的排局方法。

比如2002年公历4月7日早晨8点，查奇门万年历，这一天的干支及局数如下：

壬午年甲辰月乙巳日庚辰时，春分下元，阳遁6局（此按置闰法）

第一步，先查时柱的旬首。时柱庚辰在甲戌旬，甲戌旬首隐藏在六仪中己的下边，故时柱旬首为甲戌己。

第二步，此为阳遁6局。所谓阳遁6局，就是把三奇六仪中打头的戊排在乾6宫，则己便排在兑7宫，庚在艮8宫，辛在离9宫，壬在坎1宫，癸在坤2宫，丁在震3宫，丙在巽4宫，乙在中5宫。如图：

丙 巽4	辛 离9	癸 坤2
丁 震3	乙 中5	己 兑7
庚 艮8	壬 坎1	戊 乾6

由于旬首为甲戌己，今己落兑7宫，兑宫本位的星为天柱星，本位门为惊门。奇门中，时柱旬首所在宫之星称为“值符”。时柱旬首所在宫之门称为“值使”。故值符是天柱星，值使是惊门。

第三步，将值符落在时干所在宫位。其余的星按顺时针方向旋转排列。此例中时干为庚，庚落艮八宫，即把值符落在艮八宫。今旬首为甲戌己，在兑7宫，兑7宫本位星是天柱星，故把天柱星落在时干庚所在的艮8宫，如图：

丙　巽4	辛　离9	癸　坤2
丁　震3	乙　中5	己　兑7
庚柱　艮8	壬　坎1	戊　乾6

接下来按转盘奇门九星的排列顺序，天心星落震3宫，天蓬星落巽4宫，天任星落离9宫，天冲星落坤2宫，天辅星落兑7宫，天英星落乾6宫，天芮（禽）星落坎1宫，完成了转盘奇门遁甲九星布列图如下：

丙蓬　巽4	辛任　离9	癸冲　坤2
丁心　震3	乙　中5	己辅　兑7
庚柱　艮8	壬芮(禽)坎1	戊英　乾6

第四步，排值使。值使的排法是从旬首所在之宫位依次数至时辰所在宫位。如这个例子中，旬首为甲戌己，位居兑7宫，则从兑宫起甲戌，艮8宫为乙亥，离9宫为丙子，坎1宫为丁丑，坤2宫为戊寅，震3宫为己卯，巽4宫为庚辰，正是时辰所在宫位。于是将值使惊门落在巽4宫。如下图：

丙蓬惊 巽4	辛任 离9	癸冲 坤2
丁心 震3	乙禽 中5	己辅 兑7
庚柱 艮8	壬芮(禽) 坎1	戊英 乾6

接下来从值使惊门所落之巽4宫按顺时针布列八门，完成八门排列。即开门落离9宫，休门落坤2宫，生门落兑7宫，伤门落乾6宫，杜门落坎1宫，景门落艮8宫，死门落震3宫，完成八门排列。如下图：

丙蓬惊 巽4	辛任开 离9	癸冲休 坤2
丁心死 震3	乙禽 中5	己辅生 兑7
庚柱景 艮8	壬芮(禽)杜 坎1	戊英伤 乾6

第五步，排八神，八神的排法很简单，将八神中的值符落在地盘时干所在之宫位，然后按阳遁顺时针，阴遁逆时针的方法旋转布列而成。今时干庚在艮8宫，为阳遁，故把八神之值符落艮8宫。如下图：

丙蓬惊 巽4	辛任开 离9	癸冲休 坤2
丁心死 震3	乙禽 中5	己辅生 兑7
值 符 庚柱景 艮8	壬芮(禽)杜 坎1	戊英伤 乾6

接下来按八神的排列顺序，螣蛇落震3宫，太阴落巽4宫，六合落离9

宫，白虎落坤2宫，玄武落兑7宫，九地落乾6宫，九天落坎1宫，即完成八神排列，如下图：

太 阴　丙蓬惊 巽4	六 合　辛任开 离9	白 虎　癸冲休 坤2
螣 蛇　丁心死 震3	乙 禽 中5	玄 武　己辅生 兑7
值 符　庚柱景 艮8	九 天　壬芮(禽)杜 坎1	九 地　戊英伤 乾6

最后一步，将转到每宫的星之地盘本位的三奇六仪写在头上。如天蓬星，其本位在坎1宫，坎1宫地盘三奇六仪为壬，于是将壬写在已转到巽4宫的天蓬星头上，离九宫之天任星头上写庚，坤宫之天冲星头上写丁，兑宫之天辅星头上写丙，乾六宫之天英星头上写辛，坎1宫之天芮星头上写癸，天禽星头上写乙，艮8宫之天柱星头上写己，震3宫之天心星头上写戊，如此便完成一个完整的奇门排局。如下图：

2002年公历4月7日早晨8点

壬午年甲辰月乙巳日庚辰时，阳遁6局

值符：甲戌己　天柱星　值使：惊门

太　**壬** 阴　丙蓬惊 巽4	六　**庚** 合　辛任开 离9	白　**丁** 虎　癸冲休 坤2
螣　**戊** 蛇　丁心死 震3	乙 禽 中5	玄　**丙** 武　己辅生 兑7
值　**己** 符　庚柱景 艮8	九　**癸**乙 天　壬芮(禽)杜 坎1	九　**辛** 地　戊英伤 乾6

这样，一个完整的阳遁奇门遁甲局就排完了。这里需要说明的是，天芮

星与天禽星同落一宫这个组合，天禽星本位在中5宫，中宫五行属土，中宫通常寄坤2宫，故天芮星与天禽星同落一起。还有一种寄宫方法，阳遁时天禽星寄在艮8宫，即天禽星与天任星同落一起，阴遁时天禽星与天芮星同落一起。这两种方法可兼而用之。很多学者认为，不论阴遁、阳遁，天禽星所在之中5宫一律寄坤2宫。但我个人认为，阳遁寄艮8宫，阴遁寄坤2宫之法，是符合易理的，可以作为一种规范的方法来运用。

比如上面这个例子，我们完全可以根据阳遁时中五宫寄艮八宫的方法，将天禽星寄在艮八宫，与天任星同落在一起，于是，上面这个奇门局便可以按以下来进行排列：

壬午年甲辰月乙巳日庚辰时，阳遁6局

值符：甲戌己　天柱星　　　　值使：惊门

太　壬 阴　丙蓬惊 巽4	六　庚乙 合　辛任(禽)开 离9	白　丁 虎　癸冲休 坤2
螣　戊 蛇　丁心死 震3	乙　禽 中5	玄　丙 武　己辅生 兑7
值　己 符　庚柱景 艮8	九　癸 天　壬芮杜 坎1	九　辛 地　戊英伤 乾6

下面再举一个阴遁奇门局的布局实例来进行讲解：

2005年公历8月9日中午12时，查奇门万年历为：乙酉年 甲申月 乙丑日 壬午时 立秋上元阴遁二局（此按置闰法）

第一步，先查时柱的旬首。时柱壬午在甲戌旬，甲戌旬首隐藏在六仪己的下边，故时柱旬首为甲戌己。

第二步，此为阴遁2局。所谓阴遁2局，就是把三奇六仪中打头的戊排在坤2宫，由于阴遁局中三奇六仪要逆布九宫，故己便排在坎一宫，庚在离九宫，辛在艮八宫，壬在兑7宫，癸在乾6宫，丁在中5宫，丙在巽4宫，乙在震3宫。如下图：

丙 巽4	庚 离9	戊 坤2
乙 震3	丁 中5	壬 兑7
辛 艮8	己 坎1	癸 乾6

由于旬首为甲戌己，今己落坎1宫，坎宫本位的星为天蓬星，坎宫本位门为休门。于奇门中，时柱旬首所在宫之星称为“值符”。时柱旬首所在宫之门称为“值使”。故值符是天蓬星，值使是休门。

第三步，将值符天蓬星落在时干所居之宫位，其余的星按顺时针方向旋转排列。此例中时干为壬，壬落兑7宫，即把值符天蓬落在兑7宫，如下图：

丙 巽4	庚 离9	戊 坤2
乙 震3	丁 中5	壬蓬 兑7
辛 艮8	己 坎1	癸 乾6

接下来按转盘奇门九星的排列顺序，天任星落乾6宫，天冲星落坎1宫，天辅星落艮8宫，天英星落震3宫，天芮星落巽4宫，天柱星落离9宫，天心星落坤2宫。由于为阴遁局，故中5宫的天禽星寄于坤2宫，即与坤2宫本位之天芮星同落在一起。今天芮星落于巽4宫，故天禽星亦同落巽4宫，完成了转盘奇门遁甲九星布列图如下：

丙芮(禽)巽4	庚柱 离9	戊心 坤2
乙英 震3	丁禽 中5	壬蓬 兑7
辛辅 艮8	己冲 坎1	癸任 乾6

第四步，排值使。值使的排法是从旬首所在之宫位依次数至时辰所在之宫位。这里需要特别指出的是：阴遁奇门局在排值使门落宫时，必须逆着九宫的数字走，即按照9、8、7、6、5、4、3、2、1的顺序来排列。如这个例子中，旬首为甲戌己，位居坎1宫，则从坎宫起甲戌，离9宫为乙亥，艮8宫为丙子，兑7宫为丁丑，乾6宫为戊寅，中5宫为己卯，巽4宫为庚辰，震3宫为辛巳，坤2宫为壬午，正是时辰所在宫位，于是将值使休门落在坤2宫，如下图：

丙芮(禽) 巽4	庚柱 离9	戊心休 坤2
乙英 震3	丁禽 中5	壬蓬 兑7
辛辅 艮8	己冲 坎1	癸任 乾6

接下来从值使休门所落之坤2宫按顺时针布列八门，完全和阳遁之排法一样，即生门落兑7宫，伤门落乾6宫，杜门落坎1宫，景门落艮8宫，死门落震3宫，惊门落巽4宫，开门落离9宫，完成八门排列，如下图：

丙芮(禽)惊 巽4	庚柱开 离9	戊心休 坤2
乙英死 震3	丁禽 中5	壬蓬生 兑7
辛辅景 艮8	己冲杜 坎1	癸任伤 乾6

第五步，排八神，八神的排法很简单，将八神中的值符落在地盘时干壬所在之宫位，然后按阳遁顺时针，阴遁逆时针的方法旋转布列而成。今时干壬在兑7宫，为阴遁，故把八神之值符落兑7宫，如下图：

丙芮(禽)惊 巽4	庚柱开 离9	戊心休 坤2
乙英死 震3	丁禽 中5	值符 壬蓬生 兑7
辛辅景 艮8	己冲杜 坎1	癸任伤 乾6

接下来按八神的排列顺序，螣蛇落坤2宫，太阴落离9宫，六合落巽4宫，白虎落震3宫，玄武落艮8宫，九地落坎1宫，九天落乾6宫，即完成阴遁奇门局之八神排列，如下图：

六合 丙芮(禽)惊 巽4	太阴 庚柱开 离9	螣蛇 戊心休 坤2
白虎 乙英死 震3	丁禽 中5	值符 壬蓬生 兑7
玄武 辛辅景 艮8	九地 己冲杜 坎1	九天 癸任伤 乾6

最后一步，将转到每宫的星之地盘本位的三奇六仪写在头上。如天蓬星，其本位在坎1宫，坎1宫地盘三奇六仪为己，于是将己写在已转到兑7宫的天蓬星头上，乾六宫之天任星头上写辛，坎宫之天冲星头上写乙，艮宫之天辅星头上写丙，震宫之天英星头上写庚，巽宫之天芮星头上写戊，巽宫之天禽星头上写丁，离宫之天柱星头上写壬，坤宫之天心星头上写癸，如此便完成一个完整的阴遁奇门排局。如下图：

2005年公历8月9日中午12时

乙酉年甲申月乙丑日壬午时，阴遁2局

值符：甲戌己　天蓬星　　值使：休门

六合　戊丁 丙芮(禽)惊 巽4	太阴　壬 庚柱开 离9	螣蛇　癸 戊心休 坤2
白虎　庚 乙英死 震3	丁 禽 中5	值符　己 壬蓬生 兑7
玄武　丙 辛辅景 艮8	九地　乙 己冲杜 坎1	九天　辛 癸任伤 乾6

（二）飞盘奇门遁甲的起局方法

飞盘奇门遁甲的起局方法知之者不多，现代社会上流行的多数为转盘奇门遁甲。今于此将飞盘奇门遁甲的具体起局方法详解如下：

(1) 飞盘奇门遁甲所用九星排列顺序为

1. 天蓬星　2. 天芮星　3. 天冲星　4. 天辅星　5. 天禽星

6. 天心星　7. 天柱星　8. 天任星　9. 天英星

以上可简写为：蓬、芮、冲、辅、禽、心、柱、任、英。

飞盘九星的排列顺序其实就是洛书九宫从一到九的数字排列顺序。如蓬星本位在坎一宫，芮星在二宫，冲星在三宫……英星在九宫。

(2) 飞盘奇门遁甲所用八门排列顺序为

1. 休门　2. 死门　3. 伤门　4. 杜门

6. 开门　7. 惊门　8. 生门　9. 景门

以上可简写为：休、死、伤、杜、开、惊、生、景。因中五宫无门，故八门数字为1、2、3、4、6、7、8、9。

八门同九星的原理一样，也是按洛书九宫的数字依次排列而成。如休门本位在坎一宫，数目为一，死门本位在坤二宫，数目为二，余类推。

(3) 九神的具体排法

在转盘奇门中用的是八神，而飞盘奇门用的是九神。现将九神的排列顺序分述如下：

1. 值符 2. 媵蛇 3. 太阴 4. 六合 5. 勾陈

6. 太常 7. 朱雀 8. 九地 9. 九天

以上为阳遁时所用九神排列顺序。

1. 值符 2. 媵蛇 3. 太阴 4. 六合 5. 白虎

6. 太常 7. 玄武 8. 九地 9. 九天

以上为阴遁时九神的排列顺序

下面通过举例来详细讲解飞盘奇门遁甲的排局方法。如：2006 年公历 12 月 22 日下午 16 点，阳遁一局。

丙戌年庚子月丙戌日丙申时，阳一局。

值符：甲午辛 天辅星　　值使：杜门

辛 4	乙 9	己 2
庚 3	壬 5	丁 7
丙 8	戊 1	癸 6

现在开始排飞盘奇门局。第一步先将值符天辅星落在时干丙所在之艮八宫。如图：

辛 4	乙 9	己 2
庚 3	壬 5	丁 7
丙辅 8	戊 1	癸 6

阳遁时要按 1、2、3、4、5、6、7、8、9 的顺序来排九星，按照飞盘奇门九星的顺序，天辅星之后为天禽星，现天辅星落八宫，则下一个天禽星要落离九宫。因为飞盘奇门的九星都是跳着走的。如下图：

辛 4	乙禽 9	己 2
庚 3	壬 5	丁 7
丙辅 8	戊 1	癸 6

接下来天心星落坎一宫，天柱星落坤二宫，天任星落震三宫，天英星落巽四宫，天蓬星落中五宫，天芮星落乾六宫，天冲星落兑七宫。如此，九星飞布九宫，各就个位，完成排局：

辛英 4	乙禽 9	己柱 2
庚任 3	壬蓬 5	丁冲 7
丙辅 8	戊心 1	癸芮 6

八门的排法与九星排法类似，只是八门不入中五宫，排局时遇到中五宫则要跳跃到巽四宫或乾六宫。阳遁时从巽四宫跳到乾六宫，阴遁时从乾六宫跳到巽四宫。

今旬首为甲午辛，辛落巽四宫，从四宫起甲午，则五宫为乙未，丙申落乾六宫，故值使门杜门落乾六宫。如图：

辛英 4	乙禽 9	己柱 2
庚任 3	壬蓬 5	丁冲开 7
丙辅 8	戊心 1	癸芮杜 6

今值使杜门落乾六宫，飞盘奇门遁甲八门排列为杜门之后是开门，现杜门在六宫，则开门在七宫。如图：

辛英 4	乙禽 9	己柱 2
庚任 3	壬蓬 5	丁冲开 7
丙辅 8	戊心 1	癸芮杜 6

现值使杜门落乾六宫，开门落兑七宫，则惊门落八宫、生门落九宫、景门落坎一宫、休门落二宫、死门落三宫、伤门落四宫、杜门跳过中宫直入乾宫便形成初始值使门所在宫位。完成八门飞布九宫。如图：

辛英伤 4	乙禽生 9	己柱休 2
庚任死 3	壬蓬 5	丁冲开 7
丙辅惊 8	戊心景 1	癸芮杜 6

下一步是排九神。九神的排法同九星的飞布方法基本类似。阳遁的时候，九神按着 1、2、3、4、5、6、7、8、9 的顺序顺布。阴遁的时候九神按着 9、8、7、6、5、4、3、2、1 的顺序逆布。

今值符星天辅星落艮八宫，故将九神之值符落艮八宫，值符下一个是螣蛇，故螣蛇落离九宫，如图：

辛英伤 4	螣蛇 乙禽生 9	己柱休 2
庚任死 3	壬 蓬 5	丁冲开 7
值符 丙辅惊 8	戊心景 1	癸芮杜 6

现九神之值符在艮八宫，螣蛇在九宫，则下一个太阴便落在坎一宫，六合在坤二宫，勾陈在震三宫，太常在巽四宫，朱雀落在中五宫，九地落在乾

六宫，九天落兑七宫，则九神飞布九宫完成，如下图：

太 常　辛英伤 4	螣 蛇　乙禽生 9	六 合　己柱休 2
勾 陈　庚任死 3	朱 雀　壬　蓬 5	九 天　丁冲开 7
值 符　丙辅惊 8	太 阴　戊心景 1	九 地　癸芮杜 6

最后一步，把每个飞星所带地盘的三奇六仪都写于上边，一个完整的奇门局就排完了。

丙戌年庚子月丙戌日丙申时，阳一局。

值符：甲午辛　天辅星　　值使：杜门

太　　乙 常　辛英伤	螣　　壬 蛇　乙禽生	六　　丁 合　己柱休
勾　　丙 陈　庚任死	朱　　戊 雀　壬蓬	九　　庚 天　丁冲开
值　　辛 符　丙辅惊	太　　癸 阴　戊心景	九　　己 地　癸芮杜

阴遁奇门局的排局方法与阳遁奇门局的排列方法基本相同，只是有以下几点区别：

1. 阴遁奇门遁甲的飞盘局排列方法是按着 9、8、7、6、5、4、3、2、1 这个顺序排列的。

2. 阳遁奇门遁甲飞盘局中的八门排到巽四宫时，下一个门要跳到乾六宫。而阴遁奇门遁甲飞盘局中的八门排到乾六宫时，下一个门要跳到巽四宫。

下面举例讲解阴遁奇门遁甲飞盘局的排列方法。2006 年公历 8 月 2 日上午 10 点。

丙戌年乙未月癸亥日丁巳时，阴四局。

戊 4	壬 9	庚 2
己 3	乙 5	丁 7
癸 8	辛 1	丙 6

阴遁四局，即戊排在巽四宫，己落震三宫，庚落坤二宫，辛落坎一宫，壬落离九宫，癸落艮八宫，丁落兑七宫，丙落乾六宫，乙落中五宫。完成地盘三奇六仪排法。

九星排法是这样：先找出值符星，今时柱丁巳的旬首为甲寅，而甲寅癸于地盘中位居艮八宫，故值符为天任星，值使为生门。现将值符星天任星落在时干丁所在的兑七宫，按飞盘奇门遁甲阴遁局的排列规则，天任星下一个星是天英星。将天英星排在乾六宫。继而天蓬星落中五宫，天芮星落巽四宫，天冲星落震三宫，天辅星落坤二宫，天禽星落坎一宫，天心星落离九宫，天柱星落艮八宫。则九星完成了一周飞布。如下图：

丙戌年乙未月癸亥日丁巳时，阴四局。

值符：甲寅癸　天任星　　值使：生门

戊芮 4	壬心 9	庚辅 2
己冲 3	乙蓬 5	丁任 7
癸柱 8	辛禽 1	丙英 6

八门的排法同理，从旬首甲寅癸所落之艮八宫起甲寅，则乙卯在兑七宫，丙辰落乾六宫，丁巳落中五宫，则值使生门应该落中五宫。然中宫无门，按奇门规则，阳遁时中宫寄艮八宫，阴遁时中宫寄坤二宫。今此局为阴遁，故本是落在中五宫的值使生门寄落在坤二宫，形成如下排布：

4 戊芮	9 壬心	2 庚辅生
3 己冲	5 乙蓬	7 丁任
8 癸柱	1 辛禽	6 丙英

今生门值使寄落坤二宫之后，排在后边的景门便落在坎一宫。如下图：

4 戊芮	9 壬心	2 庚辅生
3 己冲	5 乙蓬	7 丁任
8 癸柱	1 辛禽景	6 丙英

接下来于景门之后的休门落离九宫，死门落艮八宫，伤门落兑七宫，杜门落乾六宫，开门落巽四宫（门不入中宫，故跳过），惊门落震三宫。如此，完成了八门飞布九宫的排列。

九神的排列与九星排法原理基本相同，即九神之值符排在值符星所落之宫位，其余八神则按9、8、7、6、5、4、3、2、1的顺序排列即可。如图：

六合 戊芮 4	九地 壬心 9	太常 庚辅 2
白虎 己冲 3	太阴 乙蓬 5	值符 丁任 7
九天 癸柱 8	玄武 辛禽 1	螣蛇 丙英 6

最后把九星、八门、九神、九星所带地盘三奇六仪全部排入，便形成一个完整的阴遁四局的奇门排盘，如下图：

丙戌年乙未月癸亥日丁巳时，阴四局。

值符：甲寅癸　天任星　　值使：生门

六 **庚** 合 戊芮开	九 **丙** 地 壬心休	太 **戊** 常 庚辅生
白 **己** 虎 己冲惊	太 **辛** 阴 乙蓬	值 **癸** 符 丁任伤
九 **丁** 天 癸柱死	玄 **乙** 武 辛禽景	螣 **壬** 蛇 丙英杜

十一、十天干的万物类象

甲：五行属木，为阳木。位居东方，于奇门中甲代表主帅、首领，在人体代表头部，于体内代表胆，毛发，功名，科甲，青色，酸味，栋梁，开始，帽子，仁慈，树木，第一位，愤怒，一数，九数，长形、方形，性直，质健。

乙：五行属木，为阴木，位居东方。奇门中乙代表日奇、医生、医药、女人等信息。于婚姻代表妻子，于人体代表肝脏、肩，花草之木，绿色，酸味，第二位，辫子，毛发，胡须，乞丐，善良，磕头作揖，毛巾，二数、八数，仁慈，质柔嫩。

丙：五行属火，为阳火，位居南方。于奇门中为月奇，代表有权威之人，婚姻上代表第三者男人。在人体代表小肠、额、肩，自然界中代表太阳、熊熊烈火、炽热、红色，又代表第三、急躁等。亦代表光明、温暖、苦味、眼睛、大眼睛、笑容，数目为三数、七数。

丁：五行属火，为阴火，位居南极，故又名南极星精。于奇门中代表星奇，丁为玉女，婚姻中代表第三者女人，于人体代表心脏、齿舌，眼睛，淡红色，苦味，形体秀丽而清高，补丁、图钉、钢钉，花朵，礼貌，微笑，灯光、烛光，生日蛋糕、火柴。

戊：五行属土，为阳土，位居中央。于奇门中代表天门、资本、钱财等。于人体代表胃、鼻子，面部，自然界里代表山冈、高冈、高原，于人物代表军人、有钱人。诚信、诚实、守信、坚强、稳定、稳固、呆板、城墙、黄色、甜味、五数、十数。

己：五行属土，为阴土，位居中央。于奇门中己代表地户，又代表坟墓。于人体代表脾、脐轮、面部，于自然界中代表平原、田园、地基，甜味，做事公正、平均，黄色，于数目为六数、九数。

庚：五行属金，为阳金，位居西方。于奇门中庚为格、为贼、仇人、丈夫等信息。于人体代表大肠、脐轮、筋、骨骼；又代表金属制品、刀具、兵器等。于状态代表果断、刚强、杀戮，又代表白色、辣味。

辛：五行属金，为阴金，位居西方。于奇门中辛代表罪人或犯过错误之人。于人体代表肺、骨骼、胸，又代表手链、耳环、刀具、金属制品等，亦代表辛辣、果敢、切割、新生事物、肃杀、手铐、针、铁钉、尸骨、白色，于数目为七数。八数，各种精小金属制品。

壬：五行属水，为阳水，位居北方。于奇门中壬为地牢，壬又可代表各种流行事物，于人体代表膀胱、胫，血液循环，习惯、主流、潮流，于大自然代表大海、江、湖、河，又代表智慧、聪明，咸味，黑色，于数目为六、九数。

癸：五行属水，为阴水，位居北方。于奇门中癸为天网，于人体中癸代表肾脏、精、血液、人体分泌物，癸又为足、眼泪，黑色，雨露，水池、水库、水塘、沼泽、北极。

十二、十二地支信息类象

子：五行属水，为阳水，位居北方。子为墨池、燕子、蝙蝠、耳、膀胱、音律为宫，二十八宿为女、虚、危宿，十二宫为宝瓶座，为妇女、阴私、暗昧、孩童、肾、血液、鼠、江湖、排行第一。

丑：五行属土，为阴土，位居东北偏北。为胞肚、脾、手、山、牛、丑陋，五音为徵 ，蟹、龟，十二宫为摩蝎座，丑又为田园、堤岸、牛郎星、贵人、蜈蚣、牛姓、田王类姓氏、浅黄色、二数、八数，甜味，放牛娃，排行第二。

寅：五行属木，为阳木，位居东北偏东。为胆、为手、功曹、青色、须发、老虎、猫、青龙、十二宫为人马座，木器、婚姻、文书、财帛、官吏、人、风、宾客、秀才、道士、手帕、毛发、书籍、椅子、桥梁，二十八宿中尾宿、箕宿，酸味，排行第三。

卯：五行属木，为阴木，位居东方。为肝、手指、车辆、船只、门户、正门、酸味、兔、驴、骡、木棒、桥梁、竹木、笙、笛、箱、雷电、长子、乐器、歌声、琴声、跑动、左胁、足。五音为羽，二十八宿为氐、房、心宿，十二宫为天蝎座。

辰：五行属土，为阳土，位居东南偏东方向。于人体代表胃、肩、胸部，又为龙、水库、天罗、陈姓、龙姓，五音为商音，又为鱼、渔民、绳索、天牢、寺观、坟墓、长廊、碾碓、缸瓮、盆、皮毛、破衣、军人、狱神、争讼、打斗，于二十八宿为角宿、亢宿。

巳：五行属火，为阴火，位居东南偏南方向。于人体代表心、面、心胞络、三焦、咽喉、面上有斑点、齿，于二十八宿为翼宿、轸宿，十二宫为双女座，五音为角，又代表蛇、妇女、术人、画工、毛笔、文学、诗赋、厨师、筐、盒、砖瓦、砖窑、冶炉、灶、蚯蚓、蝉、肠道，于数目为四数、六数。

午：五行属火，为阳火，位居南方。于人体代表眼睛、小肠，于万物为马、狮子、文书、文章、娼妇、僧巫、蚕、信息、词讼、光彩、道路、火烛、旌旗、鸦雀、蚕丝、小豆、使者、血光、红豆、苦味，于姓氏为马姓、周姓、许姓、狄姓、冯姓等，五音为宫，二十八宿为柳宿、星宿、张宿，十二宫为狮子座。

未：五行属土，为阴土，位居西南偏南，于人体代表脾、脊梁、肌肉，又为羊、鹰，代表平原、花园、木器厂、酒食、婚姻喜庆、祠祀事、庭院、药师、井、枯井、陷阱、盘盏、衣物、被子、棉制品、纱、帘、麻，未为风伯，五音为徵，二十八宿为井宿、鬼宿，十二宫为巨蟹座，于姓氏为杨姓、朱姓、杜姓等。

申：五行属金，为阳金，位居西南偏西。于人体代表大肠、经络、骨骼，于万事万物代表车辆、传送、猿、猴、僧、商贾、巫医、屠户、疾病、道路、经文、刀兵、大麦、城宇、祠庙、银匠、铁匠、行人、兵卒、金石匠、刀具等。

酉：五行属金，为阴金，位居西方。于人体代表肺、精血、骨，于万事万物代表鸡、凤凰、少女、口舌、官司、形貌端正、门户、后门、女巫、牙人、阴私、酒、酒店、酒客、姜、蒜、金银、首饰、珠宝玉器，二十八宿为胃宿、昴宿、毕宿，十二宫为金牛座，五音为羽，色白、辣味、钱币等。

戌：五行属土，为阳土，位居西北偏西。于人体代表胃、命门、腿足，于万事万物代表狱神、地网、网罗、军人、坟墓、发电厂、锅炉房、牢狱、窑炉、寺庙、善人、长者、猎人，士兵、强盗、网络网吧、火葬厂，二十八宿为奎宿、娄宿，十二宫为白羊座，五音为商，数目为五数、十一数，于姓氏为徐、鲁、魏、王、倪、娄等。

亥：五行属水,为阴水,位居西北偏北。于人体代表肾脏、头部、血液,于万事万物为猪、天门、熊、野猪、醉酒人、足、厕所、笔墨、盐、咸味、庭院、围墙、仓库、图书、伞、笠、圆环、鱼、梅花、葫芦,二十八宿为室宿、毕宿,十二宫为双鱼座，五音为角。于姓氏为朱、于、魏、房、任、季、邓、范等。

十三、八卦的万物类象

乾卦：为天、为圆、为君、为父、为玉、为寒、为冰、大赤、良马、老马、瘠马、驳马、为木果、刚健、名人、公门人、老头、皇帝、一把手、为龙、头部、右脚、为肺、为骨、尊重、好胜、雪、馒头、手饼、水晶、玉环、镜子、球、赤玄色、强横、霸道、惟我独尊、大象、狮子、楼、京城、高亢之所、厕所、核心、飞机、航天工业、宇宙飞船、盛世、圆满、农历九十月之交、白色、一数、六数、辣味、西北方向、男性生殖系统、最大值。

坤卦：为地、为母、为布、为釜、为吝啬、为均、为子母牛、为大舆、为文、为众、为柄、为黑色、为老太太、为柔软、为方形、西南方、阴历六七月、为雾、为云、为阴、墙壁、城邑、宫阙、为儒、为妻、为农民、为僧、为肥胖、为迟滞、怂恿、布匹、大腹人、牛、牝马、瓦器。懦弱之人、乡村、田野、平原、肌肉、吝啬、水泥、五谷、胃、女性生殖系统、黄色、甜味、二数、八数、被子、一切土中之物品、皇后。

震卦：为雷、为龙、为玄黄、为长子、为足、为大涂、为决躁、为萑苇。其于马也为善鸣、为作足、为的颡 。其于稼也为反生，其穷为健，为蕃鲜。附于理则为威严，否则为躁或暴，又为虹霓、电、正东方向、商旅、将帅、工匠、运动员、跑步、歌唱、鼓声、法官、公安人员、军人、打斗、武装人员、长男、始刚、决断、面食、包子、时新之物、车辆、船只、轿、乐器、裙、腰带、竹木、树木、舞蹈、地震、司机、驾驶员、广播、歌厅、战场、舞厅、车站，于数目为三数、四数，酸味。

巽卦：为风、为长女、为木、为绳直、为白、为长、为高、为进退、为不果、为臭。于人为寡发，为广颡，为多白眼，为近利市三倍，为秀士、寡妇、山林仙道之人、柔和、不定、鼓舞、不果、气体、阴历三四月、东南方、木香、长物、链状物、竹木、工巧之器、鸡、各类禽虫、寺观楼园、山林、蔬菜、酸味、教化、文曲、茶叶、商场、经营场所、气味、风格、风俗。

坎卦：为水、为沟渎、为隐伏、为矫輮、为弓轮、为忧虑、心病、耳痛、为血、为月、为险、为陷、为盗贼、为雪、为霜、为露、北方、江、河、湖、海、沼泽、井、泉、卑湿之地、中男、江湖人、舟人，外示以利而内存以刚，漂泊、随波逐流。耳朵、血液、肾脏、一切带核之物、豕、鱼、水中之物。酒、鱼、咸、农历十一月、北方、水中之物、一切旋转之物、黑色、油、盐、酱、醋、浴池、水库、猪、刑具、轮子，于数目为一数、六数。

离卦：离为日、为火、为电、为中女、为甲胄、为戈兵、于人为大腹、亦为乾卦（先天）、为鳖、为蟹、为蚌、为龟，于木为科上槁、为漂亮、光明、虹、霓、霞、南方、窑灶、炉冶之所、文人、大热晴天、文章、证书、眼睛、心脏、干燥之物品、赤色物品、窗户、灯具、照明、轿车、煎炒、烧炙之物、阴历五月、苦味、美容、演员、名人、画像、名堂、古迹、教堂、华丽的街道、电影、电视、电脑、印刷厂、契约、报刊、图书、合同、火炉、各种电子器具、观察。

艮卦：为山，为径路、为石、为门、为手、为狗、为阻、为止，为少男、丘陵、坟墓、东北方、阴历十二月一月，为鼻、为背、虎、安稳、脾、为云、为雾、房屋、高楼、台阶、少年儿童、警卫、守门、矿山、高墙、石匠、寺观、祠堂、坡、炕、床、桌、椅、黄色、白色、坚定、倔强、车站、狐狸、猫、狼，为皮、肿块、包状物、凸起部分、不流通。

兑卦：兑为泽、为少女、为口舌、为巫、为毁折、为附决，于地为刚卤，又为羊、为妾、为一切有缺口之物品、雨露、细雨、雪、井、泉、客人、牙人、娼、媒人、口、牙齿、官司、律师、谗言、白色、阴历八月、西方、演说、翻译，兑为吃、湖泊、沼泽地带、洞穴、井、喜悦、刀剑、金属制品、辣味、咽喉、出入口。

十四、九星的万物类象

天蓬星：又名贪狼星，位居坎宫，故五行属水。为大凶之星，主要代表黑社会、杀人犯、重大抢劫盗窃犯罪之人、重大贪污犯、贪酒贪色之人、大眼睛之人、高智商犯罪人员、流动性强、阴险狡诈之人等。天蓬星属一白，阳星，五行属水，旺于春季、相于冬季、休于夏季、囚于四季（辰、戌、丑、未月），废于秋季。

天芮星：又名巨门星，位居坤宫，五行属土。为大凶之星。主要代表疾病等信息，故天芮星又称病星、病神。因坤卦为纯阴，所以芮星阴邪之气甚足，故天芮星为阴星，属二黑。天芮星通常又代表求学、求道、求仙之人。天芮星旺于秋季，相于四季（辰、戌、丑、未月）、休于冬季、囚于春季、废于夏季。

天冲星：又名禄存星，位居震宫，五行属木，为阳星。是一颗吉星。具有慈爱之心，助人为乐，代表农事、树林、树木、车辆、跑动、军人、部队、武装部门、音乐、歌唱、舞蹈、农业、长寿、冲动、为三碧木星。天冲星旺于夏季、相于春季、休于四季 (辰、戌、丑、未月)、囚于秋季、废于冬季。

天辅星：又名文曲星，位居东南巽宫，五行属木，为阳星。又为四绿木星。主要代表与文化教育有关的信息，经常代表学校、老师、考试院等。为大吉之星。凡天辅星所临之宫百事皆宜，利出行、经商、婚娶、修造等，特别利于升学、考学、发展文化教育等。天辅星旺于夏季、相于春季、休于四季 (辰、戌、丑、未月)、囚于秋季、废于冬季。

天禽星：又名廉贞星，位居中央，五行属土，为阳星，大吉之星。主为人中正、长相端庄、略胖、做事公道、守信，具有领导才能，通常代表具有凝聚力的人物、有影响力的人物、领袖人物等。天禽星所临之宫，百事皆宜。天禽星旺于秋季，相于四季 (辰、戌、丑、未月)、休于冬季、囚于春季、废于夏季。

天心星：又名武曲星，位居西北乾宫，五行属金，为阴星。天心星主能动能静，有领导才能，有军事方面的领导能力，又能医疗治病，故天心星又代表医院、治疗方案等。其有惩恶扬善之能。又利求仙、修佛等事宜，是大吉之星。天心星旺于冬季、相于秋季、休于春季、囚于夏季、废于四季 (辰、戌、丑、未月)。天心星又代表父亲、长者、神仙、佛等。

天柱星：又名破军星，位居西方兑宫，为七赤，五行属金，为阴星。其喜杀好战、惊恐怪异、破坏、毁坏、杀戮、摧毁等。为大凶之星。天柱星临宫，宜于修筑、屯兵固守，不宜出战交兵，不宜远行经商，强行则车破马伤、士卒败亡、破财折本、意外伤灾等。天柱星旺于冬季、相于秋季、休于春季、囚于夏季、废于辰、戌、丑、未这四个月。

天任星：又名左辅星，位居东北方艮宫，为八白，五行属土，为阳星。为吉星，天任星所临之宫，主为人诚信、性格稳重但偏于执拗、倔强、做事呆板不善变通，宜立国安邦、教化黎民。入官谒贵、商贾嫁娶、百事皆吉。天任星旺于秋季、相于四季 (辰、戌、丑、未月)、休于冬季、囚于春季、废于夏季。

天英星：又名右弼星，位居南方离宫，五行属火，为九紫，为阴星。天英星主嫁娶凶，远行迁徙皆不宜，上官商贾凶而败，均不利。造作求财一场空。天英星所临之宫，主人性躁易暴、好胜，只宜谋划献策，面君谒贵，其余均不利。天英星旺于四季 (辰、戌、丑、未月)，相于夏季、休于秋季、囚于冬季、废于春季。天英星主人爱发火、有才华、喜展现、争强好斗，和血光有关，为中平小凶之星。

以上所总结的是九星的具体特征及类象，九星的旺衰归纳起来便是下面这段《烟波钓叟歌》所言：坎蓬星水离英火，中宫坤艮土为营。乾兑为金震巽木，旺相休囚看重轻。与我同行即为相，我生之月诚为旺，废于父母休于财，囚于鬼兮真不妄。

十五、八门的万物类象

开门：开门位居西北乾宫，五行属金。为大吉之门。开门属金，以天地肃杀之气，万物俱尽之时，何以谓之吉？

开门之金，固是万物杀尽之时，却不知万物杀尽而有复生。开门属乾，乾中有亥，乾纳甲壬，金动水生，水生而生万物，故为资生万物之初，又为天门，所以吉也。古云：凡得开门，见官得理，做事欣然，觅人得见，大利上官，求财必遂，病人易妥，出行合伴，行人将遂，贸易开张，移徙欣然，谒贵利济，造作获安，百事悉吉，无不洞然。

总之，开门是大吉之门，可代表开始、最初、原始、开创、创始人、开业、领导、法官、飞机、门面、办公室、官运、公开等信息。

休门：休门位居北方坎宫，为吉门。休门五行属水，无物不杀，霜雪之寒，纯阴之气，玄武之精，三光不照，鬼邪所居之宫，何以为吉？

休门之水固为至阴之地，实系宝瓶宫，万物以水为生煞而发摺于外，以水为死气收敛归根而藏精于内。子者，乃一阳复始之初，草木值此而萌动，返本还源之门，所以吉也。古云：休门最好聚资财，牛马猪羊自送来。外口婚姻南方应，迁官职位坐京台。定进羽音人产业，居家安庆永无灾。

总之，休门是大吉之门。代表休养生息、休息冬眠、退休之人、婚姻、谒贵、酒、油、盐、酱、醋、江、河、湖、海、水产养殖、休闲、肾、血液、流动性强、一切流动性质的事物、一切液体。

生门：生门位居东北方艮宫，为吉门。生门艮卦，五行属土，少阳之方，何以为至吉？

艮者寅位，天开于子，地辟于丑，人生于寅，天气至此而三阳俱足开泰，从此而万物皆生。阳回气转，天地好生之情而广及万物，仁道生焉，所以为至吉之门。古云：生门临着土星辰，人财资旺各称情。子丑年中三七月，牛羊鞍马进门庭。蚕谷丝绵皆丰足，朱紫儿郎任帝京。南方商音田土进，子孙禄位至公卿。

总之，生门是大吉、至吉之门。生门宜上官、修造、嫁娶、求财、牧养，皆大吉。生门代表生产、生育、养殖、房屋、房地产、利润、利息、经营求财、活物、新生事物、生长、生生不息、诞生、生日、生存、种植、建造、制造、制作。

伤门：伤门位居东方震宫，为凶门。伤门五行属木，正值春分之时，嫩甲发生，当以吉看，如何反以凶论？

伤门之木，正值春分之气，精液自内而出，发阳于外，以致根本泄之太过，所谓以外华而内虚，而不能胜其旁，况二月中嫩甲不能当霜露之寒，因谓之伤，所以凶也。古云：伤门不可说，夫妇主灾迍。疮病行不得，折损血财牲。天灾人枉死，经年有病人。商音难得得，余事不堪陈。

总之，伤门是一个凶门。通常代表伤灾、疾病、跑动、响声、伤害、残疾、车辆、船只、打斗、战争、赌博等信息。凡伤门所临之宫，不利经商、出行、婚嫁，只宜索债、狩猎、捕捉盗贼、赌博取胜等。

杜门：杜门位居东南方巽宫，小凶之门或中平。杜门阳木值夏季繁盛之时，本为旺气，何以凶论？

杜门阳木，时值夏季，发生于外而津液已泄，阳气亢极，一阴将至，木性至此而力屈，欲收敛而不能收敛，欲生旺而力已尽，又不能不泄其力以实其子，而待阴伏藏其子于坚密之处，恐有伤于子，故谓之杜门小凶。古云：杜门原属木，犯着灾祸频。亥卯未年月，遭官入狱迍，生离死别事，六畜也多瘟。跌打见脓血，祸害及子孙。

总之，杜门是小凶之门。杜门为藏形之方，最宜躲灾避难、藏形隐匿，余事皆不利。杜门主要代表保密、技术、警察、公安、安全部门、不通、堵塞等。

景门：景门位居南方离宫，为中平、小凶之门。景门属火，南方夏令正值离明之域，何以为凶也？

景门夏令之气，万物壮旺将老之时，与死门坤宫相近，又为阳之盛气，天数至此时，将有杀物之情，虽主上明下亮之方，亦不全吉，惟利文书之事，因为次吉。古云：景门主血光，官符卖田庄。祸灾应多有，子孙受苦殃。外凶并恶死，六畜也见伤。生离并死别，用者须提防。

总之，景门为小凶之门，也有做平门来看的。凡景门用事，惟宜上书献策、奏对、选拔将士吉，余皆不利。景门主要代表文书、字据、合同、景致、风景、血光、光明、火电、计划、前景、行情、眼睛。

死门：死门位居西南坤宫，为大凶之门。死门属土，又系黑星分夜之方，秋冬之气，天地肃杀自此而始彰，门凶、星凶，当弃之而不用，不知此门宁可用之？

死门之凶，天地令行大肆肃杀之威，草拂色变，木逢叶落，故为凶象。若得奇相助，面吊死刑捕捉畋猎之事，有得吉者，顺天之序而然也，不可弃。古云：死门之宿最为凶，人命逢之祸不轻，犯者年年财产退，更防孝服死人丁。

总之，死门是一个大凶之门，通常代表死亡之信息，亦用来代表刑戮、战争、伤疤、疼痛、痛苦、压抑、死气沉沉等信息。又可代表结束、最后、最终等信息。死门所临之处只宜吊丧、行刑等，余事皆不利。死门亦用来代表死者、尸体、锁头等信息。

惊门：惊门属西方兑宫，为凶门。惊门属金，值八月秋令，万物俱老，天地大示肃杀之威，亦不可弃乎？

惊门气肃，物数苍老，本无生气，固凶。但天地存好生之心，不欲杀尽而生蒜、麦，亦不得已而杀也。此门虽凶，若误词献诈，捕捉设疑、伏兵，皆吉，亦不可弃。古云：惊门主争讼，瘟疫死人丁，辰年并酉月，飞祸近门庭。惟宜讼事、捕捉、博戏吉，余皆凶。

总之，惊门为凶门，常用于代表口舌、官非、破损、争吵、惊恐、打官司等信息。惊门亦可代表律师、演说、翻译、主持人、赌博游戏、设疑伏兵、蛊惑人心、辩论演讲、吃饭、能说会道、说大话、恐吓等信息。

十六、八神（九神）的万物类象

值符：位居中央，具有戊己土的性质。为诸神之元首，九星之领袖，因名值符。其神所到之处，百恶消散，诸凶寂灭。为至吉之神。盖天始于甲，地始于子，固谓万汇之尊者，举甲子而六甲在其中矣。故名之曰值符，值符代表长者、贵人、公吏、钱物、资本、银行、放款人、原告、领导、上司、核心人物、凝聚力等信息。

螣蛇：位居南方，为丁火之化气，其神性柔而口毒，专司惊恐怪异、虚诈不实之事。为六丁六甲之阴神，乃神之最灵者。螣蛇主官司牵连、惊恐怪异、变化多端、羁留盘诘、虚伪、做梦、绳索、链条、捆绑、心狠手辣、罗网、牵缠、一切细长物品、妖魔鬼魅、虚幻不实、心惊肉跳等。

太阴：位居西方，为西方之阴金，其神好阴匿、暗昧，具护佑之功，利密谋策划、避难藏身，其性格内向，喜暗中行事。多与女人、阴私之事有关。

六合：位居东方，为东方木神，甲木之化气也，为东方之阴木，其神性和平，专司婚姻交易、媒牙和合之事。又为护卫之神，其开朗平和、利交易、谈判、中介、合作等。又主华采、车书、酒食、筵会、婚姻等。

勾陈：勾陈者，中央之阳土也，其神性顽，专司田土词讼之事，凶顽之气不可趋，主勾连、跌打损伤、一切带钩的物品、牵扯之事、牢役、勾引、打斗、兵戈、皮革、大将军、滞留、权威等信息。

白虎：位居西方，为西方阳金，其神好杀，专司兵戈、杀伐、争斗、疾病、死丧、道路之事，白虎又主威权、财帛、犬马、金银宝物、孝服哭泣、凶恶怪异、血光、骨折等。

太常：太常是五行所化之气，其性情好歌好饮，专司宴会祭祀、穿衣、吃喝之事。其随天禽星遍游四方，遇火则从火，遇金则从金，遇水则从水，遇木则从木，遇土则从土，与五行相合，其性无常，因此称为太常。见吉门则吉，见凶门则凶，太常主文章印授、衣裳服饰、绢帛、田地、五谷等信息。

朱雀：朱雀为南方火神，其统管周天四野，专司文明之权，掌奏对之职，得地则有文书印信之喜，失时则有口舌是非之乱。朱雀主要代表口信、文章、文书、字据、谣言、信息、公讼、鸟类、羽毛、争吵等。

玄武：玄武乃水之精也，统辖北方之气，其神好阴谋、贼害、专司盗贼逃亡之事。玄武主聪明多智、文章巧技、奸诈小人、女子阴私、暗昧之事、头晕、醉酒、昏迷、淫邪、偷盗、小人。

九地：九地为坤方之土神，所主的都是柔顺虚恭之事，为坚牢、稳固之神。利屯兵固守、潜藏万物、屯集、播种、农事活动、女人、衣服、稻豆、埋葬、其性好静。

九天：九天者，乾金之卦，其体属金，性刚而好动，所主者，名正言顺之事，值其令而无阻，至吉之神。若得门得奇，万福咸集。不得奇得门，亦不为凶。九天为威悍之神，利扬兵布阵，行军出兵，擂鼓呐喊、张扬、公开、枪棒、飞鸟、飞机、航天。

十七、奇门常见吉格

1. 青龙返首

天盘甲子戊加地盘丙奇为青龙返首。也就是戊加丙，甲为青龙为木，丙为火，丙为甲木之子，母子相顾，由于丙火能克庚金，故吉也。青龙返首所临之宫，百事皆吉。通常代表宾主相投、长幼情深、尊卑和睦、父荣子耀等信息。

2. 飞鸟跌穴

天盘丙加地盘戊为飞鸟跌穴。天盘丙火为南方朱雀，其落到地盘甲子戊宫位，因地盘甲为天盘丙之父母，故丙加戊犹如回到父母身边，亦好像鸟归巢穴一般，因名飞鸟跌穴。此格为木火相生，故为吉。利求财、求职、建造、婚姻嫁娶等，百事皆吉。于生活中可代表找到好的工作岗位、找到好的住处、找到理想的婚姻、归宿、找到自己的安乐窝等信息。

3. 三奇得使

天盘乙、丙、丁加临值使门所临暗干，称之为三奇得使。三奇得使为大吉之格，利出行，战阵、上官、修造、嫁娶、商贾等，百事皆宜。通常代表人才得以重用，或人才真正找到展示才华的平台、岗位。

4. 玉女守门

天盘值使门加临地盘丁奇所在之宫位，为玉女守门。利于嫁娶、造葬、建造、宴会、经商、行军、埋伏、女人当家等。通常代表酒食、宴会、喜乐之事，亦代表女领导、女强人等信息。

5. 三奇贵人升殿

乙奇临震为日出扶桑，有禄之乡是贵人，升于乙卯正殿；丙奇到离为月照端门，火旺之地是贵人，升于丙午正殿；丁奇临兑为星见西方，天之神位是贵人，升于丁酉正殿。

以上三奇贵人升殿格局，乙丙丁三奇到而无开、休、生三吉门者，不可用，三奇升殿的宫门无迫、奇无墓才可用。三奇升殿宜于出师、远行、征讨、嫁娶、上梁竖柱、修造、埋葬、交易、求财、迁移等，凡事吉利，会吉门尤其吉祥。三奇贵人升殿特别利于上官、谒贵，生活中可代表人才得以重用，人才得到高层领导的接见等。

6. 天显时格

甲、己之日的甲戌时，乙、庚之日的甲申时，丙、辛之日的甲午时，戊、癸之日的甲寅时，丁、壬之日的甲辰时。以上的均是值事的六甲透出显现之时。顾名思义，就是天子（领导）出现之时。凡得天显时格者，大利谒贵，极容易见到高层领导、上司，又利赦免之事。求财、远行、战事、上官、行兵等百事皆利。

7. 奇游禄位

乙奇到震宫、丙奇到巽宫、丁奇到离宫，此三者为奇游禄位吉格。若再合三吉门则大吉大利。凡得奇游禄位者，上官赴任、求财、谋为皆大利。可代表有才华之人找到了施展抱负的岗位、平台。

8. 欢　怡

乙、丙、丁三奇临六甲值符之宫为欢怡。凡事谋为皆有利，抚恤将士，众情悦服。凡得欢怡者，必是人才得以重用之象。可代表有才华之人找到了最佳的展现个人能力的重要岗位。或者是高层领导得到了有真才实学的人来相佐。

9. 交　泰

乙奇加丁，丁奇加丙，遇吉门主客都吉，所谋所为百事皆利。

10. 相　佐

本旬值符加在地盘三奇之上为相佐。凡事有利，调兵派弁，军士效力，吉。

11. 天运昌气

天盘六丁加地盘六乙为昌气。遇吉门则主客皆有利，凡事为吉。

12. 奇仪相合

乙庚、丙辛、丁壬为奇合，戊癸、甲己为仪合，得吉门凡事有和合之象。行兵宜激励士气，申盟约、招抚纳降，吉。有和平、和解、平分之意义。

13. 门宫和义

和指的是宫生门，遇吉门凡事都吉。义指的是门生宫，遇吉门凡事俱吉。

14. 天辅吉时

甲己日的己巳时，乙庚日的甲申时，丙辛日的甲午时，丁壬日的甲辰时，戊癸日的甲寅时。以上为天辅大吉时。宜远行、迁移、求官、嫁娶等，百事皆可用。行兵征战必获大胜，即使刀斧在前，亦无危险，非常奇异。凡遇天辅吉时，赦免、避难、避兵均有利。

15. 真　诈

乙、丙、丁三奇合开、休、生三门，临太阴为真诈。宜于施恩、隐遁、求仙、利于出师、招抚、设运机谋。

16. 重　诈

乙、丙、丁三奇合开、休、生三吉门，临九地为重诈，宜于进人口、求财、拜官投爵，利出师、设计埋伏。

17. 休　诈

乙、丙、丁三奇合开、休、生三吉门，临六合为休诈，宜合药治疫、祛邪祈祷。

以上真诈、重诈、休诈统称为“三诈”，嫁娶、远行、上官、赴任、商贾求财都吉利。三者中，以门为上，奇在其次，诈再次，奇门皆合者为上吉。

18. 天　假

景门合三奇临九天为天假，宜于干贵进谒，上书献策，扬兵颁号，申明盟约。

19. 地　假

杜门合丁、己、癸，临九地为地假，宜于潜伏、捕捉、修炼，临太阴宜派人搞间谍、侦探等事。临六合宜逃亡、躲灾避难。

20. 物　假

伤门合丁、己、癸临六合为物假。宜于埋藏、祈祷、索取、捕捉、交易、伏藏。

21. 鬼　假

死门合丁、己、癸临九地为鬼假，又为神假。有利于超荐 、破土修茔、伐邪、狩猎。

22. 人　假

惊门合六壬临九天为人假，有利于捕捉逃亡、搜擒匿寇。

以上天假、地假、物假、鬼假、人假统称为“五假”。所谓假，是指借锐气来用事，事情符合其气则用起来得利，否则谋为必凶。五假忌迫墓，这一点须慎记不忘。

23. 天　遁

丙奇、生门、开门合地丁为天遁。这一方位得月精所弊，宜于祈祷求福，利于征战使敌人自败，上书献策、求官进职、修身隐迹、剪恶除暴、买卖、出行、婚姻、入宅往来大吉。经云：天遁生开合丙奇，六丁相会是佳期，月精所弊逢祥曜，万使为福皆可宜。

24. 地　遁

乙奇、开门会地乙为地遁。这一方位得日精所弊，宜于藏兵、立寨、安营、建置仓库、修造、修道求仙、出阵攻城、出行、埋葬、婚娶、求财等。经云：开门地遁大吉昌，乙奇合乙正相当，人间百事皆宜举，大将屯营杀气刚。

25. 人　遁

丁奇、休门合太阴为人遁。这一方位得星精所弊，可以隐形保身、受道成功、说敌和仇、偷营劫寨、密探设伏、上官谒贵、婚姻、交易等。经云：人遁休丁合太阴，星精所弊月华新，外兵探贼知原委，万事谋为总称心。

26. 神　遁

丙奇、生门临九天为神遁。这一方位宜于祭祀祈神、建置坛场庙宇、塑画神像，利于攻伐、阴谋密计以应神候。经云：格中神遁最难逢，大将行兵立见功，祭祀鬼神极灵验，人间百事福无穷。

27. 鬼　遁

乙奇、杜门临九地为鬼遁。这一方位可以探机、偷营劫寨、设伏攻虚、暗伺动静、超亡荐孤、禳镇灾邪、治疗不祥。经云：局中鬼遁用非轻，所用谋为主建功，大将若能知此诀，万人头上逞英雄。

28. 风　遁

乙奇合开、休、生三吉门，下临巽宫为风遁。这一方位宜于祈祷风雨、行垒战、立旌旗以应风候，行兵利于火攻，用飞砂走石来对付敌军。经云：

局中风遁可生风，赤壁鏖兵用火攻，藏遁设伏机密事，交头接耳总相通。

29. 云 遁

乙奇合开、休、生三吉门，临地辛宫为云遁。这一方位利于求雨泽，助禾稼、建营寨、修仙炼道、云游。大将遇云遁，宜于遁藏、埋伏、掩袭，以应云候。经云：云遁三门合地辛，日奇到此被云遮，祈祷雨泽极灵应，大将值此可伏兵。

30. 龙 遁

乙奇合开、休、生三门，临坎为龙遁。这一方位，可以演练水军，把守河渡，密送机谋，造置水器，祈求雨泽，填堤塞河，修桥穿井、开渠放水，以应龙候。经云：龙能变化最为先，六乙休临坎水边，用此只宜操水战，满天雷震法中传。

31. 虎 遁

乙奇合休门、六辛临艮，又丙奇生门临地辛宫为虎遁。这一方位可以招安设伏、据险守隘、建立营寨、捕捉射猎、演武大战、祭风镇邪、驱除魔鬼，以应虎候。经云：虎遁原来在艮中，将军用此显英雄，探围突阵宜扬武，万里威风不暂停。

32. 天三门

出外避难出天门，月将加时顺转轮，卯、未、酉宫为泊地，太冲之向此中分。

太冲卯、小吉未、从魁酉为天三门，宜于出行、征伐、避难，百事吉利。若被围困，消息不通，或打探细事，就以月将加用时，寻天盘上三神所临的方位，不被冲克这就是天门私路，任人出入，无人发现。方法是以月将加用时之上顺寻去，卯、未、酉上即为天三门。

33. 地四户

地中四户法玄微，以建加时顺转移，除、定、危、开随所泊，任君此地好驱驰。

除、定、危、开即是四户。凡青龙黄道出行，有鬼神默默保佑。“建”就是月将，正月建寅，就以月建寅加在用时上顺行，看除、危、定、开在什么地支上，这便是地四户。

34. 地私门

地私门，有隐藏潜伏的意义，取用出入举事为吉。但起贵神顺逆与六壬稍有不同，方法是先看占时哪一地支，如得辰、巳、午、未、申、酉时，用昼贵神；如得戌、亥、子、丑、寅、卯、时，用夜贵神。再以月将加在用时上，看贵人临于地盘哪一支上，如值亥、子、丑、寅、卯、辰宫，为阳贵神，顺行；在巳、午、未、申、酉、戌宫为阴贵神，逆行。求六合、太阴、太常所落地盘之宫，就是地私门。

取贵神之法，仍以甲戊庚牛羊，阳贵神起丑，阴贵神起未。此方法与六壬中贵神登天门、螣蛇堕水、朱雀投江、六合得地、勾陈入狱、等等不谋而合。六神藏而四煞没，用事光耀，无往不利。所以六壬无遁而不灵，遁甲无壬而不验，是为正理。

35. 天马方

天马方就是太冲的方位，法以月将加占时，寻太冲在哪一方，即是太冲天马方。天马之下，有难可避，刀兵不能为害。

36. 亭亭白奸方

亭亭，是天上的贵神，背对它而击其对冲为胜。用法是以月将加时，神后（子）下为亭亭所居，背亭亭向白奸，百战百胜。白奸就是天狗孛星，简捷之法来查，神后（子）之下为亭亭，对冲之宫即是白奸。

37. 天罡方

天罡方如果在前，则天马、天门、地户不能出入。以月将加占时，寻辰上所指之处冲出，自有出路。冲围突阵朝这一方不必惧怕。方法是月将加时，看天罡临孟为左，临仲为中，临季为右。孟虚，仲退，季实。

38. 天月将

天月将即是太阳。正月登明亥，二月河魁戌，三月从魁酉，四月传送申，五月小吉未，六月胜光午，七月太乙巳，八月天罡辰，九月太冲卯，十月功曹寅，十一月大吉丑，十二月神后子。

39. 地月将

地月将即是月建。正月建寅，二月建卯，三月建辰，四月建巳，五月建午，六月建未，七月建申，八月建酉，九月建戌，十月建亥，十一月建子，十二月建丑。

十八、奇门常见凶格

1. 青龙逃走

天盘乙奇加地盘六辛，即乙加辛，为青龙逃走。因为乙木为青龙，辛金为白虎，辛金克乙木，因乙木弃而逃去，故名青龙逃走。此时不宜举兵，主将士逃窜，临阵败亡，所谋百事皆凶，财利倾覆，身遭残毁。总之，青龙逃走是一个大凶之格，通常代表君子主动离开恶劣环境、人才流失、人才出走、君子遭遇困境、险境而主动逃离等。

2. 白虎猖狂

天盘六辛加地盘乙奇，即辛加乙，为白虎猖狂。因辛金为白虎，且在天盘，故其是动态的。乙奇在地盘为静态，只好默默地忍受天盘辛金的无情克制。此时举事主客两伤，出入有惊恐，远行多有灾咎，此时不宜行兵，谋财虚耗，小人是非，最忌行船、婚姻、修造，大凶。凡占得白虎猖狂凶格，主人才不得重用，君子囹圄于小人之手，正义不能得以伸张，邪恶势力压制正气力量。

3. 朱雀投江

天盘丁奇加地盘六癸，即丁加癸，为朱雀投江。丁为火，为朱雀，癸为水，为江河，丁加癸上，受癸水之克，象征朱雀落入江河之中，故名朱雀投江。古时朱雀是用来传递情报、信息的重要工具。因此朱雀投江代表音信沉溺、石沉大海、杳无音信之类的信息。凡占得此格，则不宜上官、入市、嫁娶、迁移、远行等。现在可用来代表空难、飞机失事等信息。总之，朱雀投江主百事不利，尤不利考学、考试。

4. 螣蛇夭矫

天盘六癸加地盘丁奇，即癸加丁，为螣蛇夭矫。癸为北方玄武、龟蛇，丁为火，癸加丁犹如螣蛇跌入火中被烧而屈伸不已，故曰螣蛇夭矫。该格主动作虚惊、盗贼水火、文书迟滞等。兵家遇此格，须防敌方使用妖术、火攻。占病得此格，心脏必有疾患。

5. 太白入荧

天盘六庚加地盘丙奇，即庚加丙，为太白入荧。庚为太白金星，丙为荧惑火星，庚为白虎为阳金，丙为阳火，按理庚金最怕丙火之克，今明知地盘有丙火，庚金仍然加临其上，足以说明庚金之强大、威猛。故有太白入荧者，占贼贼必来，须防贼来偷营，固守为吉，切莫主动出兵。

6. 荧入太白

天盘丙奇加地盘六庚之上，即丙加庚，为荧入太白。丙火为荧惑火星，庚金为太白金星，今丙火加临地盘庚金之上来行克制，天盘动而地盘静，故庚金是被动受克制的，庚金为贼，故有火入金乡贼即去之应。凡征战得此格，须乘胜追击，敌兵退藏受损，有不战自败、束手就擒之应。

7. 飞宫格

天盘六甲值符加地盘六庚，即戊加庚，为飞宫格。此时作战主战阵败亡，大将遭擒，利静而不可躁进，不利为客，用兵先动者必败，以固守为吉。经商必破财，须改换经营地点。总之，凡占得飞宫格，百事皆凶，宜静不宜动，只要有动，必招灾咎。

8. 伏宫格

天盘六庚加地盘六甲值符者，即庚加戊，为伏宫格。所谓伏宫格，是因天盘有庚金加临在值符之上，因值符为甲，甲之头上有庚金加临，庚金克甲木，固然是甲木动弹不得，只能趴伏在地。凡占得此格均为大凶。主客皆不利，求人不在，等人不来。出行则路遇盗贼、车折马死，百事不顺。

9. 飞干格

日干加地盘庚为飞干格。战斗主客皆伤，出行主有飞灾横祸。因日干代表求测者，奇门中庚为最凶，日干飞临其上必然大凶，故必须飞离庚金，因名飞干格。凡占得飞干格，多主遭遇不测、遇上灾厄、身陷困境等信息。总之，飞干格是大凶之格。

10. 伏干格

天盘六庚加临地盘本日天干之上，为伏干格。此时战必遭擒，主客两伤，出行尤其忌讳。日干为求测者，庚为最凶，今庚加临日干之上，故有日干（求测者）遭遇外来灾厄之象，亦有行动不得自由之象。

11. 大　格

天盘庚加地盘癸为大格。此格谋事做事百事不利，出外主车破马伤，阻隔不前，只利于捕盗，很快即能捕获犯人。何名大格？格者，格斗也。庚为白虎金神，为甲申庚，癸为甲寅癸，今庚加癸即是申寅对峙相冲，甲、寅为青龙，庚、申为白虎，一场恶战难免，故曰大格，即一场较大的战争、格斗。凡占测遇大格，必有大的纷争、打斗等。

12. 小　格

天盘庚加地盘壬为小格，又名上格、移荡格。远行迷失道路，求谋破财得病。凡占事遇小格，多主变动、迁移。

13. 年、月、日、时格

六庚加本年年干、本月月干、本日日干、本时时干者，均为格，六庚加年干为年格，加月干为月格，加日干为日格，亦为伏干格。加时干为时格。凡此时，行兵、远行、谋事、做事都不利，只宜捕捉盗贼逃犯。

14. 刑　格

天盘六庚加地盘己为刑格。此时行兵大凶，战阵主丧，出行中途阻隔，诸事不利。又主官司受刑、经商破财、出行患病。总之占事遇刑格，多有不利。

15. 悖　格

天盘六丙加年、月、日、时干者为悖格。又天盘六丙加地盘值符之上，或天盘值符加在地盘丙奇之上，均为悖格。因丙为天威，性格威猛，过于急躁、暴躁，容易出乱子，把好的事情搞乱，故为悖格。悖格之时举事，多倒行逆施，纲纪紊乱，易出乱臣贼子、叛逆之人。此时宜固守，不可轻动，利为主不利为客，做任何事都主紊乱，大凶。

16. 天网四张

天盘癸加地盘癸为天网四张。古云：天网四张不可当，此时用事有灾殃。若是有人强出者，立便身躯见血光。虫禽尚自避于网，事忙匍匐出门墙。

天网四张落一、二、三、四宫为网低，落六、七、八、九宫为网高。古云：天网四张，万物尽伤，百事不宜，只宜逃亡。

17. 伏　吟

伏吟指的是星伏吟、门伏吟、值符伏吟这三种情形。凡九星落在本宫不动，称为星伏吟。八门落在本宫不动，叫做门伏吟。六甲值符落本宫不动，叫做值符伏吟。

在转盘奇门中，凡遇六甲之时，星、门、值符皆为伏吟。而在飞盘奇门中则不然。飞盘奇门中即使遇上六甲之时，也绝不会出现星、门、值符皆为伏吟之象，有时星伏吟门不伏吟，有时此星伏吟而彼星反吟。门亦如此。因此，从数学上排列与组合这个角度来看，飞盘奇门遁甲所排列出来的不同组合数量要大于转盘奇门遁甲排列出来的数量。

伏吟之时，一切事情主迟、主慢。不宜用兵，诸事不遂心，进兵必遭围困，只宜收敛财货。

18. 反　吟

九星、八门、值符加临对冲之宫为反吟。其中九星加对冲宫为九星反吟；八门加对冲之宫为八门反吟；值符加对冲宫为值符反吟。反吟利客不利主。反吟主速度快，又主事有反复。

19. 六仪击刑

六仪击刑，指的是天盘六仪加在与地盘相刑的宫位，即天盘甲子戊加在地盘震三宫（子刑卯）、天盘甲戌己加在地盘坤二宫（戌刑未）、天盘甲申庚加在地盘艮八宫（申刑寅）、天盘甲午辛加在地盘离九宫（午午自刑）、天盘甲辰壬加在地盘巽四宫（辰辰自刑）、天盘甲寅癸加在地盘巽四宫（寅刑巳），以上六组为六仪击刑。六仪击刑极凶，即使临值符亦不可用。

20. 五不遇时

五不遇时指时干克日干，而且必须是同性相克，即阳时干克阳日干、阴时干克阴日干，此为五不遇时，具体而言，就是指甲日庚午时，乙日辛巳时，丙日壬辰时，丁日癸卯时，戊日甲寅时，己日乙丑时，庚日丙子时，辛日丁酉时，壬日戊申时，癸日己未时。

凡遇五不遇时，纵得奇门亦不可用，兵家尤忌。

21. 时干入墓

时干入墓指的是戊戌、丙戌、癸未、丁丑、己丑这五组。具体而言，指用事时辰天干在天盘，其所加临之宫位正好是时支所在之宫位，亦即是时干的墓地。如壬辰时用事，天盘壬加临地盘巽四宫，巽宫地支有辰，辰为壬之墓，此即为时干入墓。余仿此。

时干入墓之时百事不宜，忌出师出行。

22. 三奇入墓

天盘乙奇加临乾六宫、天盘乙奇加临坤二宫为乙奇入墓；天盘丙奇加临地盘乾宫，为丙奇入墓；天盘丁奇加临地盘艮八宫，为丁奇入墓。

凡得三奇入墓，百事不宜，忌行军，凡事吉的不吉，凶的不凶，无力之象。

23. 星门入墓

休门、蓬星入辰；开门、惊门、天心、天柱星入丑；伤门、杜门、天冲、天辅星入未；景门、天英星入戌；生门、死门、天禽、天芮星入辰。以上为星门入墓。凡星门入墓，谋事阻滞不通。吉神入墓不吉，凶神入墓不凶。

24. 门宫迫刑

八门克宫为门迫，宫克八门为宫迫。其中休门落离宫，开门落巽宫、震宫，惊门落巽宫、震宫，生门落坎宫，伤门落坤宫、艮宫，杜门落坤宫、艮宫，景门落乾宫、兑宫，死门落坎宫。这些都为门迫。

休门落艮、坤宫，生门、死门落震巽宫，伤门、杜门落乾兑宫，景门落坎宫，惊门、开门落离宫，这些都为宫迫。

吉门迫宫、宫迫吉门，为吉事不吉、凶事不凶；凶门迫宫、宫迫凶门，百事更凶。

25. 三奇受制

天盘丙奇、丁奇加在地盘坎宫，或者天盘丙奇、丁奇加在地盘壬、癸之上，此为三奇受制，又名火入水乡。

天盘乙奇加在地盘乾宫、兑宫，或天盘乙奇加在地盘庚、辛金之上，为三奇受制，又名木入金乡。

凡三奇受制，百事不宜。

十九、论暗干

奇门既分三盘，上下盘内都有一个天干，地盘宫中有一个奇仪，天盘星上也带一奇仪，上下相对，一照成格，是显然易见可知的。然人盘（门盘）内藏着玄微，名曰暗干暗奇，却鲜有人知。常人只看天地盘中的庚与奇，带奇为吉，带庚为凶，着重看主星下的门中有没有，暗庚、暗奇落在余宫就不论了。

其实奇门妙在暗干玄微，凶中藏吉，吉内有凶。假如值使门既生主星，但门内忽有庚到，则各种事情外面虽然美好完善，内中却蹭蹬得很。又如值使门既克主星，凡占各种事情都为其凶，而值使门内忽有奇到，则百事外观虽凶，内中实在多有暗护。经云：若隐若现，若有若无，这便为暗干。其实暗干之查法十分简单，八门地盘本位所藏地盘三奇六仪即为该宫位之门所带暗干。如阳遁一局，震三宫地盘落有庚，则伤门所带暗干为庚，余仿此。

二十、论应期

奇门一盘，星门生克，奇仪吉凶固然是确定的，但是应验的年、月、日、时，事情的远近，或应年月，或应时日，从星门奇仪衰旺而断，须神而明之，不可执泥。先定地支，后配天干，得干支的方法，只在正时确定。假如，甲子值符加离九宫，为子午相冲，子与丑合，应验应当在丑年、月、日、时；甲午值符加坎一宫，也是子午相冲，午与未合，必然应验在未日；甲寅值符加坤二宫，为寅申相冲，寅与亥合，应验在亥日；甲申值符加艮八宫，也为寅申相冲，巳与申合，应在巳日；甲戌值符加巽四宫，为辰戌相冲，卯与戌合，应验在卯日；甲辰值符加乾六宫，也是辰戌相冲，辰与酉合，应验在酉日。这是值符相冲法，定支也是如此。甲戌值符加坤二宫，为戌刑未，卯与戌合，应验在卯日；甲子值符加震三宫，为子刑卯，子与丑合，也应验在丑日；甲寅值符加巽四宫，为寅刑巳，寅与亥合，也应在亥日。这是值符相刑法，定支也是如此。

值符落在旬空，必以出旬论断。假如甲子旬中空戌、亥，是加在乾六宫，必然应验在戌亥日，因为戌为重，阳与阳相比，阴与阴相比，这是旬空法，定支也是如此。如果既不冲，又不刑，又不空，论断时必须看天盘六仪所带的地支来定支，也照看其冲合。逢冲以其所合定支，逢合以其所冲定支就是了。天盘所带的地支又不冲、又不合，以星门生克来确定。生逢生日，克逢克日，应验有先后的分别，符应主先，使应主后。

二十一、论中五

中五是寄门之宫，天禽星虽然寄于二宫，还借死门来与它相配，实际上是随局变换值使。到冬至的节气，则三气寄于休门。立春三气寄于生门，春分三气寄于伤门，立夏三气寄于杜门，夏至三气寄于景门，立秋三气寄于死门，秋分三气寄于惊门，立冬三气寄于开门。这就是随局更换值使的含义，这一星宿叫作天禽，是禽鸟得生气之先。举月令所载，每月都有禽鸟之应。如正月大雁候北，二月仓庚鸣之类，岂不足以象征时局对值使的更换呢？所以中五随时令寄宫，道理很明显，又何必拘谨地专寄二宫呢？

二十二、论应候先后

奇门应候，时间有先后的分别，应验有主客的区分。依照彼与此或人与我的对待关系来推论。大凡奇应时间的开始，星应时间的中间，门应时间之末，依照这个规律推论开去，没有不应验的。如果我去寻人，是我为客，他为主，以天盘之星为我，地盘之星为他。他来寻我，是他为客，我为主，以天盘之星为他，地盘之星为我。看他生我还是我生他，他生我对我有益，我生他对他有利;他克我，我有损失，我克他，他有损失。又以阳日天盘之星为他，以阴日地盘之星为我，两者比和，于我无损，其他仿此推论。

二十三、论总发天机

三奇、六仪、八门、九星、八卦、九宫，都是五行所属，不超出五行生克、旺相、制害刑冲、胎绝养死、贵人禄马空亡、乘生陷旺之理，人能触类旁通和引申，使天地人万物之理都在其中了，怎能不求诸于五行的道理呢？譬如天盘九星、奇仪、八门属金，加于地盘诸星属木，这叫金克木，是客来伤主，在军事上利于为客，行兵先发制人，放炮呐喊，士卒精强，百战百胜；凡求谋、请益、交易等事败破忧惊，宅合暗昧，遭逢小人贼盗。行人即到，如果金旺木衰，凶险尤甚，金衰木衰，稍稍可以。如天盘各星属金，若在衰、墓、死、绝的时候加于木宫，是无气之金，不能伤木，木如在生旺之时，则木星为吉，木若在衰、墓、死、绝之宫，则凶险终究不能逃脱。如天盘木加于地盘火星，叫作木能生火，为客来生主，在军事上为主有利，一切事情都如意，百事大吉。如有重木临生旺之客，是为贪生之木反而压火，致使火势渐渐地自己减灭。若木临退气之宫，或木少火旺，则为枯木生火，大为有利于主，军事上宜于暗地征讨，百事大吉。如天盘土加地盘金，也是客生主，如果土旺，或有重土，尽管生金，却被土埋，必有暗兵埋伏，或贤士英豪失志，或忠烈蒙受冤屈而无法申张。如天盘木加地盘金，为主伤客，宜于偃旗息鼓，禁声攻敌大胜。凡谋多有破耗，有始有终，只是宜于求名显达，官事得理，出行吉。如天盘金加地盘土，是主生客，可以耀武扬威，客兵大胜，一切求谋为劳碌始终，耗散费力，才有得以安安。如天盘与地盘九星、奇仪、门、宫五行一样，叫作比和，如金临金、火临火之类。若逢生旺，由我为主，诸事皆吉，军兵奏凯，若临墓衰，诸事宜迟，宜于埋伏暗剿。客若在衰、墓、死、绝之时，遇日干相生叫作绝处逢生。行动迟缓后吉。若在死墓之时，又被本日时冲克，称为无气受伤。生意绝灭，终究不利。若诸星逢旺禄，或被冲克制害，终不为凶。如诸星旺相又逢生，为喜上加喜。在墓绝受克，为忧上加忧。衰墓逢生旺，好景渐渐来。假如旺而受克，是美景将退。如地盘生天盘，是我生者子孙，凡事先难后易，如父母养育子女，常怀忧惜之心，待到子女长大成人而后有望，好事日日都有，永远吉庆。为主者宜于施恩德，选将求贤，谋事先克己破费，若合吉格主好事费财。如遇蓬、休、壬、癸，主酒宴、湖海、水面交易，或虚惊、水灾之厄。遇任星、生门、芮星、死门，主田土、山岗、坟墓、死女人、少男、喜庆灾厄的耗费。其余照此推演，各有条款，在前面已经详细说明。如天克地，是克我者为官鬼，大利于为客，凡事只可守旧，不可强谋，强谋反而破财，有始无终，叫作克我者囚，也就是使我被囚。如地克天，是我克者为财，行兵为主有利，如果求官、求名、官讼、捕猎则吉，但不利于后，成而复伤，终不长久，叫作我克者休。如天盘生地盘，是生我者父母，交战主大胜，凡求谋、谒见、婚姻、商贾、营宅等事大吉，但不可妄为，谨敬而行，永远吉庆，叫作生我者旺。

二十四、论冲合动静

凡事在尚未发生的时候遇冲则发生变动，在已经发生的时候遇冲则冲散。事未起而遇合，结果是静而不起，事已起时遇合，则事成。

二十五、论动静占法

《奇门大全》曰：凡奇门占法，静则只查值符值使，动则专看方向。盖动者机之先见者也。

二十六、论星门时干旺衰

《奇门大成》曰：星门衰旺以时令为准的，十干的衰旺在于方位，方位者，指的是长生、沐浴、冠带、临官、帝旺、衰、病、死、墓、绝、胎、养这十二位。

第二章
奇门中的一些要领及判断技巧

诸多的经典奇门著作中，具体的实占例题分析很难得一见，而一个占例的判断要领及判断技巧的有关论述就更少了。这一点便是众多易友认为奇门遁甲很难学的根源所在。笔者研易二十载，现将奇门遁甲占验过程中一些实用性较强的判断要领及判断技巧介绍如下，以期望广大奇门爱好者从中受到启悟，从而提高实战能力。

一、宫与宫之间的生克关系

奇门遁甲共分为九宫，每个宫位都可以代表一个独立的信息结构。该宫位与彼宫位之间的生克关系，是奇门占验过程中最基本、最主要的判断纲领。也是最终锁定判断结论、结果的主线及纲领。

地盘九宫是具体的时空标志，其代表了发生具体事物的时间和空间。而九宫中每个宫位天盘上所乘的星、门、神等，则反映了该地盘宫位所代表的时间、空间里出现的各种事物。例如坎一宫，天盘上落有天辅星、开门、值符，则表达了在子年或子月这个时间，开始 (开门) 学习 (天辅星) ;或者是表达了在北方 (子) 这个空间位置上开始 (开门) 学习 (天辅星)。综合起来讲，就是在一个单独的宫位里，其地盘代表了发生事情的具体时间、空间。天盘则代表所发生的具体事情、事物。即地盘宫位是时间、空间之信息，天盘是该地盘宫位上所出现的具体事物之信息。

奇门遁甲数术是在洛书九宫、后天八卦这种基本结构上建立起来的占测模式，其九宫之间是相互联系、相互影响的。当某个宫位的能量、气数很足时，其便会寻求释放渠道，此时首选的是去生扶其他宫位，以宣泄该宫过足的能量、气数，求得综合平衡。

同理，当某个宫位的能量、气数很衰弱时，则该宫位急需从其他宫位吸取能量，以求得平衡，来适应大环境运动之需求。

当我们所求测事物之信息落宫气数、能量衰弱时，若能及时地得到其他宫位的相生、相助，则所求之事必遂意。这里有个前提条件：就是来相生的宫位必须是能量、气数都很足、很旺的，否则杯水车薪。

古云：过旺者，损之斯成。不及者，益之则成事。

二、星、门、宫、神、三奇六仪之间的生克关系

在一个宫位内，有地盘宫位、天盘九星、天盘八门、天盘八神（九神）、三奇六仪等信息组合而成。那么它们之间的生克关系是如何进行的呢？

关于这一点，诸多奇门经典中没有阐明。现代近年来出版的奇门新著中也没人将此披露。因此，许多奇门爱好者虽然能学会起局，也能进行一些简单的判断，但深度、广度、细致程度远远不够。原因何在？

就是易友们只知道宫与宫之间相互生克、相互作用，却不知道在一个宫位内星、门、宫之间还要有生克作用。从而导致诸多细致信息无法解读出来。由此大大地影响了占断的深度、广度、细致程度。那么，在一个宫位内，星、门、宫、神之间是如何进行生克的呢？

首先，以星为本，因九星的能量来源于宇宙空间，其不属于地球本身发出来的能量。固九星可以任意生克地盘宫位，九星可以任意生克八门，但地盘宫位不能克制九星的能量，八门亦不能克制九星的能量，何因？盖地盘宫位之能量由地球内部发出，属于地气，而九星属天，其能量来源于宇宙空间。按道家宇宙生成观，地法天，天为地之先，地的能量再大，亦不能超越

天这种大能量环境。由于地球是宇宙大爆炸后形成的行星，其运行规律永远受制于宇宙大规律（天），因此，地不能胜天，故地盘宫不能克制天盘星。

八门又名门盘、人盘，其主要用于代表人事等信息。由于八门代表人这个层次的能量，故八门可理解为人气。九星为天，地盘宫尚不能克制九星的能量（天气），而人法于地，其能量更不足以来克制九星的能量了。固然可见，八门克九星是徒劳能量的，九星能量丝毫没有受损，而八门由于强行去克制九星却令自身伤了元气，尤以卵击石之理也。

同样道理，天盘八门克地盘九宫也是徒劳的，道家云：人法地、地法天、天法道、道法自然。人既法于地，必受制于地，故门克宫是门自损而于地无损，亦如以卵击石之理。

八神（九神）属于一个比较特殊的信息系统，由于其属于“神”这个层次，其跳出三界外，不在五行中，故八神（九神）无所谓旺衰，只是一个信息系统。

明白了以上道理，则一个宫位内星、门、宫之间的生克关系无不洞然。

三、两个宫位之间的细致生克关系

在两个相互作用的宫与宫之间，是如何细致地进行生克的呢？关于这一点，诸多古籍经典都没有阐述过，现今社会上出版的奇门著作中也无论述。如此，令多数易友们在实占过程中，仍然只是停留在宫与宫之间相互生克这个大环境里，不能细致地把两个相互作用的宫与宫之间星、门、宫、神、三奇六仪相互具体生克的关系表达清楚。从而导致判断过于简单、不够细腻。如果奇门预测只是停留在宫与宫之间的生克这个层次上演练，那无疑地等同于六爻卦般爻与爻之间生来克去的。如此便失去了奇门遁甲为最高预测学之雅称。

那么两个宫位之间的星、门、宫、神、三奇六仪是如何具体进行作用呢？

《系辞上传》云：方以类聚，物以群分，吉凶生矣。在天成象，在地成形，变化见矣。

由此可见，万事万物无不是建立在同气相求这个大规律的前提下进行交融变化的。

在奇门中，九星表象于天，八门明示于人，九宫代表大地，八神（九神）代表了游行于天地人之间的一种灵体物质或生命。两个相互作用的宫与宫之间，其具体情况是这样：星与星相互作用（生克），门与门之间相互作用（生克），宫与宫之间相互作用（生克），神与神之间相互作用，天盘三奇六仪与天盘三奇六仪之间相互作用，地盘三奇六仪与地盘三奇六仪之间相互作用。明此理，则宫与宫之间细致的相互作用关系一目了然。

四、值符、值使与九宫之间的生克关系

值符是占事时辰的旬首，统领十个时辰内的生杀大权。也就是说，在值符所管辖的十个时辰内，它的权力是最大的，无论旺衰，值符所落之宫是最有权力的宫位。其犹如大六壬课式中的发端门，其权力之大无与伦比。值符落宫又类似于六爻纳甲中的动爻，其可以克制一切的静爻，而静爻再旺相，也难以制服动爻。在一个起好的奇门局中，值符所落之宫是动态的，而其他宫位（除值使门所落之宫）都是相对静态的。值符所落之宫可以对九宫中任何一宫产生生、克、制、耗、泄的作用，而其他任何一宫（包括值使门所在之宫）都不能对值符宫产生生、克、制、耗、泄的作用。即使旺相的宫位，也难以克制休囚之值符所在宫位。或者说，任何一个宫来生、克、制、耗、泄值符之宫都是徒劳的，其只能消耗自身宫位的能量，值符宫的能量是不会受损的。

值符代表了该时空段里最主流的运动趋向，犹如大海中的潮汐潮落现象，其代表了这个时空点中大自然的一股主流运动，其来势是不可阻挡的。其他的一切运动都必须建立在以值符主流运动为前提的领导下进行着不同的

运动。

值使是一个时辰内的主宰，但值使必须在值符的控制下行使自身的权力，盖因值符属于星，值使属于门之故。门为人，星为天，故也。值使也是动态的，值使门所落之宫位可以对除了值符宫之外的任何一宫行使生、克、制、耗、泄的权力。其他任何一宫（除值符宫）都不能对值使宫行使生、克、制、耗、泄的权力，即使旺相宫也不行。

值符宫可以生、克、制、耗、泄值使宫，而值使宫不能生、克、制、耗、泄值符宫。盖值符宫的权力大于值使宫之故。

局中最喜值符宫生扶值使宫，或值符宫与值使宫比和相互助益。

最忌值符宫克值使宫、值符宫耗泄值使宫、值使宫克值符宫。

五、关于空亡及各种神煞之查法

许多易友关于对空亡及各种神煞的查法都是以时柱干支为基准来寻找的，其理论根据是时家奇门，故必须以时柱干支为基准来查空亡及各种神煞。持这种观点的人现在有很多。其实这种查找空亡及各类神煞的方法是很不规范的，甚至可以说是错误的！

在这里我郑重地声明并斧正：时家奇门中有关空亡的查法一律以日柱干支为基准来查找方为正统之法！有关各类神煞的查法也都建立在以日柱干支为基准的前提下进行查找，方不失正统。懂大六壬的人都知道，六壬课式中是以月将加占时来进行起课的，其实就等同于时家大六壬。大六壬中有关空亡之查法均是以日柱干支为基准来查找的，况遁甲与六壬又有血脉之源（古称壬遁之学），其空亡之查法怎能异乎大六壬？

查诸多奇门经典著作，有关时家奇门中空亡之查法，仍以日柱干支为基准来进行查寻，是为正法！习者不可不关注之！各类神煞之查法亦然。

六、如何在奇门局中定位“我”的位置及信息

传统的奇门中绝大多数均以日干落宫为“我”，时干落宫为彼或所谋之事，在日干落宫为主、时干落宫为客这种前提下进行各类占断。目前社会上出版的诸多奇门著作中多沿用该方法。于实践中我按该方法运用数年，时有验者，而多有不验。何故？经反复实践、印证、筛选，终有所悟：原来日干落宫在多数情况下是不能用于代表我的。为何下如此结论呢？原因很简单：在一个起好的奇门局中，如果同时有数个人前来求测，若均以日干为“我”来代表求测者，则这几个人的信息便出现重叠现象，致使无法进行占断，若强行占断，则其中必有不验者。如何区分同一个时辰内同时前来求测的若干个人的不同的信息呢？

我的方法是：抛弃传统奇门中以日干落宫为“我”的方法。均以不同求测者之年命落宫代表求测人。若同一时辰内有年命相同者同来求测，则以每个求测者落坐之宫位来代表其信息。如此，同一时辰内来若干个求测者，即使有年命干支相同者，亦能一一细分每个人不同的信息。这一论点的提出，不是别出心裁，而是根据易理“一物自有一太极”、“一方自有一乾坤”之法拓扑而成。“一花一世界，一叶一如来”之佛境于奇门数术模式中体现尽然。明此理，则一局同占数人数事之为便易如反掌了。

七、如何在奇门局中定位六亲体系

诸多的经典奇门著作中，鲜有提及六亲体系的。很多易友甚至错误地认为：奇门遁甲中是不讲六亲的。凡看父母、尊长等事宜，均取象于年干；凡看同辈兄弟姐妹、同事、同学等事宜，则取象于月干；凡测小辈、下属等信息，则取象于时干。

以上所述虽属传统方法，然粗糙、漏洞之处百般显现。如果同一个局中既问父亲吉凶，又问母亲祸福，则一个年干便未能详其意。若同时再加问岳父、岳母、伯父、伯母等长者之吉凶如何，恐一个年干不能尽其详。余之月干代表同辈兄弟姐妹，时干代表小辈、下属等均属一辙，不能全详也。

综观门类众多的数术模式，无不以阴阳五行为纲，以六亲体系为目，仿天地万物生成之理以尽人间万事之象。六爻纳甲、四柱命理、大六壬等传统数术均配之与六亲体系，奇门遁甲数术体系亦不能超然于外。那么，传统的奇门遁甲中到底有没有六亲体系呢？

观《烟波钓叟歌》便可窥一斑：与我同行即为相，我生之月诚为旺、废于父母休于财，囚于鬼兮真不妄。

又锡孟樨所著《奇门法窍》一书中“论门宫生克”章节云：凡宫生门，是主生客，宜于行善施德，赏赐招安。盖我生者叫作子孙，应当先去栽培养育它，然后才能吉祥。

《奇门法窍》第二十五“论卦气体用”一章云：正时加在所立的方位，十二宫逐一轮去，看本卦的干支落在哪一宫、哪一卦，或生或克，或在内或在外，或已往或将来，或对待或外应，或遇卦气的官鬼、父母、兄弟、妻财、子孙，以便论断一事之成败可否，叫作后天。凡论断神于先天后天，应验异常的准确。

由此便可知晓，传统的奇门遁甲中原本就带有六亲体系，这是一个不争的事实。

那么在奇门中是如何提取六亲体系呢？笔者通过多年大量实践，总结出以下数种定位六亲体系的方法：

1. 宫与宫之间形成六亲关系

这种定位六亲的方法是笔者在经过几千例的实践验证后才决定推出面向易友的。其方法是以求测者年命落宫为我，然后与其他宫位比对而形成六亲关系。举例来讲，一求测者年命为甲寅，甲寅（癸）乘天辅星落兑宫，此时便以兑宫为“我”，因兑为金，故乾宫为兄弟，坎宫为子孙，艮宫为父母，震宫为妻财，巽宫为妻财，离宫为官鬼，坤宫为父母。如此，每个宫位均与兑宫（我）形成了不同的六亲关系。再如，一求测者年命为丁亥，其年干丁乘天任星落坎宫，则以坎宫为“我”，则乾宫为父母，兑宫为父母，坤宫为官鬼，离宫为妻财，巽宫为子孙，震宫为子孙，艮宫为官鬼。如此，又一个六亲体系建立了。

由于不同求测者之年命落宫各异，故而“我”之位置亦在不断地变化，因太极点的定位不一，整个奇门九宫便会形成庞大的、信息不重复的六亲体系。

2. 星与星之间形成六亲关系

以求测者年命所乘天盘之星为“我”，然后与其他星形成六亲关系。例如：一求测者年命为壬子，其年干壬乘天英星，则以天英星（火）为我，天辅星为父母，天冲星为父母，天任星为子孙，天蓬星为官鬼，天心星为妻财，天柱星为妻财，天芮星为子孙，天禽星为子孙。如此，一个九星体系的六亲关系便建立了。

由于不同求测者之年命所乘天盘星各异，因而“我”之位置亦在不断地变化。由此整个九星体系便会形成数量繁多的九星间的六亲关系。

3. 门与门之间形成六亲关系

以求测者年命落宫所乘之门为我，然后与其他八门形成六亲关系。例如一求测者年命为辛亥，其年干辛乘天冲星、开门落于某个宫位。则以开门为“我”，由于开门属金，则生门为父母，伤门为妻财，杜门为妻财，景门为官鬼，死门为父母，惊门为兄弟，休门为子孙。如此，一个八门体系的六亲关系便建立了。

由于不同求测者之年命所乘八门各不相同，因而“我”之位置亦在不断地变化。由此整个八门体系便会形成数量繁多的八门间的六亲关系。

4. 以求测日日干为主体形成六亲关系

这种方法来源于大六壬的传统六亲体系。其方法是以求测日日干为我，以我生者为子孙，克我者为官鬼，与我五行相同者为兄弟，我克者为妻财，生我者为父母，如此便形成了以日干我为主体的又一完整的六亲占测体系。

八、如何区分同宫二支的空亡

凡四隅每宫，都有二支落位。有关空亡之查法，若遇四隅宫位，则许多易友无从取之。今将具体操作之法详述之。

凡四隅宫位都落有两个地支，现分述之：艮宫有丑、寅二支，巽宫有辰、巳二支，坤宫落有未、申二支，乾宫落有戌、亥二支。四隅宫位所落二支均为一阴一阳。在查空亡的时候，必须以四隅宫地盘所落三奇六仪之阴阳来定位哪个空亡。其遵循“阳与阳比，阴与阴比”这个法则来定位。举例来讲，甲戌日占测，则空亡为申、酉二支，现坤宫地盘三奇六仪为己土，由于己为阴土，而申虽居坤宫，却为阳支，故属阴阳不比，故坤宫不作空亡论。若同样是甲戌日占测，空亡为申、酉二支，现坤宫地盘落有戊土，由于戊为阳土，而申亦为阳支，属阳与阳比，故该时坤宫则以空亡来论之。通此理则其余四隅宫位空亡之查法尽然通晓。

九、论过去、现在、未来之值符当权

易友门只知道现在值事之值符，却不知过去有个刚刚退气之值符，更不知在这轮值事之值符完成值事任务后，未来还会有一个新的值符即将到来接任该轮值符继续行使主权。

由于值符是全局九宫的统帅，其在位期间则代表了这一时空点上最主流的运动趋向。其好比是大六壬上的发端门。由此可知，值符所统辖的时空段内，值符（星）、值使（门）所对应的万物信息类象必然是这一时空段内出现的最主要、最主流的事物。

由于值符具有时限性（一个值符只能统管10个时辰），因此值符的有效使用期限也会随着时空的不断流逝而不停地发生改变。例如，现在正在值事的值符为甲午辛，则在其之前是由甲申庚值符值事掌权的，而在值事值符甲午辛的未来，必然会是甲辰壬值符接管甲午辛的权力而继续行使值符权力。这便是必然的不可抗拒的自然规律。由这个规律可以使我们对过去、现在、未来的不同时空点中所会出现的主要的、主流的事物有一个把握性的认知与判断。这便是我们能通过奇门局把过去、现在、未来的一切事物的发展过程描述得很清楚的理论根据所在。凡是临值符的事情，都是必然要发生的事情，因为它代表了这一时间范围内最主要、最主流的运动趋向。其余的各宫位的运动趋向都必须建立在以值符宫为主流的大运动的前提下进行着各自不同的运动模式。

由此可知，过去值符于奇门局中所代表的信息，表达了在该值符掌权期间曾必然地发生过其信息所对应的事情；现在值符于奇门局中所代表的信息，表明了在现在这个时间、空间里，必然会出现现在值事值符所代表的一切事情。同理，未来之值符于奇门局中所代表的信息，则表达了在未来的时空中必然会出现未来值符所代表的信息类象所对应的事物、现象。

第三章　分类占断

一、天气预测

九星是管天的，所以预测天气，以九星为主，同时兼看八神、八门及天地盘三奇六仪以进行参断。

古以天柱星为雨师，天冲星为雷神，天辅星为风伯，螣蛇为闪电，天蓬星为水神，甲辰壬为龙神。天英星为火神，主晴；天辅星为风伯，主风；冬季以天心星、天柱星乘壬、癸二干为雪。天柱星乘甲辰壬游于一、三、七宫，或下临甲辰壬，主大雨；天柱星乘甲寅癸游于一、三、七宫，主小雨；甲辰壬加临震宫，或甲辰壬乘冲星、伤门，为龙登雷门，主雷雨，临螣蛇，必有闪电。

冬季看天心星和天任星，带壬癸或下临地盘壬癸，或乘玄武、白虎二神，将有雪;如果空亡入墓，将会既阴天又寒冷;若遇白虎猖狂，必有大风；若遇青龙逃走，亦将有风刮起，云散而无雨；若遇太白入荧格，将有冰雹；若遇荧入太白，将会晴天。

如果天柱星游于一、三、七宫，下带壬癸，或者下临壬癸之宫，又见螣蛇者，为天空出现彩虹。若天柱星所落之宫下临朱雀或落入空亡之地，则会大旱不雨。

于八门中，景门主晴；伤门主雷；休门主雨；生门主风沙阴云；杜门主彩虹、闪电、霹雳、风暴；惊门主虹、雹、狂风；开门主霞彩雷雹；死门主阴风寒冻冰霜。

于十天干中，甲乙主风；丙、丁主晴明、火热；戊、己主阴云密布；

庚、辛主冰、雪、严霜；壬、癸主雨，其中壬主大雨、暴雨，癸主小雨、绵绵细雨。

于八神中，值符代表日月；螣蛇代表电雷虹霓；太阴代表阴云、霜雪；六合代表和风丽日；白虎主风；玄武主雨；九地主阴寒天气；九天主晴明清爽天气。

凡占晴，以天辅、天英二星为主，盖天辅为风伯，天英为火神也。云雨以风为散、以火为晴。如天辅、天英乘旺相落离九宫或克落宫，或克日时二干，主晴。如天英乘旺相落三四宫或克日时干者，亦主晴。

凡占雨，以天柱为雨师，天芮星为闪电，天辅星为风伯，天冲星为雷祖，天蓬星为水神、云雾，壬、癸二干亦为水神也。天蓬游于坎、游于兑、震乘壬、癸，或天柱、天冲乘壬、癸二干游于坎、兑、震三宫者，皆主雨，同时天辅、天英所落之宫天盘星克地盘星，必然雷雨交加。又看天柱等所落宫得何干支以定其日期，与值符近则雨速，与值符远则雨迟。游于坤二宫主密云不雨。若天柱游于坎、兑、震宫但不乘水神（壬、癸），亦主无雨。

凡占雪，以乾兑二宫为主，天心、天柱二星乘壬、癸到宫是为有雪之应。具体言之，天心乘壬癸二干到兑或天柱乘壬癸二干到乾者，皆主雪。各以落宫所得之干以定其期。

下面举实例讲解之。

实例一：明天还会下雨吗

2007年10月6日下午5点多钟，由瓦房店市周易文化研究会举办的全国奇门遁甲学习班刚刚下课，结束了一天的教学内容。由于天气不好，10月5日下了一整天的雨，10月6日又下了一整天的雨，学员们出入很不方便。大家望着窗外正在下个不停的雨，坐着闲聊起来。这时来自河南洛阳的学员张明杰、辽宁鞍山的学员高斌、广西学员黄朝宝等人向我发问：“刘老师，明天天气会怎样？还会继续下雨吗？”

我用脑子想了一下奇门局（转盘）

丁亥年己酉月癸酉日辛酉时，阴4局。

值符：甲寅癸　天任星　　值使：生门

玄 壬 武 戊英景	白 庚乙 虎 壬芮(禽)死	六 丁 合 庚柱惊
九 戊 地 己辅杜	乙	太 丙 阴 丁心开
九 己 天 癸冲伤	值 癸 符 辛任生	螣 辛 蛇 丙蓬休

由于当时是脑子想了一下奇门局，并没有在纸上详细列出，所以只简单地对在座的几位学员说：“明天不会再下雨了，早上卯时会起风，到巳时便会见到太阳放晴。总之明天是以刮风变晴为主的天气。”

第二天早晨6点我刚醒，便听到窗外风声四起，同时还带有些雨星。到了早晨8点20分上课的时候，风刮得更大更猛了，但天空中还是阴云密布，一点阳光也见不到。上课到上午10点钟，学员们课间休息，走出门外一看，天上终于能见到阳光了，但风还是刮个不停，回到课堂上学员们便说：“老师昨天晚上测得真准。说今天能刮风，今天真的就刮风了。说今天巳时能见到阳光放晴，真的就在巳时天放晴了并见到了太阳。”

下边把判断思路详解如下：

明天是甲戌日，明天的日柱干支甲戌己落艮八宫，己乘天冲星，冲星属木，艮宫又落有伤门。传统奇门中以天冲星、伤门为雷祖、雷神。而我在大量的预测天气实践中发现：冲星、伤门做为风来论也多有应验，其原理很简单，冲星、伤门五行属木，木主风，故也。

明天(甲戌日)的日干己落艮宫，代表风伯的天辅星落于震三宫，震宫天盘辅星乘戊，戊主阴云，辅星主风，又震宫克日干己所落之艮宫，故必有风。震宫地盘落有己，正是明天之日干(甲戌己)，故断明天必有风。震宫藏有地支卯，故应明天卯时起风。

天英星、景门为火神，主晴。今英星、景门落巽四宫来克日干甲戌己所落之艮八宫，故应明天巳时（巽宫主巳时）便会见到太阳放晴。

由于巽宫代表风，所以断明天是以刮风变晴为主的天气。

实例二：明天上庙拜佛，天气如何

2007 年 10 月 28 日下午 2 点左右，受近来几天大雾的影响，天气骤变，雨雪交加，整个东北绝大多数地区都下起了雨或雪，这是当年入秋以来下的第一场雪，一会时间整个道路都变得白茫茫的一片。正站在门前望着外面的雨雪交加的情景，我的手机响了："刘老师，明天是农历九月十九日，是观世音菩萨成道纪念日，我们几个人已经组织好了，准备明天上午去涌泉寺拜佛，但这天气恐怕是去不成了。你测测明天会是什么样的天气？会不会继续下雪或下雨？"原来是我的一位姓冯的道友打来电话。我马上按其问测时间用转盘奇门法起局进行预测：

丁亥年庚戌月乙未日癸未时，阴 5 局。

值符：甲戌己　天辅星　　值使：杜门

螣　庚 蛇　己冲杜	值　己 符　癸辅景	九　癸 天　辛英死
太　丁 阴　庚任伤	戊	九　辛戊 地　丙芮(禽)惊
六　壬 合　丁蓬生	白　乙 虎　壬心休	玄　丙 武　乙柱开

我认真地把整个奇门局分析了一会儿，于电话中对冯朋友说："你们明天可以放心地上庙拜佛，明天不会下雪，也不会下雨，而且应该是个大晴天，只是有点风。"

"不可能吧？现在外面正下着雪呢！你是不是没有帮我看？"冯朋友显然不相信我的判断。

“信不信由你！反正我帮你预测过了，明天肯定是个晴天，没有雨雪，只是有风。”我再次说明我的预测结果。

第二天早上一出门，我便发现天空是蓝蓝的，好些日子没有见到蓝天了，只是有些凉爽，风一阵阵地吹过。心里想：奇门预测天气真的好准确，完全应验了。

下午3点多，冯朋友打电话来了：“刘老师你测得还真挺准的，今天早晨一起床便发现天是晴的，只是有风，冷一点，但我们几个佛友全部去涌泉寺拜佛上香了，谢谢你！”

下面把判断思路详解如下：

明天是丙申日，日干丙乘天柱星落于乾宫，天柱星本为雨师，但在我多年的预测天气方面经验来看，凡天柱星上乘天干丙、丁者，几乎是不能下雨或下雪的。现值符落离九宫来克柱星所在之乾宫。值符宫上乘天辅星、景门，天辅星主风，景门主晴，离九宫属火亦主晴明，今值符宫来克日干丙所落之乾宫，故必主晴天而有风。

从另一个角度来看，明天为丙申日，申在坤位。现坤宫天盘乘天英星，英星为火神，亦主晴明。综上所述，明天（丙申日）必为晴天而有风之天气。

二、阳宅吉凶预测

日干、年命落宫为求测人，时干、生门落宫为阳宅屋舍。时干、生门落宫临三奇、吉门、吉星、吉神、吉格，乘旺相气来生日干、年命落宫者，则此房宅大利主人。

时干、生门落宫不临三奇、吉门，但是临吉星、吉神、吉格来生日干、年命落宫，也为吉宅，可以居住。

时干、生门落宫临凶星、凶门、凶神、凶格来克日干、年命落宫者，为大凶之宅。

时干、生门落宫乘玄武、天蓬星来克日干、年命落宫者，此宅易招盗贼；时干、生门宫乘天芮星来克日干、年命落宫者，此宅居住之人会经常闹病；时干宫乘死门、死气、凶神、凶格、凶星来克日干、年命落宫者，此宅切不可居住，若贸然居之，必有死亡、意外之事出现。

古时又有以值符为新宅，值使为旧宅。值符为正屋，值使为侧室。值符为阳宅，值使为阳基之说。《奇门法窍》云：凡占家宅，以值符为人，值符加八门为宅，地盘九星为对门，左宫为左邻，右宫为右邻。

下面举实例来讲解之。

实例一：为温玉萍女士预测阳宅风水吉凶实例

2005年公历3月12日傍晚5点多钟，我正准备下班回家，忽然周易研究会门前停下一辆黑色轿车，走下来一位中年女士，她进了我办公室的门便说："我是从大连市内开车赶过来的，今有急事向刘老师求教。不好意思耽误您下班时间了。"

我把她让进屋内坐下，经介绍，她叫温玉萍，是1966年出生的。

温玉萍坐在我办公桌的离位，我按她前来时间用飞盘奇门布局方法起局如下：

乙酉年己卯月乙未日乙酉时，阳7局。

值符：甲申庚　天英星　　值使：景门

九　戊 地　丁柱伤	六　癸 合　庚冲生	太　丙 常　壬禽休
朱　乙 雀　癸心死	九　己 天　丙任	螣　辛 蛇　戊蓬开
太　壬 阴　己芮惊	勾　丁 陈　辛辅景	值　庚 符　乙英杜

见我写好了奇门局，温玉萍向我发问："刘老师，如果不到现场，从你

的八卦里能否看出房子的风水吉凶？”

“当然能看出吉凶来。不过从卦象上看风水吉凶，只能说个大概情况，肯定不如拿着罗盘到实地现场察看那样的效果好。”我回答。

“是这样，我在大连市内看好了一处房子，这栋楼正在建设中，但已经开始预售了，很多人都在预购。我看中的这处房子明天上午就得交预付款，如果不交，售楼处便会将此房转卖给别人了。由于买房子风水好坏是件大事，所以我迟迟没有交预付款。在大连市内我找过三个风水师看过该房的沙盘模型，有人说风水好，可以购买，有的人说风水不好，千万不能买。为此，我更是拿不定主意了。在大连我听几个朋友提起过你的名字，大家都说你是真正的高手，就这样我就开车赶到瓦房店找你来了。希望你最后帮我决定一下买还是不买。如果今天你说这楼盘风水好，我明天上午就去交钱把这事定下来。如果你说风水不好，那我就立刻放弃这件事，待以后有新的选择后我开车来接你去大连帮我用罗盘看好了再交钱买房。”温玉萍对我说。

我全方位地把整个奇门局看了看，分析透彻后，对温玉萍女士说：“你想买的这处房子是大套间，面积约在90平方米以上。房屋的采光很好，非常适合你居住。”

“你说得真准！这房子是个大套间，面积有93平方米之多，采光效果确实不错，现在即将竣工了，我前一段时间曾经进去看过。你还能看出些什么来？”温玉萍十分好奇地问。

我又看了看全局，对温玉萍说：“在你这栋楼的东南方向有一片平地广场，主要是用来停车的。这座楼的南边有很多树木，是用于绿化的。西南方向有个水池，水池里的水经常处于流动状态，像是喷泉。这座楼的东边不远的地方有个很大的医院，是个国家正规的医院，将来去医院看病很方便。”

“刘老师您太棒了！说得像看到了现场一般，一点儿也不错！东南方确实有一块面积较大的广场开阔地，专门用来停车用的。楼的南侧栽了很多松树，绿化做得很好。楼的西南方向确实有个很大的水池，里边装有电动的喷泉设备，经常看到流动的喷泉，十分好看。东边约300米左右的地方便是一个大医院。”温玉萍很高兴地向我讲述着。

"这个楼群小区的锅炉房设在西北方向，冬天供热效果很好，小区的水、电供应都很正常。要依我的观点来看，这处房子风水不错，特别利于你来居住，明天还是早些把预付款给交上吧，不然的话这房子可就不属于你的了，现在还有很多人看好这处房子的。将来这房子还要升值涨价的。"我又讲出一些信息来。

"刘老师您今天所说的一切都很准确。锅炉房的确设在我们这栋楼的西北方向，从去年已搬进这个小区的住户们反映来看，供热服务做得很好，冬天暖气烧得很热。小区的水电供应也都正常，24 小时供水，平时也很少有停电现象。我已经决定好了，明天上午就去把预付款交了。"温玉萍终于决定交款买房了。

二个月后，温玉萍给我打来电话，说房子已经装修好了，让我帮她选一个好日子搬家，并告诉我，现在的房价比两个月前又长了 200 元/平方米。

2007 年 7 月，温玉萍开车来瓦房店接我去大连，帮助她的妹妹选择购楼地点，并告诉我，自从 2005 年搬进新住宅以后，各方面都十分顺利。经济收入也不错，这次妹妹买房钱不够，还从温玉萍手中借出 8 万多元钱。

下面将整个判断思路详解如下：

1. 断温玉萍想买的这处房子是大套间，面积约 90 平方米以上，房屋的采光很好，非常适合温玉萍居住：

温玉萍进屋后坐离位，离宫落有生门，故以离宫生门代表其要买的新房子，离宫临日干乙木的长生（乙木长生在午），古有长生处为家之说。离宫落有六合吉神，离宫于卯月为旺相，故断这处房子是大套间（六合）。离宫数目为九，故断面积在 90 平方米以上。离为日，又值符为天英星，值使为景门，均为火，故房屋的采光很好（值符为正屋，值使为侧室）。

温玉萍年命丙落坤宫，被生门所落离宫来相生，故断该房非常适合温玉萍居住。

2. 断这栋楼的东南方向有一片平地或者广场，主要是用来停车的。这座楼的南边有很多树木，是用于绿化的。西南方向有个水池，里边的水经常处于流动状态，像是喷泉。这座楼的东边不远的地方有个很大的医院，是国家正规的医院，将来去医院看病很方便：

东南方为巽卦，从日柱乙未来查，辰巳空亡，即巽宫空亡。巽宫落有九地、伤门，九地为坤，主平地、广场，伤门主车辆，伤门与九地同宫，说明车辆是静止的，故断东南方有一片空地（空亡、九地），主要是用来停车的。

离宫落有天冲星、六合，温玉萍又坐在离宫，生门（房屋）亦在离宫，冲星主树木，六合主数量多。故断南边有很多树木，是用于绿化的；西南方为坤卦，坤宫落有休门、太常，地盘又落有壬水，天盘落有丙，丙壬相冲，冲则必动，休门带有暗干辛，辛为甲午，休门为子，子午相冲，冲则必动，故断西南方向（坤）有个水池，里边的水经常处于流动状态，像是喷泉。

东边为震卦，震宫落有天心星、死门，天心星上乘乙奇，乙奇为日干，又为太岁，乙为医生、医药，天心星为医院，乙为太岁为公家正规的。阳遁震宫为内，故断这座楼东边不远的地方有个很大的医院，是国家正规的医院（震宫临月建卯为旺相，故很大；临太岁乙，故为国家正规的）。天芮星为病神落艮宫，被天心星所居之震宫来克，所以病人来这家医院看病是很方便的。

3. 断这个楼群小区的锅炉房设在西北方向，冬天供热效果很好，小区的水、电供应都很正常：

锅炉房是火库，是大火，故取落在乾宫的天英星代表锅炉房。景门为热度、温度，今景门落坎宫，坎宫地盘落有辛金，天盘落有天辅星，辅星为巽卦，巽主细长，加临地盘辛金组在一起可代表暖气管道，辅星上乘丁奇，丁为火主热，辅星为巽，巽主风，临丁奇主热风，故代表暖气供暖系统。今乾宫（英星落宫）生景门所落之坎宫，供热必好。

休门主供水，今休门临太常落坤宫，温玉萍年命丙乘禽星落坤宫，与休门、太常同宫，故常有水，即供水正常。英星、景门为电，今临值符、值使，故供电也十分正常。

4. 断该房屋风水不错，特别利于温玉萍居住。还是早些交款为宜，现在有很多人看好这处房子，将来这房子还要升值涨价的可能：

生门为房屋，落离九宫，受地盘之离火来相生，说明地气不错。离宫落有天冲吉星，冲星属木，本是克土的，但冲星落离宫为木火通明，木生火，而火又来生生门之土。故天时地利俱占矣！

温玉萍女士年命为丙午，午即是离宫，则离宫之信息尽被其享有。天盘年命丙乘天禽吉星落于坤宫，被生门之离宫来相生，故断该房子的风水不错，特利于温玉萍居住。

月干为同行买房之人，今生门所带暗干为己，己正是月干，离宫代表眼睛、观看等信息，说明现在仍有很多人暗中（暗干己）在看这处房子。景门为行情，戊为价格，今景门落坎宫，戊落巽宫，坎宫生巽宫，故将来这房子还要升值涨价的。

实例二：为盖厂长预测企业风水实例

2004年公历5月4日上午9点40分左右，一位中年男人开车前来求测，进屋后他坐离位。经介绍，他叫盖洪军，是1958年6月出生的。盖洪军问："刘老师您懂风水吗？"

我笑了笑说："我现在是专业从事易经研究工作的，当然懂风水了。不仅懂，而且很专业，不论阴宅风水、阳宅风水，我都做过深入的研究。"

"你能否从卦象上讲一下我现在这个企业的风水情况？我看过很多搞易经预测的大师，有些人能从卦象中看出企业的风水吉凶。"盖又问。

"高手可以从卦象里看出一些有关风水吉凶情况，但这永远代替不了现场操作。要想真正地把一个企业或者是住宅（包括阴宅）的风水吉凶搞清楚，风水师必须手持罗盘亲自到现场观察、测量，最后才能下结论。"我很郑重地对盖洪军说。

"刘老师，外面都传言说你的易道很高深，请你从卦象上讲一讲我现在这个企业的风水吉凶好吗？"盖洪军提出要求来。

我按盖洪军前来求测的时间，用飞盘奇门的布局方法起局为其预测：

甲申年戊辰月癸未日丁巳时，阳8局。

值符：甲寅癸　天辅星　　值使：杜门

九　　壬 天　癸冲死	勾　　戊 陈　己任惊	朱　　庚 雀　辛蓬景
九　　辛 地　壬芮休	值　　癸 符　丁辅	太　　丙 阴　乙心杜
六　　乙 合　戊柱开	太　　己 常　庚英生	螣　　丁 蛇　丙禽伤

飞盘奇门局排好后，我分析了一会儿，结合盖洪军的坐宫及其年命戊戌落宫，对他说："我先讲一下你这企业厂房的大环境吧。厂房的东边地势比较低，有一条河，河水由北向南流，然后再流向东南方。河里的水污染很严重，到处都充满了难闻的臭味，对吧？"

"刘老师确实是高手！说得很准，我这厂房的东边地势的确很低，东边有一条臭水河，一直向南边流着，然后流向东南方向。河里的水全是污水，常年散发着一股难闻的气味。"盖洪军马上印证了我的判断。

看了一下全局，我又说："厂房的西南方向地势偏低，下雨的时候那里便会窝着很多水；厂房的南面有山峰，但都是一些破损了的山脉，山上露出很多参差不齐的岩石来，可能是被人开采或爆破过。"

"太准了！就像亲眼目睹现场一样！厂房的西南方地势确实低，到了夏天雨季的时候这个地方会窝着很多水，然后慢慢地流走。厂房南面一公里的地方有很多山，但这些山都不是太高，并且已经被人爆破过，山尖上露着很多岩石，以前有人在那里采过石头。"盖洪军又验证了我的断语。

"厂房院子中间部分设有一个花坛，里边种了很多花草，花坛是长条形的，南北走向。厂房北边也有山，但都是些平平常常的小山。"我又从奇门局中讲出一些信息。

"刘老师所说完全正确！我家厂房的院子中间有一个花坛，是长方形的，正是南北走向的，厂房北边有山，都是一些不太高的小山。奇门遁甲这种东西真的很神奇，什么都能看得出来。请问刘老师，我厂房周围的这些情形从风水这个角度看有哪些好处？有哪些弊端？”盖洪军问道。

“从风水学角度来讲，你这个厂房犯以下几点毛病：一是犯消亡水，二是犯凶砂恶水。其他毛病到现场会看得更细致。但仅仅是以上这两条毛病，便足以让这个企业损丁破财了。从局中看，你这个企业的厂房应始建于1998年，至今已经有6年时间了。从开始建厂一直到现在，总是经营不利，现在是负债经营，经济官司不断，讨债不遂。领导时常偷偷脱岗，工作不尽职尽责。下属工人时有工伤、意外交通事故，单位的车辆也偶有肇事。工人的工资不能正常发放。工人在工作中精神不集中，偶有被电击伤之虞……

总之，你这企业的整个风水布局很不合理，长此以住，必会倒闭。我说的这些绝不是危言耸听。”我详细地将整个企业风水布局的弊端讲了出来。

只见盖洪军频频点头，说：“刘老师的确是易学高手，所说一切完全符合我厂的现状。我这企业确实是在1998年下半年建成的。主要做的是生产轴承。从开始投入生产一直到现在，总是不顺利。每年都要为经济上的事打官司，要么是我起诉别人，要么就是别人起诉我。全是些三角债的官司。由于现金不到位，现在几乎处于停产状态。工人的工资没钱发，工人们就闹事找麻烦，下面管事的领导也经常偷偷地脱岗。从建厂到现在，厂里的运输车一共肇过四次事，去年春天还撞死一个老头，这个官司到现在还没有完全结束。今年刚过完春节不久，我单位一个电工在工作中没有按规章制度进行操作，被电击伤，险些丧命，好容易抢救过来。刘老师你说说，发生这么多的事情，确实是风水有问题造成的吗?如果是的话，有没有办法解决?”

我想了一下，对盖洪军说：“所发生的这些不利的事情，肯定与风水布局有直接关系，当然也与你个人的四柱所走的大运、流年有关系，还与你经营的具体项目有关系。如果毛病出在风水上，则可以通过调整、改造、化解的方法来解决之。如果环境过于恶劣而无法调整、改造、化解的话，只有重新选址了。如果是经营项目有问题，则可以适当地改换一下经营项目，利求做适合个人命局的具体经营项目。如果与四柱及所行的大运、流年有关的话，则可以避开不利的大运、流年，在不利的大运、流年中缩小经营规模或者暂停，待坏的时空点走过时，再重新启动生产经营。”

“刘老师，我有个请求，想请你拿罗盘亲自去现场帮我看一下整个企业的风水布局，然后帮我调整一下，可以吗？”

“当然可以。”我说。

盖洪军厂长开着轿车拉我去了他的厂房生产基地。我拿出罗盘认真地测量了一下，其厂房的向口为癸山丁向戊子分金。整个厂区的周围环境与奇门局上所描述出来的有惊人的相似。我内心不由地感叹：老祖宗流传下来的奇门遁甲真是太伟大了！

整个厂区参观、考察完毕之后，我对盖洪军厂长说：“你厂区主体房屋立的是癸山丁向戊子分金，犯龟甲空亡，又犯消亡水，并犯凶砂恶水。理论上讲应该迁走，不要在此经营了。但考虑到搬迁、重新选址费用太大，不宜操作。现给你几点建议，希望按我的指点进行操作。其一，在厂房东侧植树，最少得栽 8 棵松树，多则可以栽 13 棵、18 棵树，以达化泄、改造恶水的目的，同时又可以将低矮的青龙方拔起高来。其二，将厂房西南方的低洼之处用沙土填高，一直填到下雨天西南方不再有窝水为止。其三，在南方正门口里边放置一块‘泰山石敢当’，可化泄、化解厂房南边破山、怪石冲来的煞气，自然口舌官司就会少了。”

在我的建议和指点下，盖洪军当天下午就行动起来，一一按照我的指点进行了操作。

三个多月后，盖洪军再次开车来到我办公室，进门后便向我道喜：“刘老师您给我指点的方法还真管用。这个月我厂陆续地回来三十多万元的欠款，解决了我很多现实问题，同时这两个月以来产品销量也有所提高。谢谢刘老师对我的巨大帮助！”

下面把判断思路详解如下：

1. 断企业厂房的东边地势比较低，有一条河，河水由北向南流，然后再流向东南方，河里的水污染很严重，到处都充满了难闻的臭味：

东边为震位。震宫落有天芮星、休门、九地，格局为辛加壬蛇入狱，因九地主低矮，震宫地盘又落有壬，壬主河流，休门为水，凡水必流往低处。

故断厂房东边地势比较低。由于震宫地盘落有壬水，天盘落有辛金，辛为水之源，壬主河流，休门亦主河流，故断东边有一条河。地盘壬乘天冲星，天盘壬乘冲星落巽宫，巽为东南，冲星为震卦，震主动，故断流往东南方向。震宫所落辛金为水之源（辛金生壬水），辛下藏有午（甲午辛），午为南，故断先由北向南流，然后再流向东南方。

天芮星上乘辛金落震宫，辛为水源，芮星为病神，休门主水，故水源已经被污染。巽宫落有死门，巽宫格局为壬加癸天狱逢天网凶格，壬、癸均为水，死门为污染、腐坏等信息。巽为风为气味，故断河里的水污染很严重，到处都充满了难闻的气味、臭味。

2. 断厂房的西南方向地势偏低，下雨的时候那里便会窝着很多水；厂房的南面有山峰，但都是一些破损了的山脉，山上露出很多参差不齐的岩石来，可能是被人开采或爆破过：

西南方向为坤宫。现坤宫落有天蓬星、景门、朱雀。格局为庚加辛虎干格，蓬星为水，庚、辛为水源（庚、辛金能生水，景门带有暗干己，己为阴土，主低矮之平地，坤宫本为平地，上落有蓬星水神，凡有水之处，必为地势低矮之处。坤宫地盘为阴金辛，故应未月（坤宫主未、申二支，阳与阳比，阴与阴比，故辛为阴，对应未月），景门亦主夏季。故断夏季下雨的时候，西南方坤宫便会窝着一些水。

南边为离宫。今离宫落有天任星、惊门、勾陈。格局为戊加己青龙相合，戊、己均为土神，天任星为艮卦，艮为山。惊门为兑卦，兑主毁折、破损。勾陈亦主勾连、破坏等信息。故断厂房南面有山峰，但都是一些破损了的山脉。惊门主破损、毁坏，又主岩石，故断山上露出很多参差不齐的岩石来。戊中含有地支子 (甲子戊)，离宫地支有午，子午相冲，惊门又为毁坏、破坏等信息，故断南面的山可能被人开采或爆破过。

3. 断厂房院子中间部分设有一个花坛，里边种植了很多花草。花坛是长条形的，南北走向。厂房北边也有山，但都是些平平常常的小山：

中五宫代表明堂，即代表厂房院子中间部分。现中五宫落有天辅星，并临值符。格局为癸加丁螣蛇夭娇，癸为雨露之水，丁为花朵，天辅星为巽卦，巽为阴木，主花丛等。由此可断厂房院子中间部分设有一个花坛。天辅星为巽卦，巽主细长，故断花坛是长条形的。中五宫格局为癸加丁，故花坛应该是癸山丁向的，故断花坛为南北走向。

北边为坎宫。今坎宫落有英星、生门、太常，格局为己加庚明堂杀格。生门为艮卦，艮为山，故断厂房北边有山。由于春季坎空休囚，生门又不旺，故都是些平平常常的小山（太常亦主平常）。

4. 断从风水学角度来讲，这个厂房一是犯消亡水，二是犯凶砂恶水。仅仅这两条毛病，便足以让这个企业损丁破财了：

消亡水指的是水从先天卦位来，从后天卦位走的一种流逝方法，是风水学上的一个专业术语。在这个奇门局中，天蓬星落在坤二宫，天蓬星的本位在坎宫，而坎宫的先天八卦是坤卦。天蓬星从本位坎宫（先天坤位）流动落到坤位（后天坤卦位置），正是水（蓬星属水）从先天卦位坤（后天坎位）流到后天卦位坤之后慢慢地流走，此为犯了消亡水中的“消水”。

厂房东侧流有一条污染十分严重的河水，此污染之河水于风水学上称之为“恶水”。

厂房南面有一些破损了的山脉，山上露出很多参差不齐的岩石，并被人开采爆破过，这些在风水学上均被称之“凶砂”。

前边的“恶水”与后边的“凶砂”组合起来便为风水学上所说的“凶砂恶水”。于风水学上，砂管人丁水主财。今盖洪军的厂房既犯“凶砂”，又犯“恶水”，并且还犯“消亡水”。自然是既损人丁又破财了。

5. 断企业的厂房始建于 1998 年，至今已有 6 年时间了。从建厂到现在，总是经营不利，现在是负债经营，经济官司不断，讨债不遂：

生门代表厂房房屋，生门带有暗干戊，生门本位在艮八宫，艮宫地盘落有戊，戊长生在寅，艮宫落有开门，开门代表开始。故在戊寅这个时空点上开始建厂房的。从 1998 年（戊寅）到现在（2004 年）正好是 6 年时间。

戊为投资、本金，生门为利润。今戊落离宫，生门落坎宫，坎宫克离宫，即生门宫克戊落宫，必是经营不利，负债经营。

盖洪军年命戊落离九宫，其本人亦坐在离九宫，离宫落有惊门、勾陈，惊门主口舌官司，戊主经济，勾陈主勾连、牵连等，组合起来便可解读为经济官司不断。

值符为放款人，天乙为欠款人，伤门为讨债人。今值符落中五宫，天乙落乾宫（禽星为天乙），伤门（讨债人）亦落乾宫，现值符宫（中五宫）生天乙宫（乾六宫），为讨债不遂之象。伤门落乾宫（天乙），为上门讨债，但伤门落乾宫受乾金之克，故也为讨债不遂之信息。

6. 断领导时常偷偷脱岗，工作不尽职尽则。下属工人时有工伤、意外交通事故，单位的车辆也偶有肇事，工人的工资不能正常发放，工人在工作中精神不集中，偶有被电击伤之虞：

值使门代表单位领导，今值使杜门落兑宫，从日柱癸未来查空亡，申酉空亡，故值使落空亡之宫，此说明领导时常脱岗，兑宫落有太阴，故时常偷偷脱岗，工作不尽职尽责。

时干代表下属、工人。今时干丁落于乾宫，乾宫落有伤门，时支巳在巽宫，巽宫落有冲星、死门。巳又为日柱的马星（亥卯未马在巳），伤门代表受伤，伤门又代表车辆。故断下属工人时有工伤、意外交通事故发生。巽宫为地盘值符宫位，今巽宫上落有天冲星，且临死门，巽宫之冲星为单位车辆，九天代表速度快，死门代表死伤之信息，且巽宫又临日之马星宫。天冲星上乘天干壬，壬落巽宫为六仪击刑，壬到巽宫又为入墓。故断单位的车辆也偶有肇事。

戊为工资，今戊落离宫，克丁奇（工人）所落之乾宫，故工人的工资不能正常发放。

丁奇代表工人，今丁奇乘禽星落乾宫，乾为工作，乾为头为大脑，乾宫上乘螣蛇，螣蛇主虚幻、精神恍惚，故断工人于工作中精神不集中，乾宫格局为丁加丙，丁与丙均为火为电，螣蛇主雷电、触电等信息，故断工人工作精神不集中，偶有被电击伤之虞。

7. 断这个企业的整个风水布局很不合理，长此以往，必会倒闭：

风水布局不合理前边已论述过。今开门落艮宫为入墓，开门入墓当然企业有倒闭之风险，况盖洪军年命戊已落于艮宫地盘中。凡是求测人年命所介入之宫位，该宫位的信息应验率是极高的。

8. 建议盖洪军在厂房东侧植树，最少得栽 8 棵松树，多则可以栽 13 棵、18 棵树，以达化泄、改造恶水之目的，同时亦可将低矮的青龙方拔起高来：

东方为震宫，今震宫落有天芮星、休门，芮星为病神，芮星所乘辛金为恶水之根源。由于东边地势偏低又有污染之河流，则该厂房必是白虎抬头之布局，于风水学来讲大为不利。今于东方震宫栽上松树，一则可以以松树之木气来克制凶星天芮（木克土），又可以旺相之松树木气来化泄恶水（水生木）。又震宫栽上松树以后，其地气上拔，东方为青龙方，栽上松树后该地势则由原来的“白虎抬头”变为“青龙抬头”了。此植树来化解“恶水”之法可谓是“一举三得”。

因震宫数目为东方三、八木，故建议最少栽 8 棵松树，多则可栽 13 棵、18 棵树，以达化泄恶水之目的。

9. 建议将厂房西南方的低洼之处用沙土填高，一直填到下雨天西南方不再有窝水为止：

由于西南方（坤宫）地势低洼，才导致水流向该处，是形成“消亡水”的根本原因。当用沙土将西南方填高到下雨天不再有窝水的时候，消亡水也就无法形成了，因而便达到了改造风水之目的。

10. 建议在南方正门口里边放置一块“泰山石敢当”，可化泄、化解厂房南面破山、怪石冲来的煞气，自然口舌官司就会少了：

“泰山石敢当”是风水学上经常用来化解、阻挡煞气的一种化煞用品，其法是在一块体积较大的椭圆形石头上刻有“泰山石敢当”几个大字，将该石头放置在需要化煞的方位上，即可起到化煞、阻挡凶恶之气的目的。

煞气往往是从房屋大门方向射入进来的，因该厂房南边有破损的山脉和一些参差不齐的岩石，从风水学上讲，这些都统称为“恶砂”、“凶砂”，这些“恶砂”、“凶砂”正对着厂房大门，其凶恶之煞气便会射进厂区，直接破坏厂区的风水。现将“泰山石敢当”置于大门内部，便可将外来之凶恶煞气化解之、阻挡之。

三、阴宅吉凶预测

以星为龙穴，以门为堂局，星受克则穴不吉，门受克则堂不好，落空亡亦同论。值符吉值使凶，得奇门尚可用。值符凶值使吉，即使有奇门也不可用。

占阴宅坟墓以值符为占事之人，值符所临之下地盘九星为亡人，值使所临之下地盘门为亡人之墓。看二处彼此相生相比和、遇旺地又得三奇六仪扶助为吉。亡人克墓，只可发财不出贵人。墓克亡人，必主官非、口舌、横事。若遇墓生亡人，亡人生值符，又乘吉星、吉门、吉格、吉神，必福荫后人，大吉之象。

凡阴宅坟墓之地，死者居之吉则招福，凶则招祸。盖祖先之灵魂守黄泉之下，安则子孙兴旺，不安则子孙败亡。若未葬之先占葬后吉凶，其法专责死门落宫并天地二盘之星决之，以死门落宫地盘之星为死者，死门落宫天盘之星为生人，死门落宫乘三奇而与地盘之星相生、相和、不相克制者，主死者安然；地盘之星生天盘之星，天盘之星得三奇者，主存亡俱安吉，后必兴旺；若死门落宫与地盘之星相克者，主存亡俱不安；地盘之星克天盘之星不得奇门护持者，主存亡俱凶；死门反吟者，迁之则吉；死门落空亡者，主无地气，家败人亡。

值符落宫为来龙，如值符落乾宫，为乾龙，值符落坎宫，为坎龙，值符落艮宫，为艮方来龙……余仿此。

值使落宫为坐向，如值使落乾宫，则为乾山巽向；值使落坎宫，为子山午向；值使落艮宫，为艮山坤向……余仿此。

以值使落宫为墓之坐山（玄武方），以值使对冲宫为朝山（朱雀方），值使左宫为青龙方。值使右宫为白虎方。

以九宫中每个宫位所临星、门、神、三奇六仪来断阴宅之周围环境。

实例一：为龚法文先生预测祖坟吉凶

2002年3月12日下午2点左右，一位名字叫龚法文的中年男子前来找我，主要是关于家族祖坟风水之事来求测的。龚法文是专程从沈阳赶来瓦房店找我的。我按其前来求测的时间起飞盘奇门局如下：

壬午年癸卯月己卯日辛未时，阳7局。

值符：甲子戊　天柱星　　值使：惊门

六　辛 合　丁蓬伤	九　乙 天　庚心生	螣　己 蛇　壬任休
太　庚 阴　癸英死	勾　壬 陈　丙芮	朱　丁 雀　戊辅开
九　丙 地　己禽惊	值　戊 符　辛柱景	太　癸 常　乙冲杜

见我起好了奇门向，龚法文先生问："刘老师向您请教一个问题：不到现场，用八卦能测出祖坟风水吉凶吗？"

我回答："要想真正地把一个家族的祖坟风水吉凶说明白，一定要拿着罗经到现场察看、测量，才能将吉凶断清楚。若不到现场，仅从卦象上来讲风水吉凶，是比较粗浅的，但高手也能从卦象中看出很多信息来。"

"是这样的刘老师，这不是快要到清明节了吗，我父亲前几日找过两个风水先生去我家祖坟看过，说祖坟风水不好，必须迁移，重新找个风水好的地方葬下，方能转凶成吉。我父亲动了心，决定在今年清明节迁动祖坟，由于我父亲是哥仨，意见有些不统一，今天从沈阳来到瓦房店找您，就是希望刘老师帮助锁定一下，原来的祖坟风水好不好？今年清明节有没有必要迁动祖坟？"龚法文向我询问了很多问题。

"你家祖坟上一共葬几辈人？"我问。

"现在的祖坟中只葬有我的爷爷和奶奶两个人，我太爷太奶的坟在四川，没有迁过来。我的父母都还健在。”龚法文回答我。

“能否记得你爷爷奶奶是哪一年出生？”我又问。

“听我父亲讲，我爷爷奶奶是同一年出生的，应该是1913年（癸丑）出生的。属牛的吧。”龚法文回答。

凡测已故之人，必须看其地盘年命落宫。今龚法文祖父祖母年命均为癸丑，癸于地盘落震三宫，震宫上乘天英星、死门，正说明地盘癸为已故之人(死门)。震宫格局为庚加癸大格，为大凶之格。震宫又落有太阴，故震宫便是祖坟所在地之信息。

震宫为祖坟所在地，则代表坐山，与之相对冲的兑宫便为向山，由此可知，龚法文祖父祖母的坟是震兑走向的。应该是甲卯乙山庚酉辛向中的一条线。从日柱己卯为基准来查空亡，申酉空亡，即兑宫(向山)空亡，不吉。坐山震宫格局凶（庚加癸大格)、星凶（英星)、门凶（死门)，故坐山亦不吉。

又按古之断法，星为龙穴，门为堂局。今值符为天柱星，天柱落坎宫，坎宫格局为戊加辛青龙折足凶格，说明龙脉有损。天柱星为破军星，故龙脉龙穴必有破损之虞。

值使门为堂局，今值使惊门落艮宫为入墓，艮宫格局为丙加己奇神入墓凶格，公私皆不利，遇吉门则吉，遇凶门则转凶。今惊门为凶门，故应凶。因而，堂局亦不吉。

现值符（龙穴）不吉，值使（堂局）不吉，值使宫（艮）又来克值符宫(坎)，为墓克亡人，必主口舌、官非、横事等。由此可判断，龚法文家族的祖坟风水必为不吉。分析透彻后，我对龚法文说：“你爷爷奶奶所葬之处为坐东向西这样的向口。坟墓所葬之处地势低矮潮湿，龙脉龙穴根本就谈不上。附近有破损的坑洼碎石之地。向山没有，充其量只能论朝水了。而朝水之方又没有真水可朝，一片空荡荡的，明堂上只有一些死水，于风水学只能称其为‘恶水’。总之，你爷爷奶奶所葬之处风水相当不好，必须尽早迁移，否则对后人均不利。”

听我说完详细情形，龚法文马上回应说：“刘老师所描述的我爷爷奶奶坟墓周围的具体情形，和现实情况基本吻合。坟墓确实是坐东向西立的。那里没有高山，都是比较平坦的地势。我爷爷奶奶的坟墓附近地势确实比较低洼，也比较潮湿。坟的对面（向山）也没有高山可向，那边都是比较平坦的地势，想找到山脉不太容易。在坟前不远之处有块洼地，夏天雨季的时候，那里边经常窝着一湾水，确实属于不流动的死水。而坟墓的右侧不远的地方，有一些坑洼，都是被人挖掘过的。刘老师能否细致地讲一下这坟墓的风水对后人都有哪些影响？”

这是一个难度比较大的提问，要求预测者根据奇门盘把求测人的整个家里情况一一讲出来，不是一件容易的事。即使拿着罗经到了坟墓现场，也要反复察看坟墓周围环境后，再结合坟墓的坐山朝向等综合因素，才可下断语。我把整个奇门局细细地分析了一会儿，对龚法文讲：“从你爷爷奶奶坟墓所葬之处的大环境来讲，后人没有当大官的，也没出读书特别好的文人。整个家族中也没出过一个真正有钱的大款。”“刘老师说得一点儿不错！从我父亲这一辈到我们这一辈，到现在为止还没有一个人当到局级以上干部的。考大学的也没有一个是重点名牌的。至于经济上就更不用谈了，没有一个人发了财，过得都很累。”龚法文对我说。

接下来我又说：“从整个家族来看，兄弟间不团结，经常为一些琐事明争暗斗。其中长房（指长子）性格暴戾，好胜好斗，不孝敬老人，老人生病在床，都不能守候在身旁服侍；二房（指次子）虽主持正义，在家族中有一定凝聚力，但运气不好，这些年做生意总是赔钱、破财。还有，二房由于犯桃花运，其婚姻状况不好，容易闹离婚；三房（三子）为人中正、诚实稳重，主持正义，说话二房听之，但长房不服，三房对老人最孝顺，在老人生病的时候，守候在老人身边的主要就是三房。”

说到这儿，只见龚法文情绪很激动：“刘老师所说的一切，如亲眼目睹了我家中的一切，说得完全正确！我父亲在他的兄弟中排行老三，我爷爷奶奶病重的时候，我大伯（长房）不侍候，还出言不逊。我二伯工作忙，常年跑外，不能长时间守候在老人身旁。只有我父亲和我母亲，一直把爷爷、奶奶留在家中服侍，一直把两个老人都送终，才完成任务。到头来分家产的时候，我大伯俩口子上门抢来争去的，还出言不逊，其实我爷爷奶奶这一辈子很清贫，没留下什么财产，根本就没有什么值得抢的。尽管这样，我大伯还是以长子自居，要求平分家产，搞得全家哭笑不得。最后我建议我父亲，老人的家产我们一分钱也不要，全都由大伯、二伯分了算了，我父母采纳了我的建议。

就这样，我们家再也不和大伯有任何来往了，和二伯还是相处得比较好。我二伯这些年本来在单位做得还算好，当个小科长。谁知他业余非要投资做生意，结果赔进去20多万，到现在人家还经常上门管他要债呢！我二伯人比较正直，从来也不会骗人、坑人，为了还债，把家里的房子都卖掉抵债了，现在还在租房子住。

这次由我父亲出头想给爷爷奶奶迁坟这事，我二伯完全同意，但我大伯还是极力反对。刘老师，您有没有什么好法子能让我大伯同意迁坟呢？

我认真看了一下奇门局，有方法了，对龚法文说："这个地方公家要占用，不久就得全部迁走，早迁晚不迁，反正早晚都得迁走。你把上述这番话讲给你大伯听，然后在电脑上做个假的动迁通知，拿给你大伯看，他准相信。这样以来你们就可顺利地做事了。"

"如果我大伯不相信怎么办？"龚法文还是担心。

"你放心吧！按我所说的去做，保准他信以为真。"我给龚法文鼓励信心。

就这样，龚法文回沈阳后，便按我给出的主意，找电脑房打印了一张假的动迁广告，然后拿给他大伯看，结果龚法文的大伯一点儿都没有怀疑，只好听从大家的意见，迁动祖坟。不久，龚法文亲自来瓦房店接我去沈阳，忙了一周时间，才找到一个很完美的风水宝地，将龚法文爷爷奶奶的坟给迁移过去，终于完成了夙愿。

自从2002年龚法文家祖坟迁动后至2007年，家里各方面一直很顺利。每个人都比过去有了好的变化。龚法文的二伯于2004年重新又买上了住宅，经济状况有明显好转。龚法文的父亲也做起了生意，买卖还不错呢！龚法文的大伯似乎脑筋也转弯了，开始主动和弟弟们和好起来。2007年夏天，龚法文从沈阳带朋友来我处预测，同时告诉我："自从爷爷奶奶的坟迁移以后，这些年来全家都风调雨顺的。非常感谢刘老师的大恩大德。"

下面将整个判断的思路详解如下：

1. 断龚法文爷爷奶奶坟墓所葬之处为坐东向西，所葬之处地势低矮潮湿，附近有破损的坑洼碎石之地，向山没有，充其量只能论朝水了。而朝水之方又无真水可朝，一片空荡荡的。明堂上只有一些死水，风水学上称之为恶水：

龚法文爷爷奶奶年命均为癸丑，今癸落地盘于震三宫，震宫上乘死门，故震宫便为其坟墓所葬之处。与之相对冲的是兑宫，所以其坟墓必是坐东向西之向口。震宫地盘落有癸水，天盘落有死门，并落有太阴。死门为坤卦，主地势平坦、低矮、太阴、癸水主低矮、潮湿。死门所带暗干为壬水，也主潮湿。按古法星为龙穴，今值符天柱星落坎宫，坎为水，主潮湿。柱星为破军星，主破损、碎石等信息。又坎为陷为井，故断附近有坑洼、破损、碎石等。兑宫为向山，今兑宫天盘落有天辅星、开门，而兑宫又逢日柱所查之空亡，故向山没有，一片空荡荡的。兑宫天盘地盘均无一点水，故断朝水之方又无真水可朝。中五宫为明堂，今中五宫落有天芮星，芮星所带天干为壬，芮星为病神，故中五宫明堂之水（壬）为有病之水，不吉。芮星为坤卦属土，土克水，又中五宫落有勾陈亦属土，土多克水，故为死水。中五宫格局为壬加丙水蛇入火宫，刑禁络绎不绝，万事不通，故中五宫之死水为恶水。

2. 断从龚法文爷爷奶奶坟墓之大环境来看，后人没有当大官的，也没有出读书特别好的文人，整个家族里也没有出过一个真正有钱的大款：

震宫为坐山，兑宫为向山。震宫格局为庚加癸凶格，震宫天盘所落天英星为凶星、死门为凶门，故坐山宫不吉。向山兑宫虽落有天辅吉星、开门吉门，并且天辅星为文曲星，主文化教育，开门为官运之符号，但兑宫空亡，又逢月破，故后人没有当大官的，也没有出读书特别好的文人。戊与生门落宫代表有钱之人。今戊乘天柱破军凶星落坎宫，坎宫格局为戊加辛青龙折足凶格，柱星又主破财、破损等。生门代表盈利、利润等信息。现戊落之坎宫克生门所居之离宫，经营必不利，破财之象显矣。又于风水学上有“砂主人丁水管财”之说，现代表水的休门落坤二宫受制之乡，不吉，又坤宫为日柱干支空亡之地。又休门本位在坎宫，今休门由本位坎宫落于坤宫，为水自先天卦位（坤）来，从后天卦位（坤）流走，此为犯消亡水，必主损丁破财。故断家族中没有出过一个真正有钱的大款。

3. 断从整个家族来看，兄弟间不团结，常为一些琐事明争暗斗：

月柱为兄弟宫，今月令为癸卯，天盘癸乘天冲星落乾宫，乾宫落有杜门、太常，杜门主闭塞不通，太常主经常、常常等信息。说明兄弟间关系常常是闭塞不通、相互交流少的一种状态。地盘癸落震三宫，震宫格局为庚加癸大格，震宫又落有死门，说明兄弟间老死不相往来，且时有争斗之事。因冲星、伤门均为争斗之信息。再者，天盘癸落乾宫克地盘癸之震宫，亦说明兄弟间不团结，相互间明争暗斗。

4. 断长房（长子）性格暴戾，好争好斗，不孝敬老人，老人生病在床，都不能守候在身旁服侍：

震三宫代表长房（震为长男），震三宫格局为庚加癸大格之凶格，天盘落有天英星、死门，英星主性格暴戾，死门主性格倔强、自私、死板等。震宫为震卦，震卦主好争好斗。

太岁代表长者、老人，今太岁壬乘天芮星落中五宫，芮星为病神，太岁壬乘天芮星落中五宫说明老人生病，但代表长子的震三宫克中五宫，故断长房不孝敬孝人，老人生病在床，都不能守候在身旁服侍。

5. 断二房（次子）虽主持正义，在家族中有一定凝聚力，但运气不好，这些年做生意总是赔钱、破财。由于其犯桃花运，故婚姻状况不好，容易闹离婚：

坎宫代表二房（次子），因坎为中男。现坎宫落有值符天柱星，柱星属金，金主义，值符代表主持正义，值符为八神之首，故在家族中有一定凝聚力。柱星上乘戊，戊为资金、钱财，柱星为破军星，主破财。生门落离宫，戊乘柱星落坎宫，坎宫克离宫，说明这些年做生意总是赔钱、破财。从日柱己卯来查，坎宫为桃花宫（亥卯未见子），故二房犯桃花运。又丁奇落兑宫来生坎宫（丁为第三者女人），兑宫与坎宫为先后天通气宫（兑宫先天卦为坎卦），所以二房必犯桃花运。

乙庚为夫妻之道，今乙庚落离九宫，离九宫为离卦，离者离也，故有夫妻闹离婚之患。又代表二房（次子）的坎宫临值符来冲克乙庚之离宫，正表明因二房（次子）犯桃花运而导致闹离婚这件事。

6. 断三房（三子）为人中正，诚实稳重，主持正义，说话二房听之，但长房不服，三房对老人最孝顺，老人生病的时候，守候在老人身边的主要就是三房：

艮宫代表三房（三子），因艮为少男之故。今艮宫天盘落有天禽星，禽星主为人中正，诚实稳重，主持正义。又艮宫临值使惊门，故也是主持正义（金主义，禽星主中正）之信息。惊门为兑卦，兑为说，今艮宫克坎宫，故三房说话二房听之。震宫（长房）克艮宫，故长房不服。

太岁壬乘天芮星落中五宫，芮星为病神，太岁为老人、长辈。组合起来便为老人生病。由于阳遁中五宫寄艮八宫，即中五宫之老人主要寄住艮八宫，艮为少男为三房（三子），且艮宫天盘天禽星与中五宫天地通气，艮宫天盘丙火与中五宫地盘丙火天地通气，丙为目为照看，又艮宫与中五宫为比和（土见土），比和为相助、帮助之意义。故断老人生病的时候，守候在老人身边的主要是三房，三房对老人最孝顺。

7. 让龚法文对其大伯说：这个地方公家要占用，不久就得全部迁走，反正早晚都得迁走。然后到电脑房做个假的动迁通知拿给大伯看，他保准相信，如此便可顺利地做迁坟之事了：

震三宫地盘落有龚法文爷爷奶奶年命，天盘又落有死门，故震三宫为祖坟，兑宫能冲克调动震三宫。今兑宫落有开门，开门主公家，又兑宫为地盘值符宫，值符亦代表公家之信息。兑为说，但兑宫为日柱之空亡宫。兑宫上乘朱雀，朱雀代表谣言，兑宫空亡亦代表说假话、说空话，只有说假话（兑宫、朱雀）才能冲动长房（长子）震宫，让其就范。又兑宫天盘落有天辅吉星，辅星为巽卦，巽卦为兑卦翻过来看，故只有说反话（假话），才能令长房相信（兑克震）。兑宫天盘落有丁奇朱雀，这些都代表电脑打字等信息。

因兑宫空亡，故为假的动迁通知。朱雀遇吉星天辅、吉门开门、吉格丁加戊来冲克长房震三宫，其诈行之必验。

实例二：运用奇门来选择阴宅立向

2001年公历12月24日上午，一位名字叫冯进祥的中年男子通过朋友介绍找到我。邀请我帮助做阴宅设计。冯进祥父亲于12月23日去世，是1925年（乙丑）出生的，按当地的风俗将于明天（12月25日）上午下葬。由于冯家已有祖坟留有其父亲的位置，明天请我去现场主要的工作是在已有的祖坟周围给指定一个位置，并结合周围环境给设计出一个最佳的坐山向山方向。

由于明天的时间较紧，在我的建议下于12月24日下午，冯进祥开车带着我一块儿去了冯家祖坟现场。我仔细察看了一下，冯家祖坟所居的山脉属兑方来龙，一直向震方延伸很远。在这大环境的限制下，明天下葬冯进祥父亲棺椁只能立以下几个大的向口：

1. 丑艮寅山未坤申向；
2. 壬子癸山丙午丁向；
3. 戌乾亥山辰巽巳向。

用简单的方式来描述，就是只有坐东北向西南，坐北向南，坐西北向东南这三个大方向可立，欲立其他向口则该山势地形均不允许。在可立的这三个大方向中，选择哪一种坐山向山，才能福荫冯氏后人？对于这样的情况，我在平时经常会遇上。没有别的办法，只能按下葬时间的奇门局结合具体地理环境，筛选出一个最佳的操作方案来。

我按12月25日下葬的时间提前进行预测，以期选择一个最佳的坐山立向，能使冯氏家族后人兴旺。按我们提前的预计，定于12月25日上午10时左右进行下葬。我按预计下葬的时间用飞盘奇门起局如下：

2001年12月25日上午10时左右

辛巳年庚子月壬戌日乙巳时，阳1局。

值符：甲辰壬　天禽星　　值使：生门

勾　乙 陈　辛英惊	值　壬 符　乙禽死	太　丁 阴　己柱杜
六　丙 合　庚任开	太　戊 常　壬蓬	九　庚 地　丁冲景
九　辛 天　丙辅休	螣　癸 蛇　戊心伤	朱　己 雀　癸芮生

冯进祥父亲年命为乙丑，今乙乘天英星落于巽宫。日干壬乘天禽星临值符落离宫，日干代表冯进祥等活着的人，巽宫生离宫，说明这个时辰下葬对活着的人有利 (死者年命乙落宫生生者日干壬落宫)，又巳时为当日 (壬戌) 的贵人时 (壬癸蛇兔藏)。

现从三个不同的角度来逐一分析各个山向的吉凶，以期最终锁定最佳的立向方案。先从艮坤这个山向来论述。若立艮山坤向这种向口（包括丑艮寅山未坤申向），则艮宫落有天辅星、休门，辅星为吉星，休门为吉门。艮宫又落有九天吉神，此说明坐山很好。再看向山，坤宫为向山，现坤宫落有天柱星、杜门、太阴，格局为丁加己火入勾陈，主有阴私之事，谋求不利。综观向山坤宫，星凶、门凶、格局平平，此艮坤之向口为坐山吉，向山凶。

再看乾巽之组合，该向口可立出戌乾亥山辰巽巳向。从坐山乾宫来看，乾宫落有天芮星、生门、朱雀，格局为己加癸玉堂逢天网，凡事宜守旧，占词讼有牢狱之灾。坐山乾宫星凶，门吉（生门），九神凶（朱雀），格局凶；向山巽宫中落有天英星、惊门、勾陈，格局为乙加辛青龙逃走，主奴婢逃走、六畜损伤。总之，向山宫星凶（英星）、门凶（惊门）、九神凶（勾陈）、格局亦凶，又巽宫为太岁宫（辛巳），按阴宅之立向法则，太岁之宫不可向，向之则为冲太岁，大凶。综上所述，乾巽立向是不能取的。

最后看坎离这个向口，此方向上可立出来壬子癸山丙午丁向。先看坐山坎宫，坎宫上落有天心星、伤门、螣蛇，格局为癸加戊天乙会合吉格，主财喜、婚姻、吉人赞助。总之，坐山坎宫星吉、格局吉，门凶。再看向山，向山离宫落有天禽星、死门、值符，格局为壬加乙奇神游海。该宫为星吉、门凶、九神吉、格局吉。

从阴宅吉凶的判断规则来看，艮坤、坎离、乾巽这三组方向中，唯坎离这组方向上俱为吉星，因为造葬特别注重九星。今坎宫乘天心吉星，离宫乘天禽吉星，又临值符，故坎（壬子癸）山离（丙午丁）向这个主线上选择一个具体的分金，便可使造葬之举臻于完美。

死门落宫地盘之星为死者，死门落宫天盘之星为生人。今死门落离九宫，离九宫地盘之星为天英星，英星带有乙奇，乙奇正是死者之年命。离九宫天盘落有禽星，代表生人，今死门落宫地盘星（天英星）生天盘星（天禽星），又临值符，为死者荫佑生者，大吉大利之象。因为星代表龙穴，今值符天禽吉星落离九宫，为龙穴吉。中五宫为明堂，今中五宫落有天蓬星，中五宫地盘落有壬水，蓬星、壬均为水，故该龙穴有明堂水，大吉之象。中五宫地盘壬透于离宫天盘（天禽星带天干壬），为中宫与离宫通气；中宫天蓬星与坎宫亦通气，如此以来，离宫与中宫，中宫与坎宫俱通气，坐山坎宫地盘戊与向山天盘壬聚于明堂中五宫（戊加壬），为砂水有情相聚明堂。又中五宫、坎宫、离宫均通气，特别利于七星打劫与父母三般卦的坐山立向方案的设计。

在确定坎离这条线上作为 12 月 25 日上午巳时为冯进祥父亲下葬的主要设计方案之后，最后于现场操作时，根据坐山及向山的具体环境，并结合死者的年命、姓氏等诸多条件，最终立的是子山午向庚子分金。并告知冯进祥及亲临现场的亲属们：明年（壬午）冯氏家族的后人、小辈便会体会到从经济、工作等方面有明显的向好的方面改观，9 年之内小辈人中必有禄爵双至之应，应在长房、二房身上更验。

果然，于 2002 年 (壬午) 秋天，冯进祥的大儿子被提升为正局级干部 (年仅 36 岁)。于 2005 年 (乙酉)，冯进祥的侄子 (冯进祥弟弟的长子) 在部队被提升为副团级干部（年仅 39 岁），冯进祥在他这一辈人中为长子，下边有一个弟弟、一个妹妹。

2007 年春节期间，冯进祥来我家串门，很高兴地告诉我，自从 2001 年父亲去世下葬以来，这些年家中一直都很顺利，当时造葬时的预言，现在还不到 9 年时间，便一一得到了印证。并向我表示深深的感谢。

判断思路：

风水学上特别注重星的作用。风水界有行话：一流先生看星斗，二流先生看水口，三流先生满山走。由此可知，星的作用最为关键也最为重要。因此我在艮坤、坎离、乾巽这三组大的可选择造葬立向的向口中，首选在坎离这条线上立向，原因就是坎宫上乘天心吉星，而离宫上乘天禽吉星，由此，坐山、向山宫位上全都落有吉星，自然是妙不可言了。奇门上说，大事看星。造葬是关系到一个家族盛衰的大事，故必须看星的吉凶好坏。

坎宫为坐山，上乘天心武曲吉星，又落有伤门，地盘落有戊土，戊为军人，伤门亦为军人，加之天心武曲吉星，故二房（坎为中男）必出武贵。

离宫为向山，离宫落有值符，并临天禽吉星，值符主长房，天禽主中正。离宫地盘落有时干乙木，时干代表小辈，值符、天禽星均为掌权之信息，离宫数目为九，故断九年之内小辈人中必有禄爵双至之应，应在长房、二房。

至于当时下葬我给立的是子山午向庚子分金，主要是考虑到以下几点：

1. 死者年命为乙丑，其纳音为海中金，而庚子纳音为壁上土，土生金，符合风水学上造葬原理。

2. 下葬日为壬戌，立子山午向，考虑向山午为日柱干支之将星（寅午戌见午），加之值符落离九宫，离宫远处又有秀美的圆形山脉相配合，古有“午山午向午来堂，大将镇边疆”之说。故立子山午向。

3. 死者为冯姓，冯者，两点水加马字而成，而选择立子山午向者，主要考虑到离九宫落有值符，离为午为马，离宫天盘落有壬水（相当于两点水），故天盘之壬水加地盘之午（马）便可组合成“冯”字，因此立这个午向必会福荫冯氏家族的后人。

四、射覆项目研究

自古以来，射覆一项被视为数术学最高境界的具体展现。也是用来衡量术士道行深浅的标准。所谓射覆，就是测试者将事先准备好了的各种物品，隐藏到指定的地点、环境、容器中，然后由数术功底较深的术士通过预测，将隐藏的物品测中，此过程便称之为射覆。

射覆一项对预测者的数术功底、数术水平要求很高，术者要通晓天文地理、万物性命物理，方能洞然万物，一语中的。下面笔者将研易近20年来有关用奇门进行射覆的一些经验、心得介绍如下：

凡射覆，着重看值使门落宫，盖值使门为时柱干支气数之集注、总汇。古云：时柱为先锋门。来人凡有所求，其意尽显于时柱干支之中。值使门落宫值旺相，又临生气者，必为活物；值使门落宫值休囚死墓，又临死气者必为死物。值使门落四孟位（寅申巳亥）主圆形物，值使门落四仲位（子午卯酉），主方形物，值使门落四季位（辰戌丑未）主尖形而有破碎之物。

又值使门落宫旺主圆而软，相主方而嫩，死主直硬破碎，囚主细碎，休主体轻不全；旺相主新而完，囚死主旧而缺。

又值使门落宫临长生，主物新而小。沐浴主物润泽，冠带主物枯槁，临官主物新而壮，帝旺主物近贵可用。临衰病及胎养，皆主废闲故物，值使门临子午，物有眉目。值使门临卯酉，物有口肠。值使门临寅申，主物有毛角；值使门临巳亥，主物有面貌；值使门临辰戌，主物有手足；值使门临丑未，主物有孔窍。

又值使门属水，事物质主柔软，为近水之物。壬为水物、扁形物，癸、子为有爪、有窍之物；值使门属火，主质地虚锐之物，或上尖虚心烟火之物。丙与午主物有手足，丁与巳主偏斜有光彩之物；值使门属木，主直长屈曲草木之物。甲、寅主丛杂之物，似有手足、文色斑点。乙、卯主细长，似有口腹之物；值使门属金，主质地刚硬之物，或方圆金铁炉冶之物。庚、申主物有四角，或空心物品。辛、酉似有头目，多头绪，或尖圆；值使门属土，多主质地厚重之物，或圆块泥土之物，戊多刚破，或有皮角，己多细碎。

又从十二地支来细分，则子为妇女所裁制之物，或音乐中所用物品；丑为瓦石之物，有皴皱；寅为斑点文书，丛杂贵重、棱角之物品；卯为转动之物，或形有口腹之物；辰为水土所成之物；巳为火土煅炼之物；午为文绣书画等物品；未为祭祀酒食、妇女衣服等物品；申为铜铁兵器、医药碓硙之物；酉为刀钱金玉、斫削所用之物；戌为印绶兵器、塑画之物；亥为管钥图书，或近水之物，其形曲，或小儿戏物等。

从八神（或九神）角度来说，值符主方圆、五色分明，其色黄白珍贵；螣蛇主空虚变幻，春夏其体长，秋冬其物盘曲；太阴主金银首饰、珠玉铜锡之物；六合主丝蚕竹木、仪象声音之物；白虎主坚硬棱厉，五金刀剑之物；勾陈主手棒、干戈、勾连之物；太常主衣裳、饮食之物；玄武主空虚流转、阴暗近水之物；朱雀主文字、赤色文华之物，或飞禽羽毛烟火之类物品；九地主坤方之物，土中之物、布匹、柔软方形等物品；九天主圆形物品，帽缨物品、珠宝玉器贵重物品等。

凡射覆，值使门为火神，其物必虚；见水神其物必实；若值使门落宫有水有火（如景门落坎宫，或休门落离宫），其物必半虚半实；若从十天干看物品颜色，则是：甲青、乙碧、丙赤、丁紫、庚白、辛栗、壬黑、癸墨绿、戊黄、己绛；从十二地支看物品颜色，则是：子黑、午赤、卯青、酉白、申黑白，巳斑点、红，亥淡青、辰戌丑未纯黄。

又甲己半青黄，乙庚兼碧绿，丙辛带赤白，丁壬暗惨黑，戊癸灰黄色。占数目，则甲己子午九，乙庚丑未八，丙辛寅申七，丁壬卯酉六，戊癸辰戌五，巳亥常为四。

又占射覆，以天盘星为物品上部、外表，以八门为物品主体、中间部分，以地盘宫为物品的内里、下部。

下面举实例讲解之。

实例一：酒桌射覆显易道神威

2005年6月11日傍晚5点多钟，我应邀参加了由王作山先生组织的瓦房店市各界精英人物座谈会，参加会议的有文学界的几位知名人士，有法律界的几位知名人士，还有瓦房店市几所中学的校长。我是以瓦房店市周易文化研究会会长的身份被邀请参加此次聚会的。王作山先生是一个多才多艺、博览群书的中年人，特别喜欢与有才华的人交往、交流。

我与王作山先生相识才半年多时间，来往不多。这次忽然邀请我去参加他个人主办的座谈会，我本是不想去的。经不住王作山的一再恳请，我还是去了。这次座谈会是在本市万家灯火大酒店里举行的，参会者共有20多人。大家共同讨论了几个热门话题，会上我没有发言。

到了6点钟便开饭了，我们这个餐桌上共坐下10个人，王作山和我同在一个餐桌上。席间，王作山将在座的每一位都做了介绍，当王作山向大家介绍我的时候是这样说的："我向大家介绍一位新朋友，他叫刘文元，是瓦房店市周易文化研究会会长兼法人代表。在周易这门古老的传统文化上有很深的研究……"

只见大家一同将目光投向了我，因为这群人都是头一次见到我，我也不认识他们。只听有人问："周易文化研究会是做什么的？"

"周易就是预测的！"有人解释说。

"搞预测的也能成立个协会，中国文化市场现在真是开放啊！"坐在西北方向的一位姓孙的中年男士说着风凉话。

我没吱声，也没解释周易文化研究会是做什么的。

这时坐在北边的一位女士主动向我询问："请问刘会长，周易都能测什么？有科学根据吗？"

我笑了笑，对她及大家说："周易是中国的国学，是群经之首，是中国文化的源头。许多人知道孔子是大学问家，是圣人，却不知道孔子是研究周易的。可以这样讲，孔子所有的思想，都根源于周易。周易的确具有预测功能，上可测天，下可测地，中间可以测人事。总之，凡有所问，从易学这个角度都能给出一个客观的预测结论。”

坐在西北方向那位姓孙的中年男士插话了：“周易预测就是搞算命的！根本没有什么科学根据，我见过很多搞周易的，就是套人口气说话，我从来没有见过真正让我口服心服的周易预测，如果刘会长能算出来我这包里都装着些什么东西，我就相信周易!”说话间孙先生将一个墨绿色的文件包拿到了桌面上。

我立即拿起笔，现场起了一个奇门局：

乙酉年壬午月丙寅日丁酉时，阳3局。

值符：甲午辛 天心星 值使：开门

九　壬 天　己柱惊	值　辛 符　丁心开	塍　丙 蛇　乙蓬休
九　乙 地　戊芮死	庚	太　癸庚 阴　壬任(禽)生
玄　丁 武　癸英景	白　己 虎　丙辅杜	六　戊 合　辛冲伤

奇门局刚起好，坐在离位的一位姓柳的女士从乾位将孙先生的文件包拿了过去（柳女士与孙先生过去就熟悉），然后对大家说：“为了公平，由我来做公证人，刘会长测完后，我当着大家的面把包打开，一一对照，如何?”柳女士是个性格开朗的人。

大家一致同意这个做法。我认真地将整个奇门局分析了足有5分钟时间，然后站起来对大家说：“孙先生的包里面主要装着一串钥匙，再加上点儿为数不多的现金，现金的数目大约在330元左右。现在请马上打开包进行验证。”

只见在场所有人的目光全部集中到坐在离位的柳女士手中的文件包上，柳女士站了起来，当着大家面将包打开，果然拿出一串钥匙，大伙一阵惊叹：“真准!”

柳女士继续从包里往外掏，掏来掏去，所有的夹层都掏遍了，一共掏出来 332 元钱。柳女士半开玩笑地对孙先生说："唉呀大作家，你怎么就带这么几个钱出来吃饭呀！我还准备等吃完饭之后让你请我们去喝咖啡、唱卡拉OK 呢！"

这一下我可长足了面子，大家都用敬佩的眼光看着我，而此时坐在乾宫的孙作家却有些不好意思了。因为他没有想到我能把他文件包里的钱数测得这么准，令他在大家面前没有脸面（孙先生是作家，在外人眼中他是很有经济实力的）。

孙先生沉默了，不再说什么了。坐在震位的一位姓高的先生向我发问："刘会长，你要是能测准我包里装的是什么，我就拜你为师跟你学习易经八卦。如果你测得不对，只能说明刚才那个是碰巧蒙对的。"说着高先生拿起一个不太大的公文包放到桌面上（震位）。

我看了一下奇门局中震宫的信息，对高先生说："你包里面主要装的是胃药，你有胃疼的毛病，胃疼了随时都要吃上一片。同时在包的左边夹层里装有 3000 元左右的人民币。"

只见高先生站了起来，一句话也没说，把公文包所有的拉链全部打开，首先拿出一盒胃舒宁，最后从包的左边夹层打开拉链，拿出 3050 元人民币，全场一片掌声："刘会长神算！太伟大了！太准了！"

从这事以后，大家彻底改变了对周易的印象，都纷纷找我预测、请我吃饭，搞得我成天忙忙碌碌的，一点清闲的时间都没有。

下面把判断思路详解如下：

1 .断孙作家的包里面主要装着一串钥匙，再加上点儿为数不多的现金，现金的数目大约在 330 元左右：

孙作家坐乾位，乾宫天盘落有天冲星、伤门、六合，格局为戊加辛青龙折足。乾宫五行属金，乾宫地盘辛亦为金。从求测日丙寅来查，戌、亥空亡，即乾宫空亡，乾主圆形，逢空亡即为圆环，地盘辛金为精小金属物品，冲星、伤门为震卦，震为卯、卯为门，综合分析，在圆形金属圆环上带有的精小金属物品，与门有关，又乾宫落有六合，六合为卯，亦为门之信息，六合主数目多，由此可知，必为钥匙。

由于说话间孙作家的文件包被柳女士拿到了离位，则离宫的天地盘信息亦成为重要参考条件，离宫天盘落有天心星、开门、值符，其中天心星、开门五行属金属乾卦，乾主圆形物，离主虚主空（离中虚），组合起来仍是圆形的金属物品，上边带有精小的金属物品辛金。离宫地盘所落丁奇亦有钥匙之外形，离宫所乘之开门更加准确地定位了该物品具有“开门”之功能，又柳女士本人也算作一个信息，柳者卯也，卯为门户。由此，我十分肯定地断包内有钥匙，果验。

奇门中戊代表钱财信息。孙作家所居之乾宫落有冲星、伤门，冲星带有天干戊，伤门亦带有暗干戊，冲星数目为3，伤门数目亦为3，星主大数，门主小数，组合在一起便为33，由于乾宫于夏季午月走死地，且又逢空亡，故钱数必不会太多，所以断有330元人民币。

2. 断震位坐的高先生的包里主要装的是胃药，高先生有胃疼的毛病，同时在包的左边夹层里装有3000元左右的人民币：

高先生坐震位，震宫天盘落有天芮星、死门、九地，格局为乙加戊奇入天门。芮星带有天干乙奇，死门亦带有暗干乙奇。芮星代表疾病，乙奇代表医药，死门代表疼痛。

震宫地盘落有戊，戊代表胃，九地为坤卦，亦代表胃。戊落震宫为六仪击刑，故断高先生有胃疼的毛病，包里装着胃药。

戊亦代表钱财之信息，戊落震宫地盘，震宫数目为3，震宫天盘落有乙奇，乙落震宫为三奇贵人升殿，又为奇游禄位，故断以数目较多的3000元人民币，应验。因戊落震宫地盘，必藏于里边夹层中，应左边夹层者，震主左边。

实例二：巧测易友包中所藏之物

2002年5月29日下午2点30分左右，一位男士手里提着一个包来到我家，一进门，他便对我说：“你就是刘文元老师吗？久仰您的大名，我也是易学爱好者，今天特来拜访您。”

我把他让进书房，经相聊，他叫丛展。是从辽阳市来瓦房店的，丛展坐在我书桌的离位。相聊中得知，丛展不仅研究易经，而且对佛学也很有研究。他是1958年（戊戌）出生的。当我聊到一些易经方面专业性较强的话题时，丛展便有意岔开，把话题往佛学上拉，并提出万法归宗的理论观点。我对该观点亦表示赞同。丛展告诉我，易经属于小法小道，只有佛法才广大无边。易经用来预测常人的事比较准确，对于常年念经修佛的人是测不准的。

对于这种观点，我不赞同，对丛展说：“你这观点与邵伟华是一样的，邵伟华也认为经常诵经念佛的人会改变命运，用易经测他们的事测不准，我不以为然。我认为，只要你还没有真正修成佛，就还在五行中，就得受阴阳五行力量的制约。跳出三界外，不在五行中，谈何容易。我给很多出家人预测过，一样地准确。出家人虽然天天念经修行，但毕竟还没有成佛，仍在五行中，既然在五行中，用易经就能测准。”

丛展对我的观点表示反对：“刘老师看来平时易经书看的多，佛学书看的少。不修佛的人，通常是心随物转。而修佛有定力的人，是以心转物，久而久之，便具有超越时空、改变时空的能力。比如我从20岁便开始学佛，几乎每天都要念经、坐禅。我从32岁开始看易经方面的书，一直到现在也没扔下，我发现易经中有很多思想是与佛学相通的。这些年来我拜访过很多易界高人，但他们测算我的事情，多数是测不准的。由此可以证明，常年持久地修佛，命运已经得到改变，用易经是测不准的。”

对于丛展的这种已经根深蒂固的思维模式，欲通过讲理是很难说服他的。只有通过事实才能让其思想有所改变。我看了一下丛展所坐的离位，结合他年命戊戌所落之乾宫，加之其左手上提着的大包，已经看出一些事情。但我没有先开口，而是继续听他讲下去。

“我从别人口中得知你对易道很有研究，今天来主要是结个缘，通过交流可以看出，刘老师的易道的确很深。但这些东西仍然属于‘识’这个层次的，我希望刘老师能够‘转识成智’，这样你的境界就高了。”丛展谈着他的观点。

我反问："在你的眼中，何为'识'？何为'智'？"

从展看了看我，说："我说的'识'指的是人通过六识（眼、耳、鼻、舌、身、意）对自然界万事万物的认识和了解，然后对事物产生出来的一种判断、认知、理解。我说的'智'指的是人与生具来的一种对大自然的本能的感知、判断。其实就是人人具有的第六感观，或者叫第六感觉，这种感觉是在超越逻辑的前提下出现的一种对各种事物最本质的认知。它是更高层次智慧的表现。"

从展刚进屋时，我便已经起好了一个转盘奇门局，但忙于和他交流，并没有细致去分析奇门局中的信息。忽然我想起来一个问题，便对从展说："你是一个常年诵经修习佛法的人，如果我用易经的方法把你的事情测准了，那算是'识'还是算做'智'？"

从展笑了笑，然后说："我已经是个要出家的人了，没有什么牵挂的，也没有什么放不下的事要预测。要不然这样吧，过去的事咱不测，未来的事咱也不测，你就测测我今天都做什么了，这样也可以检验一下刘老师的易道，如何？"

我也笑了笑，马上对从展说："你今天早晨8点前后打出租车去庙上拜佛了，中午在庙里吃的斋饭。从庙里出来时带了些经书，就装在你这包子里。"

只见从展沉默片刻，然后问："你是用易经测出来的吗？

"我是用奇门遁甲预测出来的。如果我没测错，你的包里应该有6本或9本经书。"我回答。

从展沉默不语，当着我的面把包子的拉链拉开了，里边露出很多经书来，他数了一下，正好是9本！

从展很高兴地说："刘老师的易道已进入'智'这个层次了，将来必会有更大的发展。我今天的经历全被你测中了。今天是农历四月十八，我早晨8点10分打出租车去庙上拜佛。中午在庙里吃斋饭，临走时从庙里带回一些经书放在包里，下午就到你这儿来了。今天我大开眼界，同时我有些观念可能要改变一下了。谢谢你，刘老师！”

下面将当时我所起的奇门局排列出来，同时把对丛展的整个判断过程及判断理由详解如下。

壬午年乙巳月丁酉日丁未时，阳2局。

值符：甲辰壬　天心星　　值使：开门

太　丁 阴　庚任惊	六　己 合　丙冲开	白　庚 虎　戊辅休
幐　乙 蛇　己蓬死	辛	玄　丙 武　癸英生
值　壬 符　丁心景	九　癸 天　乙柱杜	九　戊 地　壬芮伤

判断思路：

1. 断丛展今天早晨8点前后打出租车去庙上拜佛了，是因为8点属于辰时，丁酉日的辰时为甲辰时，丛展年命戊戌均落在乾宫，乾宫为日柱之马星宫（巳酉丑马星在亥），乾宫落有伤门，伤门主车辆，戊为钱财之信息，戊到乾宫为入墓，故必是花钱打出租车。乾宫地盘落有壬，正是甲辰壬之信息。乾宫被巽宫所冲，冲则必动，巽主辰、巳，由于辰为阳，阳主动，故应辰时，所以断早晨8点多钟。乾宫地支有戌、亥，戌亥间为天门，戌亦代表寺庙，乾宫地盘有天心星，心星主佛道等信息，加之乾宫地盘落有太岁壬，天芮星为信徒、访道之人，故断丛展今天早晨8点多钟打出租车上庙拜佛了。

2. 断丛展中午在庙里吃的斋饭，是因为丛展进我书房后便坐在离位与我侃侃而谈，他说的话题很多，主要是有关佛学方面的知识，兑主说，兑亦主吃。今值使开门落离宫，开门为乾卦，地支藏有戌亥，戌正是丛展年命地支。离宫落有天冲星、六合、开门，中午为丙午时，正应离宫落有地盘丙。开门属金，天冲星属木，金克木为财，财主饮食，冲星为木主素食，六合亦为木，又主众多，故断吃斋饭。丛姓属木，丛有草木之含义，离宫主午，故断中午丛展在庙里吃的斋饭。

3. 断丛展临走时从庙里带回一些经书放在包里，包里应该有6本或9本经书。

值符天心星落艮宫，景门亦落艮宫。天心星带有天干壬，心星主佛，壬代表大智慧（壬为水，水主智，壬为阳，故主大智慧），景门为书为经文。景门所带暗干为丙火，丙火主大光明。由于艮卦代表包，故以艮宫所藏信息来判断丛展手中所提之包里装有从庙里带回的一些经书。景门为经书，景门带有暗干丙，丙为阳火，主大光明。艮宫天心星上乘壬，壬数为6（丁壬卯酉六），壬数亦为9（十天干之序）所以断包中装有6本或9本经书。

五、婚姻预测

以天盘乙奇为女，天盘庚为男。二者落宫相生、相比和，不空亡者，婚易成。庚落宫生乙落宫，男爱女；乙落宫生庚落宫，女爱男。六合落宫为媒，六合落宫生庚落宫，媒偏向男方。六合落宫生乙奇落宫，媒偏向女方。

庚落宫克乙落宫，男嫌女，不娶。乙落宫克庚落宫，女嫌男，不嫁。

庚落宫生乙落宫，但乙落宫空亡，为男爱女，但女无意。乙落宫生庚落宫，而庚落宫空亡，为女落花有意，但男流水无情。

还要兼看双方年命落宫，男年命落宫生女年命落宫，为男爱女。女年命落宫生男年命落宫，为女爱男。男女双方年命落宫相比和亦成。

若局中乙、庚落宫相生，但男女年命落宫相克，为始成终散。反之，乙、庚落宫虽相克，但男女双方年命落宫相生，为始凶终吉，结果还是圆满。总之，男女双方年命落宫生克关系为最终锁定结果。

丁奇为第三者女人，丙奇为第三者男人。

对男性而言，求测者年命落宫生丁奇落宫，而克乙奇落宫者，为弃妻爱妾。若求测者年命落宫受乙奇落宫相生，又受丁奇落宫相生，为妻妾同爱一个人之象。若求测者年命落宫既克乙奇落宫，又克丁奇落宫，则为离妻休妾，另选高明。求测者年命落宫与地盘丁奇同宫，但此宫又克天盘丁奇落宫，同时此宫又生天盘乙奇落宫，为弃暗投明，与原配破镜重圆。若求测者年命落宫之地盘为丁奇，此宫生天盘乙奇宫，但此宫又被天盘丁奇宫所克制，为求测人被第三者女人所挟持，虽内心欲回归本家，但迫于第三者女人的压力，而无法回归本家。

对于女性，求测者年命落宫生丙奇落宫，而克庚落宫者，为弃夫而爱上另一男人之象。若求测者年命落宫受庚落宫相生，又受丙奇落宫来相生，为两个男人同爱一个女人之象。若求测者年命落宫即克庚落宫，又克丙奇落宫，则为在与丈夫分手的同时与情人也一刀两断，另选高明。求测者年命落宫与地盘丙奇同宫，但此宫又克天盘丙奇落宫，同时此宫又生天盘庚落宫，为弃暗投明，与原配丈夫破镜重圆。若求测者年命落宫之地盘为丙奇，此宫生天盘庚宫，但此宫又被天盘丙奇宫所克制，为求测人被第三者男人所挟持，虽欲回归本家而无法回归。

男、女之长相及性格视双方年命所乘之星、门、神、三奇六仪来定之。一般来讲，以男女年命所乘之星代表该人的性格，以男女年命落宫所乘之门论其长相。如辅星文雅、禽星中正端庄，开门圆脸、杜门细长等，余仿此。

下面举实例讲解之。

实例一：为滕女士做媒成败预测实例

2005 年 3 月 9 日晚上 6 点 40 分左右，一位姓滕的中年女士给我打来电话，说是刚刚由她做媒，让一个 1978 年（戊午）出生的男孩与一位 1979 年（己未）出生的女孩在她家见面，不知这个媒婆做的成功否？男孩与女孩能否相互看中？

滕女士以前经常来我处测事，对我特别信任，我按她问测时间用转盘奇门法起局预测：

乙酉年己卯月壬辰日己酉时，阳一局。

值符：甲辰壬　天禽星　　值使：生门

九 癸 地 辛心景	九 戊 天 乙蓬死	值 壬丙 符 己(禽)任惊
玄 丁 武 庚柱杜	壬	螣 庚 蛇 丁冲开
白 己 虎 丙芮伤	六 乙 合 戊英生	太 辛 阴 癸辅休

分析一会儿，于电话中我对滕女士说："这属马的男孩与你有血缘关系，是你的亲属。他大眼睛，人很倔，十分有个性，头脑聪明，吃皇粮、有公职。就是择偶的标准要求太高，一般的女孩他不瞧在眼中。"

"太准确了！刘老师像亲眼看见了似的！这男孩是我侄子，我帮他介绍过五个对象了，他一个也没相中，挑剔得有些过头。我侄子人长得不错，大眼睛，工作也好，在财政局工作。你能说说属羊的这个女孩的情况吗？"滕又问。

"这属羊的女孩有些像男孩子性格。工作也不错，是吃皇粮有公职的。这女孩能歌善舞，人比较好胜、霸道。脸的右侧有黑痣，口才好，善辩，社交能力强。"我把女孩的一些特征给说出来。

"刘老师您真够厉害的！把这女孩说得跟看见似的！一点儿不错，这女孩脸的右侧颧骨部位有一颗很明显的黑痣。她在公安局工作，口才的确很棒，性格外向，确实像个男孩子似的。唱歌、跳舞样样行。单位里搞个文艺活动之类的准少不了她。因为这女孩多才多艺，工作又好，所以我才把她介绍给我侄子，不知这对儿男女是否有缘成为夫妻？"滕女士对我说。

我分析了一下奇门局，对滕女士说："这对年青人相互见面后，男孩对女孩有意，但女孩从心里没有看好这个男孩，最终会以分手而告终。"

第二天中午滕女士给我打来电话："刘老师你测得很准，上午 9 点钟那个属羊的女孩给我打电话，说不愿意和我侄子相处。而我侄子却看中了这个属羊的女孩。我原以为侄子看不中女孩，因为从外表看起来，侄子长相比那女孩好。谁知这女孩却不同意。”

下面把判断思路详解如下：

1. 断属马的男孩与滕女士有血缘关系，是滕女士的亲属。该男孩大眼睛，人很倔，十分有个性。头脑聪明，吃皇粮、有公职。就是择偶标准要求太高，一般的女孩他不瞧在眼中：

六合落宫代表媒妁（滕女士）。今六合落坎宫，坎宫地盘落有戊，正是男孩年命天干戊，坎主血液，故断滕女士这个媒人（六合）与男孩子（戊午）有血缘关系，是亲属。由于男孩年命天干戊于天盘乘天蓬星落离九宫，离宫主目，天蓬星主大眼睛。离宫上乘死门，故断人很倔，十分有个性。蓬星于卯月为旺，所以断其头脑聪明。离宫格局为戊加乙，乙为太岁天干，戊又是钱财之符号，组合起来便可解读为吃皇粮、有公职。乙为妻星，今乙临太岁岁干，离宫又乘九天，故断属马的男孩择偶标准要求太高，一般的女孩不瞧在眼中。

2. 断属羊的女孩有些像男孩子性格。工作不错，是有公职吃皇粮的。这女孩能歌善舞，人比较好胜、霸道：

女孩年命己未，天盘己乘芮星落艮宫，艮宫本位是值使生门之本位宫。地盘己落坤二宫，与天盘值符禽星同宫，凡年命临值符、值使的均为吃皇粮有公职之信息。由于女孩年命己乘芮星落艮宫，又临伤门，地盘又有丙，艮为少男，伤门为长男，丙为天威，综合这些信息，断女孩有些像男孩子性格。从日柱干支壬辰来查，申子辰马星在寅（艮宫），加之艮宫落有伤门，伤门为震卦，主唱歌、跳舞。伤门又主好胜、霸道等信息。

3. 断属羊女孩脸的右侧有黑痣。口才好，善辩，社交能力强：

坤二宫临值符，值符代表头部、面部，今坤宫地盘落有女孩年命己，其年命地支未亦在坤宫，坤宫所含女孩的信息量甚大。戊、己为鼻面。现坤宫上乘天禽、天任二星，天任为艮卦，艮为包、为山、为突起的部分，故断脸上（值符为头面部）有痣（艮——天任星），坤二宫为二黑，故主黑痣。坤二宫落有惊门，惊门所带暗干为丁奇，故断口才好、善辩。地盘己既是女孩年命天干，又为月干己，月干主要代表社交、朋友等信息，所以社交能力强。

4. 断这对年青人相互见面后，男孩对女孩有意，但女孩从心里没有看好这个男孩，最终以分手而告终：

男孩年命戊乘天蓬星落离宫，女孩年命己乘天芮星落艮宫，现在离宫生艮宫，说明男孩（戊）对女孩（己）有意（离宫生艮宫），九星代表人的具体心理活动状态。现外观看来是离宫生艮宫，但女孩年命己乘芮星克男孩年命戊所乘之蓬星，说明女孩从内心是不喜欢这位男孩的。又从日柱干支壬辰来查，午、未均空亡，男孩、女孩年命双双落空亡，所以断最终双方以分手而告终。

实例二：为彭先生婚姻状况预测实例

2004 年 9 月 30 日下午 2 点左右，一位姓彭的中年男士慕名前来求测。进屋后他坐在坎位。稍坐片刻，彭先生便向我发问：“刘老师，外面都说您预测水平很高，今天我冒昧地问一下，如果不告诉您我来测什么事，您能测出来我是为何事来求测的吗?”

“有些时候能测出来，我试试看吧。”我回答彭先生。并按其前来求测的时间用转盘奇门起局如下：

甲申年癸酉月壬子日丁未时，阴 1 局。

值符：甲辰壬　天心星　　值使：开门

值　　壬 符　丁心休	九　　戊 天　己蓬生	九　　庚 地　乙任伤
螣　　辛 蛇　丙柱开	癸	玄　　丙 武　辛冲杜
太　　乙癸 阴　庚芮(禽)惊	六　　己 合　戊英死	白　　丁 虎　壬辅景

我认真地观察了彭先生所坐的坎位，又看看值符及日干所落的宫位，然后问：“你是哪一年出生的？”

“我是1972年出生，属鼠的。”彭回答。

“依我的奇门局来看，你是为婚姻之事来求测的。你的婚姻出了问题。”我十分肯定地说。

“刘老师果然厉害！说对了，我今天就是为婚姻之事来预测的。您给我详细讲讲好吗？”彭先生急切地问。

我看了看值符所落之巽宫，为壬加丁玉女合狱神，诸事有阻，谋事暗昧不明，文书牵连，贵人匆匆，男吉女凶。于是十分肯定地对彭先生说：“你有外遇了。你和妻子没有离婚，你与外面一个女孩一起同居四年时间了。她是一个姑娘，没有结过婚。”

“太神了！刘老师您说得一点也不差，继续详细说说好吗？”彭印证了我的判断。

“与你相好的这个女孩今年28岁，属蛇的，她是1977年出生的，对吗？”我又看出些信息。

“刘老师您真的很厉害！说对了，我这女朋友是1977年出生，属蛇的。还能看出些什么？”彭先生又问。

“你这女朋友长得很苗条，身高在1.66米左右，有文化，像是一个小学老师。”我又讲出一些信息来。

“刘老师果然名不虚传！说得太准了！我女朋友就是一个小学老师。身高在1.65米至1.66米之间。我真的好佩服您！请再给我说一些好吗？”彭再次印证了我的断语。

“你妻子是哪一年出生的？”我问。

“我妻子是1973年出生的，属牛。”彭回答。

我看了看彭先生之妻年命干支癸丑均落在艮八宫，乙奇亦落艮八宫。于是对彭先生说：“你外边有外遇这件事对你的妻子造成很大伤害，她已经知道这事了，为了这个家庭的完整与孩子的幸福，她一直在默默地忍受着，并期待你早日回头是岸。她从心里还爱着你、爱着孩子、爱着这个家。”

彭先生沉默不语，眼圈微微红润。半晌，才对我说："我妻子对我一直很好。她知道我外面这件事后，没有跟我吵架，只是含沙射影般地提醒我。这使我心里压力更大，刘老师，您说我现在该怎么办？"彭无奈地说。

我认真看了一下彭先生年命壬所落的巽四宫及其女朋友年命丁所落的乾六宫，对彭说："你现在从心里开始厌倦属蛇的这个女孩，也不想和她继续下去，无奈碍于她对你的压力，又不得不勉强地同她相处在一起，如果你真的与原配妻子离婚的话，她虽然能和你结婚，但她不能接受你的孩子。而你若是与妻子离婚的话，孩子必然会判给你抚养。因此，你现在是两头难，如果你能和属蛇的女友谈妥的话，最好是分开，不要走离婚这步错棋。"

"我也是这样想的。曾经几次我与她谈过，假如我真的与妻子离婚了，孩子归我抚养，可否？她总是反对，正因为这样，我才决定放弃这段感情。但是她又坚决不肯，这使我进退两难。刘老师你帮我看看，我和她最终能否和平地分手？"彭先生问。

我仔细分析全局，对彭先生说："你现在想与她分手可不是件容易的事，她怀孕了。"

"难怪这些日子她身体总是不舒服，她告诉我她怀孕了，开始我还不相信，以为她用这事来给我压力，现在看来这些是真的，刘老师您能确定这是真的吗？"彭还是不愿意相信这个事实。

"你明天带她去医院做个检查，一切就水落石出了。"我对彭说。

第二天下午，彭又来我处，告诉我："今天上午带女朋友去医院妇产科检查过了，是怀孕了，已经50多天了。刘老师您测的很准，可我该怎么办呢？"

我认真看看奇门局，对彭先生说："你俩最终不能成为夫妻，分手是迟早的事。但你这女朋友性格是外柔内刚，具有叛逆心理及性格。你不想让这孩子生下来，也不想和妻子离婚，惟一的方法是让女朋友去医院做流产手术。但你女朋友肯定会拒绝去医院做手术的。你现在只能来个缓兵之计，将计就计，不要提去医院做流产手术这件事，待过些时日，女朋友心情好些的时候，建议她去医院检查一下胎儿发育状况如何，此时你找个大夫帮个忙，推说胎儿发育不正常，然后你的女朋友自然会主动去做流产手术的。但你必须在事后给她一个好的交待，不然你就不是一个男人。”

“给她一个什么样的交待？”彭不解地问。

“从局中看，你娶她为妻是不可能的事了。你给她一些钱吧，最后这事便能平息。”我说。

“刘老师您帮人帮到底，您说我给她多少钱她能够从此放弃？我的经济状况也不是很好。”彭无奈地问道。

“从局中看，你至少得给她4~4.5万元钱，对方才能接受。少了这个数字，事很难办。”我给彭说了数目。

后来的事情发展均如所预料的那样：彭借口说让女朋友去医院妇产科检查一下胎儿发育状况如何，由于彭事先与医院大夫通好了关系并讲明了实情，医院大夫刚好是彭的老同学，于是依计行事，最后检查后说胎儿发育不正常，建议流产，彭的女朋友终于自己走进了手术室把孩子做掉了。事后彭先生一次性地给了女朋友45000万元钱，他们俩人的这段不该有的情感经历宣告结束。

彭先生终于解脱了，而从此我的心绪变得十分压抑。毕竟是我给出的主意，让一个无辜的未出世的小生命从此夭折了。碍于当时的具体情况，这也许是惟一可选择的方案了。此事令我的心绪压抑了半年多时间，后来为了减轻这种自责的感受，我亲自去庙上为这个因我的主意而夭折的小生命做了超度。内心之压抑感有所减轻。可喜的是，两年后听说彭先生的前女友终于找到了如意郎君并结婚，并于2006年春季生下一个健康可爱的儿子，从此我的压抑感才彻底消失，但也发誓：从今以后永远不用奇门遁甲预测术的便利来帮助那些道德水准差的人出谋划策了。

下面把全部的判断原理详述如下：

1. 断彭先生是为婚姻之事来求测的，其婚姻出了问题：

彭坐坎宫，被艮、坤两宫所克，艮宫天盘乙、地盘庚，坤宫天盘庚地盘乙，乙庚为夫妻之道，今均来克彭坐之坎位，必是婚姻之事令其有压力

(坤、艮两宫均来克彭坐之坎宫，克我者为官鬼，即坤、艮两宫为彭先生所坐坎位的官鬼宫)。又六合主婚姻，休门亦主婚姻，今休门与值符同落巽四宫，彭之年命壬亦落巽宫，值符为先锋门，为测来意所必看之处。休门主婚姻，落巽宫为入墓，婚姻不好之象显矣。彭所坐之坎宫乘六合又临死门，六合主婚姻，今逢死门，均为婚姻不利之象。

2. 断彭有外遇了，和妻子没有离婚。与外面一个女孩一起同居四年时间了，她是一个姑娘，没有结过婚：

彭坐坎宫，其年命为壬子，正是本命宫位。今时干丁乘天辅星落乾宫，来生彭坐之坎宫，丁奇代表第三者女人，说明有第三者女人对他好。又值符落巽四宫，为壬加丁玉女合狱神，都充分说明彭现在正走桃花运，加上乾六宫丁加壬的组合，均说明彭现在有外遇了。由于值符落巽四宫，并且四宫格局为壬加丁，壬为彭年命，丁为第三者女人。组合起来便可解读为壬与丁组合在一起为四年之久了。又巽四宫落有休门，休门主婚姻，主壬与丁在一起休息、同居，故有彭与外面一个女孩在一起同居四年了之断。阴遁巽宫为外，所以断外面。天盘丁奇乘天辅星落乾六宫，克休门所落之巽宫，休门主婚姻，故断其没有结过婚，丁奇又为玉女，所以断她是一个姑娘。

天盘乙奇落艮宫，天盘庚落坤宫。乙庚两宫虽相冲但相互比和，为冲而不克，说明夫妻 (乙、庚) 间有矛盾但可调和 (比和)。又乙奇所落之艮宫逢空亡，说明夫妻出现矛盾时 (对冲) 妻子会谦让 (艮宫空亡) 避开。又彭年命壬落巽宫临值符来克其妻年命癸丑所在之艮宫,本为夫妻不和之象,但由于艮宫空亡,其妻反而不受克了，由此可知，彭虽有处遇，和妻子却没有离婚。

3. 断与彭相好的女孩子今年 28 岁，属蛇的，她是 1977 年出生的：

值符为先锋门，今值符落巽宫，格局为壬加丁，壬即为求测日日干，又为彭的年命天干，地盘值符宫 (乾宫) 格局是丁加壬，丁为第三者女人，壬为彭的年命，由此可知，与彭相好的女人，年命必为丁，值符落巽四宫，巽宫地支有辰巳，故而巽宫地盘丁与巽宫地支巳组合，便可解读为彭与一位丁巳年出生的女孩相好，属蛇的，是 1977 年出生的。

4. 断彭先生的女朋友长得很苗条，身高在 1.66 米左右，有文化，像是一个小学老师：

彭之女朋友年命丁乘天辅星落乾六宫，天辅星属巽卦，巽主细长，故苗条。乾宫数目为六，故断 1.66 米。天辅星为文曲星，故有文化。天辅星又代表老师，丁为时干，时干主小孩，所以断是位小学老师。

5. 彭先生有外遇这事他妻子已经知道了，此事对他妻子造成很大伤害。为了这个家庭的完整与孩子的幸福，妻子一直在默默地忍受着，并期待彭先生早日回头是岸。妻子从心里还爱着彭先生、爱着孩子、爱着这个家：

妻子年命癸丑均落艮宫，癸乘天禽吉星。与惊门同在艮宫。由于艮宫的先天八卦方位在乾，正是地盘值符（天心星）所在之宫位，先后天八卦是相互通气的。乾宫为丁加壬组合，乾艮先后天通气，故彭有外遇之事妻子已经知道。

值符落巽宫，巽宫为壬加丁组合，值符巽宫来克妻子年命癸丑所在之艮宫，故断此事对他妻子造成很大伤害，由于妻子年命地支为丑，现妻子年命天干癸亦落艮宫（丑、寅），此为年命伏吟，说明妻子按兵不动（伏吟），默默承受着这一切。时干代表孩子，今时干丁落乾宫，妻子年命宫（艮）生着时干宫（乾），正说明妻子为了孩子（丁）在忍受丈夫有外遇（乾宫丁加壬组合）这件事。惊门在艮，惊门为兑为说，惊门到艮宫为入墓，艮宫又乘太阴，故妻子默默地忍受而不说出来。艮宫为空亡，土空则通，妻子自己慢慢地想通了，于是不说出来。妻子年命癸乘天禽星，彭年命壬乘天心星，尽管壬落巽宫来克癸落之艮宫，但天禽星却来生天心星，此说明尽管彭（壬）负于妻子（癸），而妻子（癸）依然爱着彭（壬）——艮宫天禽星生着巽宫天心星。

艮为房屋，为妻子年命癸丑之本位宫，今癸乘禽星落艮宫，禽星与艮宫均属土，为同气相求，妻年命落本位地支（丑）宫位，说明其不愿意离开本位（家），故她爱着这个家。

6. 断彭现在从心里开始厌倦属蛇的女孩，不想和她继续下去，无奈碍于女孩的压力，不得不勉强地同她相处在一起：

九星代表人的思想、精神领域的信息。今彭年命壬乘天心星落巽宫，女朋友年命丁乘天辅星落乾宫，天心星克天辅星，说明彭先生从心里开始讨厌女朋友（丁巳）了，同时乾宫克巽宫，乾宫代表女朋友（丁乘辅星在乾宫），巽宫代表彭先生（壬乘心星在巽宫），故断女孩给彭先生压力。巽宫为壬加丁，乾宫为丁加壬，尽管两宫相克，但丁、壬总是组合在一起。所以断不得不勉强地相处在一起。

7. 断如果彭与妻子真的离婚的话，女朋友虽能与彭结婚，但女朋友不能接受彭的孩子，若彭与妻子离婚，孩子必然会判给彭先生扶养，因此，最好是两人分开，不要走离婚这步错棋：

时干丁代表小孩，今时干丁与彭先生年命壬落在一起（巽宫壬加丁、乾宫丁加壬），不论从任何角度来看，小孩都是要和彭先生在一起的。因此断如果离婚，小孩必然会判给彭先生扶养。天盘壬乘心星落巽宫，与地盘丁组合在一起，并且临值符，此组合代表彭先生与孩子生活在一起这个信息，天盘丁乘辅星落乾宫，乾宫冲克巽宫，此可解读为女朋友（丁）不接受彭先生带小孩（巽宫壬加丁组合）这个事实。值符所临之巽宫为壬加丁，又临休门，所以断女朋友能与彭先生结婚。

8. 断彭先生现在想与女朋友分手不是件容易的事，女朋友怀孕了：

壬子日求测，胎神在午（壬水长生在申，沐浴在酉，冠带在戌……胎在午）。现女朋友年命丁落乾宫，乾宫落有景门，景门本为离卦（午），午正好是日干壬的胎神，故景门便是胎神了，由此可知，彭先生的女朋友怀孕了（年命丁与胎神景门同落乾宫），乾宫正克着彭年命壬所在的巽宫，给彭以压力，故分手不是一件容易的事。

9. 断彭先生与女朋友分手是迟早的事，但女朋友性格是外柔内刚，具有叛逆心理及性格：

彭年命壬与女朋友年命丁组合一起，分别落在巽、乾两宫，乾巽两宫既相冲又相克，况且两人年命所乘之星亦相克（天心克天辅），这就是说彭先生与其女朋友（丁巳）不是命中注定的一对，分手是迟早的事。女朋友年命丁乘天辅星落乾宫，天盘天辅星主人文雅、柔顺，但地盘天心星则有其刚健的一面。由于天盘主外，地盘主内，故女朋友性格是外柔内刚。又丁乘辅星落乾来克值符所落之巽宫，值符是全局之主宰，是最主流的能量，今受丁奇所落之乾宫来克，正说明女朋友（丁巳）具有判逆的心理及性格。

10. 断彭先生不想和妻子离婚，也不想女朋友把孩子生下来，惟一的方法是让女朋友去医院做流产手术，但女朋友肯定会拒绝去医院做手术的：

彭先生年命壬乘心星落巽宫，巽宫又落有休门，正与女朋友年命丁所落乾宫对冲着，景门为胎神（午），被巽宫之休门对峙相冲克，此说明彭先生想让女朋友将胎打掉。

天心星为医院，现心星落巽宫，女朋友年命丁乘辅星落乾宫，正冲克心星所落之巽宫，故断女朋友肯定会拒绝去医院，开门为值使，开门又代表手术，今开门临值使落震宫，被乾宫所克，故断女朋友会拒绝做手术。

11. 建议彭先生将计就计，不提去医院做流产手术这件事，过些时日建议女朋友去医院检查一下胎儿发育状况如何，此时找一个大夫帮忙，推说胎儿发育不正常，之后女朋友会相信此言，自然会主动去做流产手术的：

胎神最怕受冲，受冲则必然有堕胎之事出现。今奇门局中胎神景门落乾宫，正被值符所落之巽宫所冲，值符为天心星，心星代表医院，即通过医院来堕胎一事，初见可行性之机。全局中，景门、天英星均属离卦，离即是午，故景门、天英星均为胎神（午）之信息。今天英星落坎宫，为火入水乡，受克。天盘蓬星落入离宫，冲克地盘离卦 (午) 胎神，值符宫之休门亦来冲克乾宫之景门 (胎神)，胎神被堕落之机缘尽现。

现在之值符为甲辰壬，下一轮值符为甲寅癸天禽星，今天禽星与芮星同落艮八宫，即艮八宫是未来将要掌权之宫位。艮宫所落之芮星上乘乙奇，乙奇代表医生，芮星代表疾病，惊门为兑为说，由于女朋友年命丁落乾宫，艮宫生乾宫，艮为土，土主信，所以女朋友（丁）会相信医生（乙奇）所说(惊门——兑——兑为说)。艮宫为空亡（壬子日寅卯空亡），故医生所说的为假话。艮宫上乘太阴，说明暗中策划好了。因景门（午）为胎神，现景门落乾宫为入墓，乾宫地盘为天心星（医院），所以胎神在医院里堕落之机显矣。今女朋友年命丁乘天辅星、景门落乾宫，其中辅星藏有地支辰，景门藏有午，乾宫藏有亥、加上下一轮值符（天禽星）所落艮宫之惊门（酉），自刑便完全构成了。由此，医生（艮宫乙奇）所说（艮宫之惊门）胎儿发育不正常（艮宫所落之天芮星）这些话能够被彭先生女朋友相信（艮为土，土主信），继而主动去做流产手术（辰午酉亥自刑）。

12. 建议彭先生至少得给女朋友 4~4.5 万元钱，对方才能接受，少了这个数，事很难办：

彭先生年命壬落巽宫，受女朋友年命丁所落乾宫之克，现只有离九宫能克制住乾宫，使乾宫受制而不克巽宫。今离宫格局为戊加己，又临生门，戊与生门均为钱财之符号。离宫数目为 9，秋季休囚，故数目减半为 4.5，又乾宫克巽宫，我克者为财，即女朋友（乾宫）向彭先生（巽宫）要求补偿 4（巽四宫）这个数字的钱。由此综合起来，建议彭先生至少得给女朋友 4~4.5 万元钱，少了这个数，事很难办。

实例三：宋女士为儿子婚事预测实例

1999 年 9 月 25 日上午 10 点左右，一位中年女人前来求测。经介绍，她姓宋，宋女士坐巽位。我根据她来的时间用转盘法起局如下：

己卯年癸酉月庚辰日辛巳时，阴 7 局。

值符：甲戌己　天心星　　值使：开门

值　己 符　辛心生	九　丁 天　丙蓬伤	九　乙 地　癸任杜
螣　戊 蛇　壬柱休	庚	玄　壬 武　戊冲景
太　癸庚 阴　乙芮(禽)开	六　丙 合　丁英惊	白　辛 虎　己辅死

奇门局排好后，我问宋女士："你是哪一年出生的?"

宋女士马上说："我今天来主要是为儿子的婚姻事求测，我本人不测。"

“那你把儿子的出生时间告诉我吧。”我说。

“我儿子是1974年9月21日下午4点左右出生的。他现在正和一个1975年6月24日出生的女孩在谈恋爱。麻烦刘老师帮助看一下，这俩人将来能否把日子过好？是不是命中注定的一对儿？”宋女士急切地问。

我看看奇门局，庚落艮宫，乙落坤宫。又男年命甲寅（癸）落艮宫，女年命乙落坤宫，艮坤二宫对冲，于是肯定地对宋女士说：“你儿子和女朋友之间是自由恋爱，没有介绍人。他们两个人近期闹矛盾，有10天没有通电话，也没有见面了，对吧？”

“刘老师您测的真准！我儿子和对象之间确实是自由恋爱，没有媒人。最近俩人闹起矛盾来，女的有10天时间没来我家，我儿子也不给她打电话，她也不给我儿子打电话。我也不知道他们两个人为什么会这个样子，问儿子，儿子总是沉默不语。搞得我心里十分着急，不知怎么办才好。刘老师您好好帮我看看，这两人到底为何原因出现矛盾？最后能分手吗？”宋女士焦急地问。

我认真地分析一番全局，对宋女士说：“你儿子是在1997年开始和属兔的女朋友相处的。到现在已经相处两年时间了。他俩从开始相处时，女方母亲便反对这件事，一直到现在女方母亲依旧反对女儿与你儿子相处。”

“刘老师您说的对。我儿子是在1997年下半年与这个女孩开始相识的。最初我不同意，因为没有经媒人介绍的能够自己搞对象的女孩子我不喜欢。后来看儿子那么投入，我们做长辈的也就默认了。到了1998年春节，儿子把女朋友带回家来，我觉得这女孩还不错，从此便让儿子和人家好好相处。并准备在1999年下半年给他们办理结婚。谁知最近我在为他们做结婚前的准备工作，他们两个人竟然冷战起来。刘老师看一看，最终会是怎样的结果？”宋女士急着问。

“你儿子和女朋友之间还是有感情基础的，不会轻易地分手的。现在问题出在女方的母亲身上。女方母亲暗中唆使女儿向你们家索要新房子结婚。而且要面积较大的房子。从奇门局中来看，你家现有的房子是单位分的公房。你希望儿子、儿媳妇婚后与你们同住在一起，但女方母亲坚决反对此事，为这你儿子最近压力很大，女朋友的母亲给你儿子压力，女朋友又听她自己母亲的话，于是便出现你儿子与女朋友之间闹别扭，10 天没有联系了。”我十分肯定地对宋女士说。

“刘老师说得有道理。其实我儿子和女朋友之间相处得很好，两人感情基础相当不错。我曾经当着儿子、女朋友的面说过这样的话，结婚后咱们住在一起，咱家的房子面积有 80 多平方米，也够住了。这房子是儿子他爸爸单位给分的公房。女朋友也答应愿意在结婚后与我们住在一起的。谁知现在准备办理婚事了，出现这样的岔子，我得向儿子问个清楚。”宋女士边说边拿起手机给儿子打电话。

聊了一会儿，宋女士放下手机，对我说：“刘老师您说得一点儿也不错！我儿子终于说实话了，是女方母亲逼着我儿子必须买 100 平方米左右的新房子，才会让女儿嫁过去，否则坚决不允许女儿结婚，并让儿子与我谈谈。由于我家经济条件不是很好。现在根本就没有能力再给儿子买一套 100 平方米的新房子。要我看，只能把结婚日子往后推了。等攒够了买房钱再给他俩办理结婚。”宋女士无奈地对我说。

我仔细分析了一下奇门局，对宋女士说：“其实不必等到攒够钱买新房再给儿子结婚。依我看就在今年年末他俩便可以结婚。”

宋女士不解地问：“不可能吧？从现在到年末这短短的时间，我根本就凑不上买房钱。家里现有的钱仅够买一处 50 平方米左右的小户型房子。我看是不可能的事。”

我笑着对宋女士说：“你不想给儿子结婚，可是女方的父亲却急着要把女儿嫁出去，放心吧，女方父亲会出一部分资金帮助他们俩把新房子买上的，但对方会附加一个条件，就是新买的房子要写女儿的名字做为房主，到时候怕你吃不消哟！”

“如果女方家真能拿出一部分钱帮助他俩买房子，我愿意拿出家里所有的积蓄给儿子和儿媳买房子，名字写女方也没关系，反正是夫妻公有财产。这事儿能是真的吗？”宋女士有些不相信。

“让你儿子不要再和女朋友冷战了。主动去女朋友家，向女方父母说明家里的实际经济状况，告诉女方父母，如果今年要结婚，只有两条方案：第一，是和男方父母住在一起，待将来经济状况好些了，再购置新房；第二，就是现在买新房，但经济条件有限，只能买50平方米左右的新房，然后结婚。”

如果这两条方案女方父母都不能接受，那只能把结婚日期往后推移，直至将来把钱攒够了，再买100平方米左右的房子结婚。我给宋女士出主意。

事情发展均如我所预料那样，第二天，宋女士儿子便主动去女方家，与女方父母详细地把家里的经济状况做了介绍，并按着我给出的主意一一向女方父母阐明计划与想法。结果女方母亲还是反对结婚，而女方父亲却说："不要难为孩子两人了，拿出一部分钱给未来的亲家，两方合伙给他们买一处100平方米的房子，名字写女儿的名字，事情就这样定下来，今年就把喜事儿办了。"

事后女方家拿出一笔钱，加上宋女士家拿出一笔钱，给小两口买了一处118平方米的新楼房，房主的名字写的是女方的名字。经过一段时间的装修，宋女士儿子终于在2000年元月16日举行了婚礼（农历为1999年腊月初十）。有情人终成眷属了。

下面把整个的判断思路详解如下：

1. 断宋女士儿子和女朋友之间是自由恋爱，没有介绍人，两个人近期闹矛盾，有10天没有通电话，也没有见面：

宋女士儿子年命为甲寅，现落艮八宫，女朋友年命为乙卯，乙落坤二宫。六合为媒为介绍人，现六合落坎一宫，艮、坤宫均来克六合宫，故断儿子和女友是自由恋爱，没有介绍人。由于男女双方年命相互落艮、坤对冲之宫，故断两人近期闹矛盾。景门为离卦，离主相见，现景门落兑七宫空亡之处。故断近期没有见面。男年命甲寅（癸）落艮宫，艮为止，不动之象。女年命乙落坤宫，坤主静，静止之象，男女双方都静止不动，谁也不理谁，闹矛盾之象甚明。艮数为8，坤数为2，8加2为10，故断两个人有10天没有通电话，也没有见面了。

2. 断宋女士儿子是在1997年开始和属兔的女朋友相处的。到现在已经相处两年时间了。他们俩从开始相处时，女方母亲便反对这件事，一直到现在女方母亲依旧反对女儿与宋女士儿子相处：

艮宫地盘落有乙奇，乙正是女朋友年命。艮宫天盘癸乘芮星并值使开门同落一起，癸为宋女士儿子的年命（甲寅癸），艮宫有丑、寅二支，但艮宫地盘落有乙奇，故应丑年（阳对阳，阴对阴），开门代表开始，又临值使门，故断儿子在1997年和属兔的女朋友开始谈对象，1997年至1999年为两年时间，女朋友年命乙乘任星落坤二宫，坤宫地盘落有癸水，癸为乙之偏印，坤宫又代表母亲，坤宫上乘有杜门，杜门主不通、阻止、阻碍之意，坤宫和艮宫又为对冲，综合起来便可解读为女方母亲从一开始就反对这件事情，到现在依旧反对。

3. 断儿子和女朋友之间还是有感情基础的，不会轻易地分手的。现在问题出在女方母亲的身上。女方母亲暗中唆使女儿向你们家索要新房子结婚，而且要面积较大的房子：

儿子年命甲寅（癸）乘芮星落艮宫，女朋友年命乙乘任星落坤宫，艮、坤两宫虽然对冲，但冲而不克，又九星代表人心灵、性格、思想领域等信息，现男女所乘之星（芮星、任星）均属土，亦为比和。由此可知，男女双方还是有感情基础的。不会轻易地分手的。坤宫地盘癸水为坤宫天盘乙奇的偏印，对女性来说偏印为母亲，加上坤宫本来就代表母亲。地盘癸水生天盘乙木，为女方母亲暗中唆使女儿之象。坤宫与艮宫对冲，艮为房屋，女方母亲意图甚为明了。从另一个角度来看，死门落乾宫来冲克值符所落之巽四宫，巽宫落有生门，生门代表房屋，值符为新房子。又死门所带暗干正是癸水（女方母亲）。由此可知，女方母亲想向宋女士家索要新房子（值符、生门），而且是要面积较大的房子（值符所落之巽宫上乘天心星、生门，天心星为乾，乾主大，又天心星上乘己，己为太岁，亦主大，生门代表房屋）。

4. 断宋女士家现有的房子是单位分的公房，宋女士希望儿子儿媳婚后能和自己同住在一起，但女方母亲坚决反对此事，为这事儿子最近压力很大，女朋友母亲给宋女士儿子压力，女朋友又听自己母亲的话，于是儿子便出现与女朋友闹别扭这件事了：

宋女士坐巽位，巽宫乘值符、天心星、生门，并且心星又乘太岁己，生门为房屋，心星为乾卦，乾为公门，太岁亦代表公家，由此可知，宋女士现有的房子是单位分的公房。由于生门属艮卦，艮卦地支中含有丑、寅，寅是儿子年命，而生门上所乘暗干为乙奇，乙为儿子女友年命。宋女士又坐于此宫，且临值符，由此可知，宋女士是希望和儿子、儿媳住在一起的。但巽宫的这种组合被乾宫所冲克，乾宫落有死门，死门所带暗干为癸水，正是女方母亲，由此可知，此事女方母亲在暗中是反对的。宋女士希望和儿子、儿媳同住在一起这件事（巽）来克儿子年命（甲寅）所在之艮宫，故儿子最近压力很大。女友母亲暗中给宋女士儿子压力（死门落乾宫，死门所乘暗干为癸水，代表女友母亲，乾宫落有辅星，辅星为女友母亲的意图、想法、计划，今辅星克艮宫天芮星——儿子甲寅癸所乘之星）。女友年命乙落坤宫，生乾宫（死门所落之宫），故女朋友听从自己母亲的话。

5. 断让宋女士不必等到攒够钱买新房子再给儿子结婚，依我看在今年年末他俩便可以结婚：

从儿子年命甲寅（癸）所落的艮宫来看，天盘为癸，地盘为乙，男女双方同落一起，有结合之象。从另一个角度来看，艮宫天盘落有庚，地盘落有乙奇，庚为夫，乙为妻，亦有夫妻结合在一起之象。又艮宫落有值使开门，开门代表公开之意，凡是值符、值使所临之处所对应的信息，只要不空亡，都是绝对要出现的事情。今开门所带暗干为己，正是当年太岁天干，艮宫主丑、寅，故断今年年末他俩便可结婚。

6. 断女方的父亲却急着要把女儿嫁出去，女方父亲会出一部分资金帮助他们俩把新房子买上，但对方会附加一个条件，就是新买的房子要写女儿的名子做房屋产权主人：

乙奇为女朋友，正印壬水为女方父亲。今壬水乘天冲星落在兑宫，阴遁兑宫为内，冲星本位在震宫，地支为卯，正是女儿之年命。阴遁天冲星本属外盘之星，今落内盘兑宫，星主人的思想、念头、打算、计划等信息。壬为女方父亲，兑宫本来与冲星是相冲的，组合起来便可解读为女方父亲急着

（冲星主急性子）把女儿（冲星——卯木——女儿年命）嫁出去（兑冲震即天冲星），代表女方父亲的壬落兑宫，兑宫地盘落有戊，戊为钱财之信息，说明女方父亲手中有钱。现戊乘天柱星落震三宫（落外盘），震宫落有休门，休门主婚姻，震宫地支为卯，正是女儿年命。由此可知，女方父亲愿意为女儿结婚之事花上一笔大钱的（戊乘天柱星旺于月令）。震宫与巽宫比和，比和为帮助之意。

值符为新房子，生门亦落值符所在之巽宫，生门所带暗干为乙奇，正是儿子女朋友之年命。由此可知，新买的房子的产权名字要写女方名字。

六、胎产预测

以坤宫天芮星为母，以坤宫所临天盘星为胎儿，阳星主男胎，阴星主女胎。若天禽星临坤宫，主双生。阳干男孩，阴干女孩。

凡占有孕否，以求测日之日干查12状态，若求测人年命地支临日之胎地，又不逢空亡者，必孕。如甲子日有人占孕事，其年命地支为酉，因酉为甲之胎地（甲木长生在亥，沐浴在子……胎在酉），如此，可断求测人（女性）必有身孕。

另一种情形是，求测人年命天干落求测日日干之胎地，且不逢空亡者，其必怀孕。如甲子日，一位年命为丁巳之女性求测，其丁落兑宫，兑为酉，酉为日干甲木之胎地，则可断其必有孕在身，余仿此。

凡占孕何日生产，则以坤宫为产室，大芮星为产母，大盘所得之星为胎儿。天芮星克天盘之星者，主产速。天盘星生地盘星天芮者，为子恋母腹，产迟。天盘星克地盘星者，主母凶。地盘星克天盘星者，主子亡。若得旺相气，乃奇门吉格者，方吉。如果天盘星所乘之干入地盘墓，为子死母腹内。天地二盘乘凶门凶格者，子母俱凶。

古法又有以坤宫上所得之门为胎儿，阳门主男，阴门主女。坤宫为产室，产室克门，胎不安；门克坤宫，孕妇身体常有病不安。遇伏吟，主子恋母腹，胎稳而产迟。遇白虎主产速。若门到坤宫休囚入墓，很可能是死胎。若临三奇则吉利。

以坤宫所得之星为胎神，以坤宫所得之干为作胎之日，以对冲坤宫天盘星所得之干为产期。

下面举实例讲解之：

实例一：为姜雪梅预测怀孕男女及生产

2003 年 6 月 13 日早晨 6 点 40 分左右，一位名字叫姜雪梅的孕妇挺着大肚子来我家敲门。一进门便说："刘老师我是慕名前来的，你能否用周易方法预测出我怀的是男孩还是女孩？去了几家医院，大夫们都不肯说。再者，到了预产期的时候，我能否顺产？我最害怕剖腹产，想尽量地顺产，你帮我测一下，会顺产吗？"

我按她求测时间用转盘法起局如下：

癸未年戊午月丁巳日癸卯，阳 3 局。

值符：甲午辛　天心星　值使：开门

太　癸庚 阴　己任(禽)杜	六　戊 合　丁冲景	白　己 虎　乙辅死
螣　丙 蛇　戊蓬伤	庚	玄　丁 武　壬英惊
值　辛 符　癸心生	九　壬 天　丙柱休	九　乙 地　辛芮开

奇门局起好后，我问姜雪梅："你是哪一年出生的？"

"我是 1981 年阴历十一月出生的"姜回答。

我认真地分析一会儿奇门局，对姜雪梅说："你怀的是女孩，虽然你年龄不大才 23 岁，但想顺产却很难，还是做剖腹产比较安全。尤其是快到预产期的那段时间要经常去医院做检查，胎儿在腹内有脐带缠绕脖子之象，发现有何感觉不适要及早就医，不然会有危险的。如果你非得要顺产，恐怕肚子里的孩子会有生命危险。我建议你最好是做剖腹产。从我的奇门局中来看，你应该在今年阴历八月份就要生产，是吧？”

“你说的差不多，医生给定的预产期是公历9月8日，阴历应该是八月份。但我还是想顺产，除非顺产生不下来，最后不得已我再做剖腹产。”姜雪梅说。

到了2003年公历9月6日（农历八月初十）这一天，姜雪梅忽然觉得肚子里动起来，后来又不动了。这时离预产期还差两天，姜雪梅去医院做了B超检查，大夫说胎儿在腹内有脐带缠脖子现象，建议当天做剖腹产手术。后来肚子里没什么动静了，姜雪梅就没太在意，更主要的是她最惧怕剖腹产手术，总期望能够顺产，于是当天没有听大夫的建议，回家了。9月7日这天上午，姜雪梅再次觉得肚子里动个不停，动了一段时间后又不动了。这天正好是星期日，姜雪梅及家属考虑到周日医院里的主要工作人员会在家休息，加之9月8日（星期一）正好是预产期，于是决定在家待一天，明天正式入院。

到了9月8日凌晨3点多钟，姜雪梅便觉得腹部不适，但腹内一点儿胎动的感觉也没有了，自己觉得奇怪：“这肚子里的孩子怎么这回老实了，一点儿动静也没有了？”

天亮后便住进了医院。医生让姜雪梅做了B超后又让其做彩超检查，结果发现孩子已经没有胎心声音，并且已经被脐带缠脖子绕了三圈，胎儿已经死在母腹里了，没办法，姜雪梅只能做引产手术，将死胎引出体外。事后全家人后悔不已。后悔当初没有听我的劝说早些时间去医院做剖腹产手术。结果引出来的死胎确实是个女孩。

下面将判断思路详解如下：

1. 断姜雪梅腹中怀的是女孩：

坤宫为母，坤宫所临天盘星为胎儿。今坤宫天盘落有天辅星。辅星虽为阳星，但辅星上乘之干为己为阴干，又坤宫上落有死门，死门为阴门，故断姜雪梅怀的是女孩。

2. 断姜雪梅虽然年轻但想顺产却很难，做剖腹产很安全，胎儿在母腹内有脐带缠脖子之象，如果非要顺产，恐怕肚子里的孩子会有生命危险：

坤宫天盘所落之天辅星为胎儿，辅星上乘天干己，己落坤宫为六仪击刑，大凶之格，坤宫又落有死门，死门落坤宫为伏吟，不利生产。坤宫地盘乙奇克天盘己土，不利胎儿。又代表胎儿的天辅星克地盘坤宫及芮星，为子克母腹之象。从另一方面来看，天辅星五行属木，落坤二宫为入墓之象。辅星为巽卦，巽为细长，代表脐带，辅星克坤宫，又临死门，且坤宫又与值符所居之艮八宫对冲，脐带缠脖子之象十分明显（辅星为巽卦，巽为脖子、巽为绳）。又螣蛇亦可代表脐带之象，今螣蛇落震三宫来克姜雪梅年命辛所落之艮八宫，震三宫又来克坤二宫，亦为脐带缠脖子之象。故建议姜雪梅做剖腹产，以便于取得最大的安全系数。由于代表胎儿的坤二宫落有死门，又逢六仪击刑凶格、白虎凶神，故断肚子里的胎儿会有生命危险。

3. 断姜雪梅应该在今年阴历八月（辛酉月）就要生产：

坤宫所得之星为胎神，对冲坤宫天盘星所得之干为产期。现艮八宫来对冲坤宫，艮宫又临值符且落有姜雪梅年命辛。求测之时为戊午月，顺推下去为己未月、庚申月、辛酉月，即到了辛酉月这个时空点，便会冲动坤宫，胎儿逢冲必出（生产），故断在今年阴历八月（辛酉）便会生产。

实例二：为钟晓慧女士胎产之事预测实例

2002 年 10 月 10 日下午 4 点左右，一位名字叫钟晓慧的女士和母亲一起来我处求测。钟晓慧是 1972 年 4 月出生的，我见她正在怀孕期间，挺着大肚子，便对她说："都这个时候了你应该注意保重身体，不能出门走远路的，不然会伤着胎儿的。"

"不要紧的，才六个多月，大夫让我适当地有些运动，说适量的运动对胎儿有好处。我今天来这儿主要是求你给预测一下我怀的到底是男孩还是女孩？我去过几家医院查过了，有的说是男孩，有的说是女孩，有的医生根本就不告诉我。听别人说你预测的很准，希望你今天对我说实话，看看我到底怀的是男孩还是女孩？将来到了预产期的时候，能否顺产？”钟晓慧说。

我根据钟晓慧母女二人前来求测的时间用转盘奇门起局如下：

壬午年庚戌月辛亥日丙申时，阴6局。

值符：甲午辛　天冲星　　值使：伤门

九　丁 地　庚英死	玄　壬己 武　丁芮(禽)惊	白　乙 虎　壬柱开
九　**庚** 天　辛辅景	己	六　**戊** 合　乙心休
值　**辛** 符　丙冲杜	螣　**丙** 蛇　癸任伤	太　**癸** 阴　戊蓬生

我仔细看看奇门局，发现有问题，对钟晓慧女士说：“你怀的肯定是女孩子。你不能顺产，必须剖腹产。这些都是小问题，现在关键的问题是你腹中这孩子下个月就要出生了，而且必须做剖腹产手术才能把孩子生下来。你刚才说从怀孕到现在六个多月，那么到下个月也就是七个多月，按理说是没到生孩子的时候，但我的奇门盘中反映出来的信息就是下个月你要生小孩的，而且还要剖腹产。希望你从现在开始起，不要到处走动，最好在家休息，以保证胎儿在最后这段时间里能平稳地过渡，直到出生。”

“不会吧！我从怀孕那个月开始，每个月都定期去医院做检查，医生说胎儿发育正常，预产期是在2003年元月13日前后，你说我下个月就要生孩子，不太可能吧？除非是早产，不然是不会的。冉说医院所有的检查项目都表明胎儿发育良好，刘老师你不会看错了吧？”钟晓慧显然不大相信我的断语。

“尽管所有的医院经过检查说孩子发育正常，你也不可掉以轻心，请记住我的话：从现在开始起，不要上班，更不要到处走动，最好在家里老老实实地休息，特别要注意平时走路不要摔倒了。”我苦口婆心地反复强调。

2002年11月14日（农历十月初十）中午11点50分左右，我正在吃午饭，忽然手机铃声响了，一接听是钟晓慧打来的电话，电话中她哭着对我说："刘老师求你马上帮我看看，我肚子里的孩子能否保得住？"说着说着便泣不成声了。

我放下饭碗，马上拿笔按钟晓慧打来电话的时间用转盘法再次起局，看看到底是发生了什么事情：

壬午年辛亥月丙戌日甲午时，阴9局。

值符：甲午辛　天心星　　值使：开门

白　癸 虎 癸辅杜	六　戊 合 戊英景	太　丙壬 阴 丙芮(禽)死
玄　丁 武 丁冲伤	壬	螣　庚 蛇 庚柱惊
九　己 地 己任生	九　乙 天 乙蓬休	值　辛 符 辛心开

我一看这是个星、门俱伏吟的奇门局，钟晓慧年命壬乘天禽吉星落坤二宫，坤宫又落有太阴吉神，稍加分析，便在电话中对钟晓慧说："你在运动过程中被撞而摔倒，动了胎气，已经见红（血），胎儿不能等到预产期了，现在需要马上做剖腹产手术，孩子可以保住，但前提是必须马上做剖腹产手术，不然孩子肯定是保不住的。依我之见，马上到医院做剖腹产手术，孩子会平安地生下来，只是时间尚不到预产期，只能生下一个早产婴儿了。"

"刘老师你说得一点儿也不错！今天上午10点40分左右，我过马路时被一个骑自行车的老头给撞倒在地，当时便觉得眼前直冒金星，被送到医院后才发现下身全是血，经检查，大夫说今天马上就得做剖腹产手术，才能保住肚子里的孩子，不然的话孩子根本就保不住了。可我不想生下一个早产婴儿，那样的话孩子长大后会发育不健全的。"钟晓慧一边说一边流泪。

"你现在已经没有选择的余地了，听我的建议，今天就做剖腹产手术把孩子生下来吧，孩子一定能保得住。你的生育年龄已经偏大（31岁），如果这次有闪失，将来再怀孕生孩子就更不容易了。”我在电话中劝说钟晓慧。

在我的劝说下，当天下午钟晓慧便接受了医生的建议，做了剖腹产手术，成功地生下来一个未到预产期的女婴。女婴生下来时体重仅有 3.5 市斤，放在医院的保婴箱中好长一段时间。

从这个实例可以看出：当一件事情的气数定在那里以后，之后无论何时起局，最终只能是一个结局，即局变事不变，永远都是一个结果。

下面将整个的判断思路详解如下：

1. 断钟晓慧怀的肯定是女孩子，不能顺产，必须剖腹产：

坤宫为母体，坤宫天盘所乘之天柱星为胎儿，坤宫落有开门。开门主手术、开刀等信息，天柱星为破军星，又为兑卦，也为剖腹产手术等信息。所以断必须做剖腹产手术。又坤宫地盘落有钟晓慧年命天干壬，更加锁定了此信息必然要应验在钟晓慧身上。天柱星为阴星，又上乘阴干乙木，故怀的必为女孩。

2. 断钟晓慧腹中的孩子下个月（辛亥月）就要出生了，而且必须做剖腹产手术才能把孩子生下来：

以对冲坤宫天盘星所得之干为产期，现值符天冲星落艮八宫来对冲坤宫。冲星上乘天干辛。现在时间为庚戌月，下一个月为辛亥月，故断孩子下个月（辛亥）就要出生了。钟晓慧年命壬乘芮星落离宫，离宫又落有惊门，惊门为兑卦，兑为刀口，又伤门落坎宫来冲克离宫，加之坤宫又临天柱破军星，开门等，这些信息均说明钟晓慧必须做剖腹产手术才能将孩子生下来。

3. 建议钟晓慧从现在开始起不要上班，更不要到处走动，老老实实在家休息，特别要注意平时走路不要摔倒了：

天冲星、伤门为震卦，震主走动，现冲星为值符，伤门为值使，能量很大。坤宫天盘之天柱星为胎儿，柱星与冲星对冲，未到预产期的胎儿最怕冲，冲则易流产，故建议不要到处走动，老老实实在家休息。开门代表上班工作，开门落坤宫，与值符之艮八宫对冲，于胎儿不利，故建议不要上班。

伤门代表走路（伤门为震卦，震为足代表走路），伤门落坎宫来克钟晓慧年命壬所落之离宫，故有走路摔倒之信息。

4. 从第二次起的奇门局中来看，断钟晓慧在运动过程中被撞而摔倒，动了胎气，已经见红（血）：

第二次起局的日子为丙戌日，日干丙火长生在寅，沐浴在卯……胎在子，子在坎宫，子又为钟晓慧的年命。钟晓慧年命天干壬落坤二宫，坤二宫正是日柱之马星宫（寅午戌马在申），坤二宫来克胎神之坎宫，说明钟晓慧在走动过程（马星）中被撞而动了胎气（坤宫克胎神宫坎）。坎宫落有蓬星、休门，蓬星、休门均为血液之信息，故断已经见红。

5. 断胎儿不能等到预产期了，现在需要马上做剖腹产手术，孩子才可以保住。不然孩子肯定是保不住的：

丙戌日胎神子在坎宫，被产室坤二宫带芮星凶星、死门凶门来相克（坤宫克坎宫），为孩子有危险之信息，幸值符天心星、值使开门落乾宫行化泄之功（坤宫生乾宫，乾宫生坎宫）而胎儿可保，开门代表手术，开门临值使，值使代表正在进行的、必须实施的行为、行动方案。故断只有马上做剖腹产手术，孩子才可以保住。如果不做剖腹产手术（即撤开开门所落之乾宫），则坤宫芮星、死门之凶气不能得以化泄，而必然要来克胎神之坎宫，孩子必然肯定是保不住的。

这里涉及到一个易理，就是值符、值使落宫是全局的主宰，所有的生、克都要与其发生关系。从五行生克角度来论，值符、值使落宫具有优先生克权。

七、人体疾病预测

以天芮星为病神，天芮星所落宫为病症。乙奇为医药、医生，天心星为医院、医疗方案，天芮星落震、巽宫，不药而愈；天芮星落离宫，目下不重，但病情缠绵；天芮星落坤、兑、乾宫难愈，有病情加重之患；天芮星落艮宫主病情反复、难愈；天芮星落坎宫病情不重但迁延日久。

不论天芮星落何宫，只要乙奇、天心星落宫克天芮星落宫，其病必有治。若天芮星落宫生乙奇、天心星落宫，主用药或接受治疗后病情虽有所减轻，但不能根治，须长期服药治疗或改用他药方能奏效。若乙奇、天心星落宫生天芮星落宫，则为用药或接受治疗后病情加重，须马上停药或停止治疗，不然会有生命危险。天芮星落宫克乙奇落宫或天心星落宫，则病不能治，用药已无疗效，须改用其他治疗方法。

占何病症，以天芮星落宫决之，现分述如下：

离宫：为头部、眼目之疾，于内为心脏之疾；于病症为火、为热、为燥。

坤宫：为腹部、胃部、肌肤之疾，于内为蛊胀，于外为疮，又可代表右肩、右耳之疾病。

兑宫：为咽喉、口腔、牙齿、胸膈、肺、右胁等部位疾病。于内为咳嗽、噎疾、喘急、喑哑、痞症等。

乾宫：为头部、腿足、大肠、骨骼等部位疾病。于内为肠道疾病、膀胱疾病、便秘、壅结;于外为腿足筋骨疼痛、疮等。

坎宫：肾部、生殖系统、内分泌系统、血液、小肠等疾病。于病为寒疾、遗精、泄泻、淋漓便闭、茶酒久宿、腹痛、阴虚疮痒、疝气等。

艮宫：在内为脾，内病主虚胀；在外为腿足、脚气，在病为麻木、风湿，又为疮，于面部代表鼻子、于身体又代表手部等部位疾病。

震宫：在内为肝胆，在外为左胁，内病为血虚、痨症、吐血、瘖瘵、惊悸狂言；外病则为目盲、耳聋、皮肤疯癞疮痈，左股筋脊之疾、足部疾患等。

巽宫：于体表代表左耳、左臂、头发等；于体内又主肝胆、经络、神经系统等。还主胃口、膏肓、胆病、内则中风不语，肝肺相伤，三焦虚炎，伤感风热，喘急。外病则手足浮热、肢体无力。为火、为风、为疾，又为瘫疾、狂悖筋酥之疾。

以上为占测何病之纲领，再以天芮星落宫所带之干验其寒热虚实，详审节气时令，方能正验。

凡测病者之预后情况，以天芮星落宫为病，以生死二门推之。天芮星得生门者生，天芮星得死门者死；新病落空亡者生，久病落空亡者死。又看日干、年命干带死、囚之气，带凶神、凶格、不得奇门者亦死；若天芮星落宫乘凶神凶格，日干虽得旺相气而被天芮星来冲克年命者亦死。又看病人年命之干入墓者亦死；死门加生门，占病死者复生。

又法以病者年命落宫克死门落宫者，病再重，无生命危险;病者年命落宫若被死门落宫所克，病情目下虽然不重，亦有后患；若病者年命临日之死气，又被死门落宫所克，则必死无疑。

下面举实例讲解之。

实例一：为高慧母亲预测疾病吉凶

2007 年 8 月 21 日傍晚 6 点左右，我从周易研究会刚刚下班，走上公交车，手机铃声响了，一接听是朋友高慧打来的：“刘文元，明天我要带母亲去大连市附属医院做细致身体检查，我们全家都不放心，你帮我看一下，能不能检查出不好的结果来？这 10 多天来，我母亲饭吃不下，觉也睡不好，有时还跑到果树园里偷着哭。”

高慧的母亲是 1953 年农历 5 月 21 日出生的。10 多天前由杨树房村统一组织一批中老年人前往大连市老年病医院做全面体检，结果被检查出胃部有阴影，大夫怀疑不是好病（指可能是恶性肿瘤）。这一下高慧母亲精神倒了，成天茶饭不思，郁郁寡欢。　　全家人都为之担心。为此，高慧曾打电话向我求测过，我通过高慧母亲的四柱、流年、大运做过细致的分析，告诉她肯定不是恶性病，无须担心。如果不放心，可以找一家权威的医院做一次胃镜或其他方面的检查便可真相大白。

高慧母亲既想去做进一步的检查，又担心查出不好的结果来，成天忧心忡忡的。经过一番考虑，最终还是决定明天去大连医科大学附属一院做权威检查，由高慧陪同一起去。高慧也十分担心检查出不好的结果来，于是给我打电话，希望我能通过易经预测把母亲的病情讲一下。由于我刚登上公交车，身边又没带纸笔等，只能用脑子起局，让高慧过五分钟再打来电话。我用脑海起转盘奇门局如下：

丁亥年戊申月丁亥日己酉时，阴 8 局。

值符：甲辰壬　天辅星　　值使：杜门

六　**丙** 合　壬蓬死	太　**戊** 阴　乙任惊	螣　**癸** 蛇　丁冲开
白　**庚** 虎　癸心景	辛	值　**壬** 符　己辅休
玄　**己** 武　戊柱杜	九　**丁辛** 地　丙芮(禽)伤	九　**乙** 天　庚英生

天芮星乘丁奇落坎宫，地盘落有丙奇，格局为丁加丙星随月转吉格，贵人越级升迁，为主为客都有利，所求遂意。天芮星落坎宫其状态为“休”，坎宫落有九地，九地为吉神，九地为坤为慢为稳定，又高慧母亲年命癸乘天冲吉星落坤二宫，来克病神芮星所落之坎宫。坤宫又落有开门吉门，此病肯定无大碍。

五分钟后高慧按约定给我打来电话，此时公交车刚开车不久，正拐了个弯向西方行驶。我根据卦象并结合此时的外应，于手机中对高慧说：“明天你就带你母亲放心地去大连做检查吧，你母亲只是胃部有炎症，类似于浅表性胃炎或有点轻微的溃疡之类的常见病，肯定不是坏病（指恶性肿瘤）。明天检查结果出来后请给我来个电话。”

第二天（8 月 22 日）下午 5 点多钟，高慧给我打来电话：“我刚从大连返回来，你很神！测得很准确。我母亲在大连医科大学附属一院做了胃镜、B 超检查，查出来的结果是萎缩性胃炎，但不是很重。只要注意饮食，科学用药，就没什么大问题。我们全家人的心都放松下来了，我母亲的精神状态立即变得好了起来。谢谢你的预测。”

判断思路：

天芮星代表病神，今天芮星落坎宫，为落休地，不旺。芮星上乘丁奇，坎宫地盘落有丙奇，格局为丁加丙星随月转吉格。贵人越级升迁，为主为客都有利，所求遂意。坎宫又落有九地吉神。由此可知，即使有病，也不会是恶性疾病。

高慧母亲年命癸乘天冲星落坤二宫，坤宫又落有开门吉门。坤宫格局为癸加丁螣蛇夭矫，又落有螣蛇，故高慧母亲内心深处忐忑不安，精神压力很大。但坤宫克天芮星所落之坎宫，故高慧母亲绝对不会得什么恶性病。

芮星为病神，芮星乘丁奇，地盘丁奇在坤宫，坤主胃，丁为火为炎症，故得胃炎的可能性大。芮星于坎宫中，天盘为丁，地盘为丙，均为火，火为炎症，凡芮星乘丁奇、丙奇者，绝对不会得恶性病。坎宫落有九地，九地为坤卦，坤为胃，亦是胃炎之信息。

当时问卦时的外应是公交车刚转个弯向西方行驶，西方为兑宫，现奇门局中值符正落于兑宫，兑宫上乘值符天辅吉星、休门吉门，公交车为“父母”，今向着西方值符方向行驶，且值符宫又临吉门、吉星，故断高慧母亲肯定得的不是恶性病，无须担心。

实例二：为王连明预测开颅手术实例

1999 年 10 月 20 日 15 点 20 分左右，曾跟随我学习过四柱、六爻的学员王连明给我打来电话：“刘师傅，我今天住进医院了，裸眼视力由原来的 1.5 突然降到 0.1，经过详细检查，大夫们一致认为颅内长了肿瘤，压迫视神经，从而导致视力下降，明天由大连专家亲自会诊，确诊后将马上进行开颅手术，切除肿瘤。刘师傅，求你给我预测一下，我明天的手术能否顺利？我还能否继续活下去？开颅手术有很大风险的。”

说着话他竟然抽泣起来。尽管王连明已经是五十多岁的人了，但在这突如其来的打击下，仍然难以控制自己的情绪。我安慰了几句，马上起转盘奇门局进行预测：

己卯年甲戌月乙巳日甲申时，阴 3 局。

值符：甲申庚　天蓬星　　值使：休门

玄　乙 武 乙辅杜	白　辛 虎 辛英景	六　己丙 合 己芮(禽)死
九　戊 地 戊冲伤	丙	太　癸 阴 癸柱惊
九　壬 天 壬任生	值　庚 符 庚蓬休	螣　丁 蛇 丁心开

测病以天芮星为疾病用神。天心星和乙奇代表医生、医药，日干代表求测人，同时兼看求测者年命落宫情况。王连明是1948年（戊子）出生的。看头部疾病，主要看一下离九宫的格局，还要参看一下乾六宫的格局，最后还要参看一下值符落宫的情况，因值符亦代表头部。

1. 首先看天芮星落宫，现天芮星落坤二宫伏吟，与死门同宫，天芮星与死门同宫时，常主肿瘤等疾病，但甲申旬中午未空亡，今芮星与死门均落空亡，说明脑内无肿瘤。乙奇为医生、医药，落巽四宫，克天芮星所落之坤宫，假如真的有肿瘤，也会医好的。日干乙奇在巽宫，克芮星落宫，无妨。

2. 次看离九宫，离宫在人体也代表头部。离宫天英星、景门均伏吟，格局为辛加辛天庭自刑格，为事自破，进退不果。离宫临白虎主头脑胀痛。英星、景门均属火，火属气态，无实体质量，又离中虚，故断头部无肿瘤。

3. 再看乾宫情况：乾宫临天心星、开门，均伏吟。格局为丁加丁星奇入太阴吉格，上乘螣蛇，螣蛇主虚幻不实，也是没有肿瘤之象。

4. 最后看值符落宫：值符与天蓬星、休门同宫，格局为庚加庚战格。战格为凶格，庚为阻隔不通之象，蓬星、休门代表水、血液等。值符宫直接来冲克代表头部的离九宫，水克火，离宫主眼目，故视力下降的根本原因在于头部有积水或积血，压迫视神经而导致视力下降 。

5. 再看一下年命落宫情况：王连明是戊子年生人，年命戊落震三宫，临天冲星、伤门，格局为戊加戊伏吟，凡事淹蹇，守旧为吉。再者戊落震宫，形成六仪击刑之凶格。震主肝胆，故病之根源在于上火，肝火上炎于头部，肝开窍于目，火攻眼目，从而导致头脑部位视神经附近有积水、积血压迫，因而视力下降。由于年命戊所居之震宫克芮星所落之坤二宫，故病可愈。

6. 开门代表手术。今开门在乾六宫伏吟不动，有不用做手术之象。又开门宫不克天芮星落宫，所以做手术是无用的。

经过以上逐条分析，我得出了结论，马上打出租车赶往医院。王连明见到我时，满脸泪水，充满了绝望的神情。

见此，我立刻安慰他说："老王请你放心，你脑子里根本就没有长肿瘤，也不需要做开颅手术。明天大连的专家会诊后你就明白了。依我看，你最近上了一股火，肝火太盛上炎头部，头部可能会有些轻微积水或积血，压迫视神经，才导致视力下降。你不必担心，肯定不会做开颅手术的。你的视力也会逐渐恢复的，近期要保持心态平衡，不要上火，十天半月就会出院的。"

一席话，令几乎绝望了的王连明振作起来了，因以前他求我测过很多事情，几乎都很应验，所以今天我的断语，他是坚信的。甩掉了思想上的包袱，他平静下来，跟我聊起家常来（当时我的另一个学生曲玉瑛也在场），他最近因家庭一些事情上了点火，头脑胀痛了好多天，今天突然觉得视力下降了很多，这才去医院就诊。

当天晚上，王连明就像没病一样，照常看易经书 (他是一只眼睛视力下降)，值班大夫都觉得他很奇怪：明天就要上手术台了，今天还这么轻松自在，真是少见，便不由自主地问他："你视力不好，明天还得做手术，不好好休息，能行吗?"

王连明笑着回答："我脑子里没长瘤，明天也不必做手术了。"

大夫不信，反问他："大连专家还没有最后会诊，你怎么就这么肯定脑子里没长瘤子呢？再说今天白天很多大夫都判断你脑子里有瘤子，压迫神经才导致视力下降的。"

王连明把我预测的过程讲给了大夫听，大夫听后觉得好笑："这么多专业医生都不敢把病症断得那么确切，你那刘师傅就敢断那么准？不怕出错？我不信八卦能算得那么神。”

第二天中午，大连来了几个专家，为王连明做了详细的会诊。会诊的结果是：视神经局部有淤血，压迫神经导致视力下降，颅内无肿瘤，无须手术。住一段时间院，病情就会好转的。

从这事以后，医院好多大夫对易经有了新的认识。王连明学习易经的劲头也更足了。

实例三：为边伟母亲预测疾病吉凶

2005年5月29日晚间10点多钟，我刚刚躺下来想休息，家里电话铃声响了，一接听是个名字叫边伟的中年男人打来的。由于在今年春节期间边伟来我处求测过，他留有我的电话号码。电话中边伟说：“刘老师，这么晚了打搅您，真不好意思。记得春节期间我到你那儿预测的时候，你说我母亲今年有灾，当时我母亲身体还挺好的，我就没太在意这件事。谁曾料到我母亲最近突然病倒了，现在正在医院救治。至今已住进医院6天了，病情时好时坏，医生最终也没能确诊我母亲得的是什么病。麻烦你帮我预测一下，看看我母亲这次得的到底是什么病？有无生命危险？什么时间能够痊愈出院？”

我起床打开电灯，拿起笔按边伟问卦时间用转盘奇门法起局预测：

乙酉年辛巳月癸丑日癸亥时，阳2局。

值符：甲寅癸　天柱星　　值使：惊门

玄　庚 武　庚辅杜	九　丙 地　丙英景	九　戊 天　戊芮死
白　己 虎　己冲伤	辛	值　癸 符　癸柱惊
六　丁辛 合　丁任(禽)生	太　乙 阴　乙蓬休	螣　壬 蛇　壬心开

奇门局起好后，我分析了一会儿，边伟按约定时间打来电话，我问道："你母亲是哪一年出生的？你是哪一年出生的？"

"我母亲是1923年农历八月十三日出生的，时辰不知道。我是1949年出生的。"边伟回答。

1923年是癸亥年，1949年是己丑年。我看了一下边伟母亲的年命落宫，又看了看边伟的年命落宫，再看了一下坤宫，然后在电话中对边伟说："你母亲到寿了，回去抓紧准备后事吧，最多还能活五天。你母亲的病在肾上，现在全身出现浮肿，头面部也开始浮肿，用药已无明显疗效，6月3日（戊午）这一天很难过。"

"不会吧？刘老师。我母亲现在身体确实出现浮肿，面部也出现浮肿，但医生说可以通过打利水排尿的药进行消肿。从今天我母亲的状态来看，我觉得短期内不会有生命危险的。由于大夫现在还没有最终确诊我母亲得的是什么病，现在只是在观察治疗阶段。"边伟对我说。

三天后，边伟又打来电话："刘老师，我母亲今天状况不是很好，尽管医生给用利水排尿的药，但母亲全身还是浮肿，头面部也肿得厉害，现在胸腔、腹腔都有积水，排完之后积水又多起来，总是控制不了，医生也拿不出更好的治疗方案来。你说我母亲今年真的就到寿了吗？"

我把三天前晚间起的奇门局又拿了出来，认真地分析了一会儿，十分肯定地对边伟说："你母亲真的是到寿了，现在到任何一家医院，也治不了她的病。请相信我的话，准备后事吧，后天（6月3日）是个关口，怕是过不去。"

6月3日中午，边伟再次给我打来电话告诉我，他母亲已于今天早晨5点22分去世了，死亡原因最终被定为急性肾功能衰竭。至此，我的所有预测全部应验。

下面将判断思路详解如下：

1. 断边伟母亲到寿了，要抓紧准备后事。其母亲最多还能活5天：

边伟母亲年命为癸亥，癸乘天柱星临值符落兑宫，形成癸加癸天网四张凶格。兑宫又落有值使惊门，如此以来，兑宫中星凶、门凶、格局凶，值符、值使俱汇聚于兑宫，由于值符值使为动态的、主流的运动趋向，因此，凶星、凶门、凶格在这股主流运动的带动下其凶恶之气得以充分展现，其应凶之概率是相当大的。

从四值（年、月、日、时柱）来看，边伟母亲年命癸亥临时柱干支，时柱干支（癸亥）所管辖的时空段是最短暂的，很快就会消失的。又癸亥这组干支正是这轮干支（甲寅旬）最末尾的一组，也将完成使命。待这轮值符（甲寅癸）用事完毕后，即将迎来下一轮的新值符甲子戊。未来的新值符甲子戊乘天芮星凶星，而下一轮的值使为死门。前面讲过，值符、值使是这一时空点上最主流的运动趋向，一切事物都要在值符、值使的主流运动的带动、影响下，做着不同的各种运动。

值符、值使所对应的信息，都是必然要出现的事物。既然下一轮值符是天芮星，值使是死门，那么边伟的母亲必然会面临病情加重，最后走向死亡（下一轮值使为死门）。这里的关键点在于下一轮值符 、值使均在坤宫，坤为母，故必应母亲之事。

从求测日癸丑日算起，离其最近的“戊”为戊午日，由于戊午日之日干戊正是下一轮值符（甲子戊），从癸丑日至戊午日正好为五天，故断边伟母亲最多只能活五天。

2. 断边伟母亲的病在肾上，全身出现浮肿，头面部也开始浮肿。用药已无疗效，6 月 3 日（戊午）这一天难过：

边伟母亲的年命为癸亥，癸乘天柱凶星落兑宫，虽临值符、值使，但格局凶，癸加癸天网四张，癸为肾，肾主水。癸加癸，水过多，又乘天柱星，柱星为水源，柱星能源源不断地生出水来，惊门亦来生水，整个兑宫水多而泛。癸水既为日干，又是边伟母亲年命。癸水长生在卯，沐浴在寅……病在酉（兑宫），故断边伟母亲的病在肾上。因兑宫水多而泛，故必主全身浮肿。边伟母亲年命地支亥居乾宫，乾宫格局为壬加壬天狱自刑，求谋无成，有祸患起于萧蔷，诸事主破败。壬为水，壬加壬主水多而泛，加之乾宫、天心星、开门之金俱来生水、助水，其水多必泛滥，乾宫落有螣蛇，螣蛇亦主水肿。乾为头，故断其母亲头面部亦出现水肿。

乙奇为医生、医药，现病神天芮落坤宫旺相之地，来克乙奇所落之坎宫，故断用药已无疗效。

6月3日为戊午日，正应坤宫戊乘天芮凶星、死门凶门之组合，坤宫为母，故边伟母亲死于戊午日。

八、丢失财物预测

以日干落宫为失主，时干及用神落宫为失物。遇日干与时干（或用神）同宫者，没有丢失，可以找回；时干（用神）宫乘旺相气来生日干宫，易找回失物。日干与时干（用神）同落内盘，为财物丢失在家中或近处；日干与时干（用神）同落外盘，为财物丢失在外边或远处；日干落内，时干（用神）落外，为丢失在外边；时干（用神）落内，日干落外，则丢失在家中。

时干、用神宫临玄武，财物被人偷去；如果时干、用神宫临玄武又临本人年命，为自己不小心丢失；时干（用神）宫被玄武、天蓬宫克，为被人盗走。玄武乘阳星为男人盗，乘阴星为女人盗。旺相有气为年青人所为，休囚无气为老年人所为。

所失财物，各以类象推之。乾为金锁宝物、铜铁圆圈之物，又为帽缨、为马；坎为水晶、珍珠、笔墨、毛发、细软之物，又为猪；艮为山玉石器皿镫靴之物，又为牛、犬、猫；震为车船木器，碧色衣服之物，又为驴骡；巽为丝绸缎布细软之物，又为彩色细长成队之物；离为文明、图书、手卷、字画、印信、文卷、彩禽、暖衣之物，又为马；坤为铜铁鼓馨釜中空有声、象牙之物，又为牛羊；兑为金银首饰，有口对衿之物，又为羊、鸡、飞禽。看其有气，便为活生之物，无气为死囚废旧之物。

凡占何人为盗，以天蓬、玄武落宫为盗贼，蓬、玄乘旺相气，又得奇门吉格者，乃是贵人所盗；不乘旺相，不得奇门吉格者，乃是小人所盗。兼配八卦以决之，乾为老头，震为长壮，坎为中男，艮为少男、童年，坤为老妇，巽为长女，离为中女，兑为少女。在内为亲近之人，在外为他人。又玄武属阳为男，属阴为女。有气为少，无气为老，次看何类为之。寅为吏人，卯为经纪人，辰戌为凶恶军人，巳为手艺人、店舍、炉冶人，丑午为旅客，申为有前科之犯人，未为熟人，酉为酒客、金银匠、赌博人，亥、子为水客、船上人等。

失物找回时间：一般以时干（用神）生日干之日时为应期，或者以庚格来断应期。阴日看庚上，阳日看庚下之干为应期；时干、用神入库者，必待冲出之时日为应期。

时干、用神旬空者，以填实之日时为应期。

实例一：为吴女士预测丢失财务账目实例

2002 年 9 月 24 日上午 10 点多钟，一位姓吴的女士经人介绍前来找我预测。进屋后吴女士坐离位，刚坐下，她便焦急地对我说："我是经人介绍，慕名来找你的，是这样：我在一家私营企业管账，来这家企业整整工作一年时间了，今天把整个账目全部清点一下，发现有 8000 多元钱对不上账。我们三个管现金账目的人在一起核对了三次，总是差 8000 多元钱对不上账，如果这件事查不出结果来，那么少的这 8000 元钱就得我们三个管账的人负责包赔损失。刘老师，您能否帮我预测一下，少的这 8000 多元钱到底是怎么造成的？能不能找回来？还是我们的账目做错了？"

我认真分析一会儿奇门局，对吴女士说："你们这家私营企业有自己的饭店或食堂吗？"

"当然有了！我们企业专门设有一个招待部，专门用来接待用户吃、住的。相当于一个饭店。"吴女士回答。

"原因找到了！对不上账的 8000 多元钱是你们企业的一把手领导造成的，你能否告诉我你们一把手领导今年多大岁数？"我问吴女士。

"我们曹董事长今年 51 岁，属大龙的。"吴女士回答。

今年 51 岁应该是属大龙的（壬辰年），我看奇门局中壬乘天冲星落兑宫，并乘玄武来冲克戊所落的震宫，于是十分肯定地对吴女士说："你放心吧，对不上账目的这 8000 多元钱既不是你把账记错了，也不是被人偷走了，而是让你们的董事长给‘吃’没了的。这件事你们几个管账的要一起去找董事长一一对照，最后准能查个水落石出的。”

只见吴女士不解地望着我说：“不会吧？我们单位如有外来客户时，凡是招待客户的费用每次都上账的，我们都做了详细的记录。”

我笑着对吴女士说：“你们管账的人工作虽然很认真，但还是有疏漏之处。请问如果没有外来客户时，你们董事长是否也来招待部吃饭？”

吴女士想了一会儿，对我说：“若是没有外来客户时，董事长一般很少去招待部吃饭。”

我接着又问：“你们管账的几个人经常和董事长一同陪外来客户吃饭吗？”

“从来不！这是我们公司的规定。”吴回答。

“招待部的资金流动也全部归你管吗？”我问。

“招待部有人管现金，待把账理好后一齐送给财务科交给我们三个人。”吴女士回答。

“事情已经水落石出了。你回去后联络所有管账的人加董事长一起开个会，把所有的账目单据一一公开，一一对照，我相信最后是招待部管现金的负责人和董事长会脸红的。”我肯定地对吴女士说。

事情果然和我预测的结果一样。吴女士回公司后，当天下午就把所有管账目、管现金的人加董事长全招集在一起，然后把每一笔细账一一列出，在大量的证据面前，招待部管现金的负责人不得不红着脸向大家认错，是她虚报了营业额，但都是经董事长同意后才这么做的。原来董事长常领一些铁哥们来招待部吃饭、喝酒，由于不是外来客户，按公司规定不能上账。应该由董事长自己掏腰包付账。董事长有时身上没有带太多现金，就随手写个字据做为欠单，放在招待部管现金的负责人手中，让其保管，待日后有现金了再还给管现金负责人。并告诉管现金负责人不要把这事说出去。管现金的女孩儿碍于董事长的压力，也没敢把这事向财务科说明，只能手里拿着董事长十几张的欠条，等待董事长有现金了前来还钱。由于董事长平时工作很忙，有时就忘记了这欠条的事。加之董事长妻子对其现金控制很严。致使董事长在招待部的欠条越来越多。

这件事是吴女士倡导一一细致对账查询的，导致董事长很没面子，尴尬之余，吴女士提出辞职，董事长及其夫人一同全力挽留，董事长最后对吴女士说："由于你对工作的认真负责，才让我丢了脸面，正因为你工作认真负责，我们公司更需要你这样的人。"

在董事长及其夫人一再挽留下，吴女士最终留下来。

下面把判断思路详解如下：

钱对不上账了，要看甲子戊，现戊乘天柱星落震三宫，为六仪击刑，不利。玄武代表小偷小盗，现玄武落兑七宫，兑宫落有冲星并乘太岁壬，兑宫落有景门，景门为离卦，藏有地支午，故太岁壬午尽在兑宫，且来冲克戊所落之震宫。此信息充分说明丢钱之事与一把手领导有关。

由于董事长年命为壬辰，壬落兑宫，与太岁壬同宫，信息重叠。辰在巽宫，巽宫落有值符，这些多重信息的参与，更加锁定并证明丢钱之事与一把手领导有关。

按传统之方法，日干为失主，时干为失物，现日干乙落坤宫，时干辛落乾宫，坤宫生乾宫，即日干宫生时干宫，失物难回之象。

由于董事长年命壬临太岁落兑宫，兑宫又乘玄武，兑为口，主吃，兑又为酉，酉为酒。兑宫克震宫，震宫落有戊，故董事长便是"小偷"，

把 8000 多元钱吃没了。玄武主暗暖不明，所以董事长吃喝不走账这件事是不公开的。

因吴女士坐在离宫，离宫克董事长年命壬所落之兑宫，所以建议吴女士回去后联络所有的管账目、管现金的包括董事长在内一起开个会，账目之事必然澄清事实。

六合代表开会，现六合落坎宫，惊门亦落坎宫，惊门带有暗干戊，惊门为兑卦，兑为说，由此可知，只有人齐了开会讨论，一一对照，这笔不明不白失踪的 8000 元钱（暗干戊）才能说得明白（坎宫落有英星、丙、丁，全

为火，火主相见、明了)。

吴女士求测时坐离宫，被戊所落之震宫来相生，又被值符所落之巽宫来相生，故这笔钱必能查清。由于值符落巽宫为空亡，故断现金负责人会脸红；又董事长年命壬所落兑宫被吴女士所坐离宫相克，故董事长亦会脸红。

从另一个角度来看，戊落震三宫，震宫乘螣蛇，震宫为东方三、八木，正应丢失的8000多元钱。六合主开会，六合落坎宫，坎宫生震宫，坎宫又耗脱(泄)兑宫，太岁及董事长年命壬落兑宫。

由此可知，只有把所有的管账目、管现金的人(包括董事长)聚在一起开个会，则丢失的8000多元钱自然会水落石出了。

吴女士求测时的奇门局如下：

壬午年己酉月乙未日辛巳时，阴7局。

值符：甲戌己　天心星　　值使：开门

值　己 符　辛心生	九　丁 天　丙蓬伤	九　乙 地　癸任杜
螣　戊 蛇　壬柱休	庚	玄　壬 武　戊冲景
太　癸庚 阴　乙芮(禽)开	六　丙 合　丁英惊	白　辛 虎　己辅死

实例二：为赵女士项链丢失一事预测实例

2001年9月5日晚上7点30分左右，家里电话铃声响了，一接听，是一位姓赵的女士打来的。前一段时间她曾来我处预测过。电话中赵女士焦急地对我说："刘老师我有事要麻烦您，刚才我发现自己的项链丢了，到处找也找不到。您帮我看一看，我这项链是被人偷走了？还是自己不小心丢掉了？能否找到？"

我马上问赵女士："你是哪一年出生的？"

赵女士回答："我是1963年农历六月初二出生的，时辰搞不太准确。"

"没有关系，不用时辰也能预测，过十分钟之后你给我来电话。"我回答。

我马上按赵女士打来电话的时间，用转盘奇门法起局进行预测：

辛巳年丙申月辛未日戊戌时，阴7局。

值符：甲午辛　天辅星　　值使：杜门

六　丁 合　辛蓬伤	太　乙 阴　丙任杜	螣　壬 蛇　癸冲景
白　己 虎　壬心生	庚	值　辛 符　戊辅死
玄　戊 武　乙柱休	九　癸庚 地　丁芮(禽)开	九　丙 天　己英惊

排好奇门局之后，我分析了一会儿，赵女士按约定时间再次打来电话，在电话中我对赵女士讲："三天前你到过一个浴池去洗澡，有这事儿吧？"

赵女士想了片刻说："对！前天我去我大姐家串门，是在她家的浴室里洗澡了。"

这一下便证明了我的判断，于是我十分肯定地对赵女士说："你的项链就是丢落在你姐姐家的浴室里了，你现在马上去你姐姐家，不过你不要打电话过去，人直接去就可，一定会找到项链的。"

听我一席话，赵女士当晚便打出租车赶往二十里之外的姐姐家，果然在姐姐家浴室地面的角落里找到了自己那条价值三千八百多元的白金项链。当晚9点30分左右，赵女士用手机给我打来电话报喜："刘老师您测得太准了！项链真的是前天我在姐姐家洗澡时不小心丢落在地上了，当时没有在意。姐姐说她也没有发现，幸亏您给测出来了，明天我一定去你家向你表示感谢！"

下面把判断思路详解如下：

项链属于金属制品，为细长物，通常是戴在脖子上的饰品。在这个奇门局里，天盘辛金乘天辅星落于兑宫，我把此乘天辅星的辛金做为项链来看。因天辅星为巽卦，巽为脖子，巽又代表细长物品，辛为阴金，兑宫又临值符，值符代表高贵，又代表头部，因此兑宫之辛金做为项链之信息最为恰当。

按传统的断法，日干为失主，时干为失物。今日干辛落兑宫，时干戊落艮宫，艮宫生兑宫，即时干宫生日干宫，为不丢之象。

在这里我取求测者年命落宫为失主，辛金落宫为项链。今赵女士年命癸落坎宫，代表项链的辛金乘辅星落兑宫。兑宫生坎宫，也为项链不丢之象。

综观全局，地盘辛金落巽宫，巽宫天盘落有天蓬星、伤门。从预测失物角度来讲，玄武为小偷。现玄武落艮宫，玄武宫既不克天盘辛所落之兑宫，又不克地盘辛所落之巽宫，故可判断项链不是被人所偷。

地盘辛在巽宫为入墓，天蓬星为水神，蓬星乘丁奇为热水，伤门为震卦，震藏地支卯木，卯正是赵女士年命地支。伤门为木为卯为赵女士年命，木长生在亥、沐浴在子，子即是坎卦，坎卦即为天蓬星，由此便可得出：赵女士（卯木=伤门）沐浴在子（子=坎卦=蓬星），赵女士洗澡之信息甚为明显。巽为长女，故其在姐姐家洗澡。

求测日为辛未日，巽宫藏有地支辰、巳，因这个局中巽宫天地盘全是阴干（丁加辛），按《奇门法窍》的规则“阳与阳比，阴与阴比”。故取巳为应期。故断三天前（己巳日）赵女士去其姐姐家浴室洗澡。

辛金乘天辅星临值符落兑宫，生赵女士年命癸所落之坎宫，辛又临日建天干（辛未日），这些都是项链可以找回之信息。又兑宫为值符所落之宫，临死门，死门所乘暗干为癸，辛与癸同宫，都是今日可以找回项链之信息。

九、刑事案件预测

玄武落宫为小偷小盗，流氓强奸、轻微经济犯罪之人；抢劫杀人、奸情杀人、重大贪污受贿、黑社会犯罪等均以天蓬星为用神。

甲午辛为犯错误、犯罪之人。玄武、天蓬星落宫临庚，多为老奸巨滑之重大案犯；玄武、天蓬星落宫临辛多为惯犯或曾被劳教关押过之人；玄武、天蓬星落宫临壬、癸则多为逃犯。

作案方法：天蓬星、玄武宫临伤门，或伤门宫生天蓬、玄武宫者，为用车作案；天蓬星、玄武宫临景门或景门宫生天蓬、玄武宫者，多使用枪支、火药、各种电器设备作案；天蓬星、玄武宫临螣蛇，多用绳索、链条等来作案，或用手掐人致死等；天蓬星、玄武宫临甲、乙、伤门、杜门者，为案犯用木棍将人打伤致死等；天蓬星、玄武宫临乙奇者，为案犯用各种药物将人致晕昏迷或毒死等。

天蓬星、玄武落内盘，为本地近处人或本单位内部人作案；天蓬星、玄武落外盘，为外地或外单位人作案，或外地流窜犯作案。

六合为逃犯，杜门宫为藏匿方向。

死门代表尸首，死门临甲子戊，因钱财之事而丧命；死门临乙、庚、丁、壬、丙、桃花者，为奸情所杀而致命；死门乘太阴、六合等，为有不可告人之事被杀、灭口；死门宫临辰午酉亥全者，为被逼自杀身亡；死门宫临乙奇为服药身亡。

破案时间：以伤门、白虎、值使门落宫为公安捕盗之人。捕盗宫旺相，冲克天蓬、玄武宫者，案件必破；天蓬、玄武宫生捕盗宫者，案件易破；局中有年、月、日、时格者，案件易破。不格者难破。一般状况下，逢年格年内破案，月格月内破案，日格当日破案，时格当时立即破案。

下面举实例讲解之。

实例一：为李贺凌先生预测户国风女士失踪

2002年8月20日上午10点左右，一位陌生男人给我打来电话，一看来电显示，该电话是从北京打来的。电话中陌生男子对我说："刘老师，冒昧打搅你了。我是从别人口中得知您对易学很有研究，我遇到了一件大事，您能帮我预测一下吗？费用我可以通过银行给你转账过去的。"

"请你说说，想预测什么事情？"我对其说。

"我名字叫李贺凌，是1967年出生的。我有一个女朋友，她名字叫户国凤，是1962年出生的，属虎。她失踪有6天时间了。失踪的头两天打电话手机铃还响，只是没人接听。到了第三天，手机也关掉了，更是联系不上了。我和她的家属、朋友都联系过了，没有人知道她的下落，刘老师，您帮我预测一下，她人跑到哪里去了？会不会回来？什么时间能回来？"李贺凌焦急地向我问道。

我按李贺凌问测时间用转盘奇门起局如下：

壬午年戊申月庚申日辛巳时，阴8局。

值符：甲戌己　天柱星　　值使：惊门

太　乙 阴　壬英死	螣　丁辛 蛇　乙芮(禽)惊	值　己 符　丁柱开
六　壬 合　癸辅景	辛	九　庚 天　己心休
白　癸 虎　戊冲杜	玄　戊 武　丙任伤	九　丙 地　庚蓬生

排好奇门局后，我分析了一会儿。于电话中对李贺凌说："从我的奇门局中来看，户国凤是凶多吉少，可能已经死亡了，你抓紧时间向公安局报案吧。"

"不会吧？刘老师！户国凤失踪这件事，我已经向公安局报了案，现在一点儿线索也找不到。我在北京市找了几家预测公司预测过了，最高价格是白云观附近的一个大师给我测过，我花了 1500 百元钱预测费，所有的预测结果都说人还活着，只是不想见我，生气走了，去了南方，并且说再过两个月就能有消息。现在我所找过的十几个预测师中，惟有你说人死了，说心里话，我不太相信她已经死了。户国凤平时人缘很好，没有得罪过谁，怎么会突然间死了呢？”李贺凌对我的预测结果不太相信。

“信不信由你。反正从我的局中看户国凤肯定是死了。”我再次强调我的判断。

“假如您的判断是正确的，那么请问刘老师：她是死于什么原因？自杀？他杀？人死了尸首在哪儿？我能不能见到尸首？这案子最终能不能破获？”李贺凌半信半疑地问出一系列问题来。

我分析了一下奇门局，对李贺凌说：“户国凤不是自杀，也不是仇杀，而是被人劫财而遭遇杀害。尸首被隐藏在东南方向十四里或四十里的地方，在一条河边比较隐蔽的地方，上面盖满了乱草。杀人凶手是年青人，杀人动机就是劫财。户国凤平时喜欢穿一些高档名牌服装，交往接触的人也比较多而复杂。杀人凶手认识户国凤，杀人凶手曾经与户国凤有过来往。这个案子最后一定能够破获。杀人凶手最终会被绳之以法的。”

“你说得对！户国凤平时比较喜欢打扮，喜欢穿一些高档名牌服装。她自己开了个酒楼，生意不错，酒楼里来来往往的人也很多。她的社交能力很强，有时还能喝点酒。”李贺凌向我介绍了一些有关户国凤的情况。

后来过了一个多月时间，从辽宁抚顺市打来一个电话：“刘老师您好。我是户国凤的妹妹，我姐姐已经失踪一个多月时间了，一点儿音讯也没有。开始的时候，李贺凌告诉我说找过您预测，您预测说我姐姐被人害了，人已经死亡，我们都不相信。可现在看来，我姐姐可能真的遇难了，刘老师您帮我认真看看，如果我姐姐真的是被人害了，这个案子能不能破获？什么时间能破获？”

我找出一个多月前测过的关于户国凤失踪一事的预测笔记，重新审视一遍，最后于电话中对户国凤妹妹说：“在今年寒露以后，一个月内凶手必被抓获。”

2002年公历10月9日下午，李贺凌突然从北京给我打来电话说：“刘老师，告诉你一个重要消息：案子破了！户国凤确实是被人杀害了，尸体被藏在东南方约20公里的地方，那里确实有一条河，尸体被埋在河边，上边盖了很多乱草，和您当时预测的情况几乎一致。当公安人员押着杀人犯去现场挖掘尸首时，把我一起带去辨认，尸体从河边的乱草堆里挖出来时，我根本就认不出来了，好在她身上的衣服我还认得，最后经过审讯，杀人犯交代：他们是一个专门以杀人劫财为主的团伙，一共有17个人，多数是从东北吉林、黑龙江那边来到北京的。他们已做案多起，这次被抓是由于再次团伙做案，事情败露而被抓获。团伙的17个人当中，现已有11个人被抓获，另外的6个案犯在逃。这个犯罪团伙的人全都是一些年轻人，没有固定职业，专门以抢劫杀人为生存手段。他们经常去户国凤所开的酒楼去吃饭、喝酒，由于都是东北来京谋生的，相互间也就熟悉了，称姐道弟的。户国凤被害的那一天 (即户国凤失踪的日子) 中午，户国凤因心情不好，喝了不少白酒，后来案犯几个人也来酒楼喝酒，发现户国凤有些醉了，便开车把户国凤接走了，户国凤和这些人比较熟悉，加之又喝多了有些醉态，就一点防备之心都没有，结果身上所有的现金（大约有两万多元）加上银行卡全部被洗劫一空，后来案犯们怕户国凤醒酒后发现钱丢了会举报他们，于是便合伙将户国凤杀死，杀死后用汽车将尸体运往东南方40里左右的一条河边挖坑掩埋起来，上边又盖了一堆乱草。事情过了两个月没什么动静，案犯们手头又缺钱花了，于是再次铤而走险，继续做案，没想到这一次犯了，被绳之以法。”

下面将判断思路详解如下：

1. 断户国凤凶多吉少，可能已经死亡了，应抓紧时间向
公安局报案：

户国凤年命为壬寅，壬落震三宫死地（壬长生在申，沐浴在酉……死在卯，卯为震），地盘壬落巽四宫，壬至巽宫为入墓，巽宫又落有死门，故断凶多吉少，可能已经死亡了。又时干辛落离宫，克日干庚所落之兑宫，也是

人难回之象。

2. 断户国凤不是自杀，也不是仇杀，而是被人劫财而遭杀害：

户国凤年命壬乘天辅星落震宫，震宫天地盘没有组成自刑的信息。地盘壬落巽宫，巽宫天地盘亦没有组成自刑的信息。由此可知，户国凤不是自杀。

庚为仇人，庚乘天心星落兑宫，本为旺相，又来冲克户国凤年命壬所居之震宫，似乎是仇杀，但兑宫落有吉门休门，休门旺相之水可化泄兑宫之旺金，又休门主休息，故也不是仇杀。

天蓬星为杀人犯。现天蓬星与生门同落乾宫，生门所带暗干为戊，乾宫克户国凤年命壬所落之震三宫，劫财杀人之象十分明显。

3. 断尸首被隐藏在东南方向 14 里或 40 里的地方，在一条河边比较隐蔽的地方，上面盖满了乱草。杀人凶手是年青人，杀人动机就是劫财：

死门代表尸首。今死门落巽四宫，阴遁巽宫为外为远，故断尸首被隐藏在东南方向（巽为东南）14 里或 40 里的地方。巽宫地盘落有壬，壬为河流，地盘主隐藏，壬到巽宫为入墓，入墓亦主隐藏，故断在一条河边比较隐蔽的地方。巽宫天盘落有乙木，乙木为草，乙长生在午，沐浴（败）在巳，巳为巽，巽亦为草木，故应乱草，所以断上面盖满了乱草。蓬星为杀人犯，与生门同落乾宫，生门为艮，艮为少年，故凶手是年青人。生门为钱财之信息，生门所带暗干为戊，戊亦主钱财，故杀人动机就是劫财。

4. 断户国凤平时喜欢穿一些高档名牌服装，交往接触的人比较多而复杂。杀人凶手认识户国凤，凶手曾经与户国凤有过来往：

户国凤年命壬乘天辅星与景门同落震宫，景门主漂亮，景门又主名牌（景门为离为午，午为太岁），天辅星主服装，壬为太岁，主高档。故断户国凤平时喜欢穿一些高档名牌服装。由于震三宫落有六合，六合主交往、朋友等信息。又月干戊落坎宫，坎宫落有玄武、伤门，坎宫亦来生户国凤年命壬所居之震三宫，故断其交往接触的人比较多而复杂。

户国凤年命为壬寅，寅为艮卦，天任星、生门亦为艮，今天蓬星（杀人凶手）与生门（寅）同落乾宫，说明杀人凶手认识户国凤。又天任星（寅）

落坎宫，坎宫地盘藏有天蓬星，故凶手曾经与户国凤有过来往。

5. 断这个案子最后一定能够破获，在今年寒露节以后（10月8日），一个月内凶手必被抓获：

值使门、伤门代表公安捕盗之人。现值使惊门落离九宫，克天蓬星所落之乾宫。又天蓬星所落之乾宫生伤门所落之坎宫，这些信息充分说明这个案子一定能够破获。

六合代表证据，今六合与户国凤年命壬同落震三宫，来生值使惊门所落之离九宫。又地盘值使宫（兑宫）亦来冲克六合所居之震三宫，都说明公安人员完全掌握了足够的证据，从而可以一举破案。

由于户国凤是失踪状态的，或者说是隐藏状态的，藏之者必待冲方能出现。现户国凤年命壬落震宫，被地盘值使、值符宫（兑）所冲，兑宫上乘天干庚，故必应当年庚戌月。又巽宫地盘亦落有户国凤年命壬，巽宫还落有死门，只有到了“戌”这个时空点上，戌冲辰（巽），才能将其冲出。综上所述，断于今年寒露节以后（戌月），凶手必被抓获，从而破获案件。

实例二：为董良先生预测能否抓到逃逸司机

2005年11月18日晚上8点40分左右，我正在看电视。家里电话铃响了，一接听，是安徽的一个名字叫董良的易友打来的：“刘老弟，我家出大事了，我弟弟在今天晚上7点多钟被车撞了，当时被过路行人给送往附近医院进行抢救，现在人还处于昏迷状态，你帮忙给测一下，有无生命危险？能否抢救过来？还有，把我弟弟撞倒后司机逃逸了，交警们正在现场调查、搜集证据，你测一下肇事司机能否给抓住？拜托你了，我弟弟是1970年农历三月二十一日早晨8点多钟出生的。一会儿我再给你打电话，你先起个卦吧。”

我马上按董良打来电话的时间用转盘法起了一个奇门局如下：

乙酉年丁亥月丙午日戊戌时，阴3局。

值符：甲午辛　天英星　　值使：景门

九 己丙 天 乙芮(禽)伤	九 癸 地 辛柱杜	玄 丁 武 己心景
值 辛 符 戊英生	丙	白 庚 虎 癸蓬死
螣 乙 蛇 壬辅休	太 戊 阴 庚冲开	六 壬 合 丁任惊

过了 10 分钟，董良如约又打来电话，我在电话中对他说："你弟弟恐怕是抢救不过来了，你们做好后事准备工作吧，他伤得太重，流血过多，肋骨也被撞骨折，当时肇事的车速度很快，估计时速在 140 公里左右。肇事后司机向东南方向快速逃走，这辆车没有车牌或挂的假车牌，就算肇事现场有人记住了车牌号，也难以查到真正的车主，汽车已经开往外地了。"

第二天早晨 8 点多钟，董良再次打来电话："你测准了，我弟弟因伤得太重，抢救无效，在半夜 23 点 30 分去世了。我要想尽一切办法去查这个肇事后逃逸的司机，你再好好看看，有没有一点儿希望能抓到这个逃跑的司机？"

我只能好言安慰一番："这件事也不能全怪肇事的司机，你弟弟本人也有责任，出事之前你弟弟喝了不少酒，才最终导致悲剧发生。这个案子很难破。"

"你测得很准！医生说从我弟弟的血液与尿检中查出他喝了很多酒。"董良再次印证了我的判断。

从董良弟弟出事那一天起到现在 (2007 年 11 月 20 日)，已有两年多的时间了，案子一直没破，肇事司机依然逍遥法外。

下面把判断思路详解如下：

1. 断董良弟弟恐怕是抢救不过来了，建议董良做好后事准备工作，其弟弟伤得太重，流血过多肋骨也被撞骨折：

董良的弟弟年命庚乘天蓬凶星与死门同落兑七宫，兑宫又落有白虎凶神。兑宫格局为庚加癸大格，极凶之格，并且兑宫与值符震宫相冲克。又当日为丙午日，丙火长生在寅，死在酉（兑），故兑宫既落有死门，又临日干之死气，且又临白虎凶神，庚加癸大凶之格，其死亡之信息甚为明了。蓬星为坎，坎为血，兑宫地盘落有癸，癸亦为血，故断流血过多。庚落兑宫为羊刃宫（庚羊刃在酉），庚主骨，兑主骨亦主肋部，故断肋骨骨折（羊刃）。

2. 断当时肇事的车速度很快，估计时速在140公里左右，肇事后司机向东南方向快速逃走，这辆车没有车牌或挂的假车牌，就算肇事现场有人记住了车牌号，也难以查到真正的车主，汽车已经开往外地了：

伤门落巽宫，代表肇事车辆，巽为风，主快。又巽宫落有九天，也代表车速很快。巽宫数目为四，故断肇事车辆时速在140公里左右。巽为东南方向，巽宫地盘藏有杜门，杜门主隐藏、逃逸等信息，故断肇事后司机向东南方向快速逃走。景门代表车牌，景门落坤宫，被伤门所居之巽宫来克，故断肇事车辆没有车牌。又景门之坤二宫落有玄武，玄武主欺骗、造假，故断肇事车辆或者是挂的假车牌。

3. 断这件事也不能全怪肇事的司机，弟弟本人也有责任，出事之前弟弟喝了不少酒，才导致悲剧发生。这个案子很难破：

伤门落巽宫，又乘九天，巽为风，车速很快。董良弟弟年命庚落兑宫，兑克巽，说明是弟弟主动去克车辆，当然其本人也有责任了。庚乘蓬星落兑宫，蓬星主贪杯，兑为酉亦为酒，兑又为口为吃喝等信息，兑宫落有死门亦主董良的弟弟喝酒喝多了，人处于醉态，因此才出事。

这里取伤门所落之巽四宫代表逃逸的司机，值使景门代表公安、交警部门。现伤门所落之巽四宫克值使景门所落之坤宫，故案子很难破获。

十、考学、升学预测

日干、年命落宫为考生，天辅星为考试院，值符为主考官，值使为监考，丁奇为考生文章，景门为试卷、试题，年干为录取学校。

考生落宫旺相，得三奇、吉门吉格，又得天辅星、值符、年干落宫来相生者，必能考上理想学校；考生年命落宫旺相、乘吉门、吉格、得三奇来克天辅星、值符、年干落宫者，也能考入较理想的学校;考生落宫休囚无力，又不得奇门吉格者，但得天辅星、值符、年干落宫来相生者，虽考试成绩不佳，但也能被录取;若考生落宫逢死、绝、休囚、入墓、空亡，又得凶门凶格，又受天辅星、值符、年干宫来相克者，必名落孙山。

休门落宫代表数学；生门落宫代表生物学、生理学；伤门落宫代表体育、运动类学科，又代表音乐、舞蹈类、歌唱类学科；杜门落宫代表物理、化学、气象学等学科；景门落宫代表美术、语文、摄影等学科；死门落宫代表地理、历史；惊门落宫为语言类学科、专业，惊门落内盘，代表播音、主持人、演讲等学科及专业，惊门落外盘代表外语类学科等；开门落宫代表政治。

下面举实例讲解之。

实例一：为董辰璐2007年高考预测实例

2007年4月25日上午8点20分左右，一位名字叫于平的中年女士前来求测，一见面便对我说："三年前我曾来您这儿为女儿中考之事预测过。那一年您测得很准，预测我女儿一定会以优异的成绩考上重点高中，结果那一年（2004年）中考女儿以总成绩628分的好成绩（满分650分）考入本市重点高中。如今三年高中即将读完，今年6月的7、8、9日三天是全国统一高考时间，我女儿冉过40多大便会面临人生非常重要的一次考核，今天来此，就是想麻烦刘老师给我女儿预测一下，今年参加高考，会考得怎么样？估计能考多少分？"

我按于平女士求测时间用转盘法起局如下：

丁亥年甲辰月己丑日戊辰时，阳5局。

值符：甲子戊　天禽星　　值使：生门

太　乙 阴　乙辅休	六　壬 合　壬英生	白　丁 虎　丁芮伤
螣　丙 蛇　丙冲开	戊	玄　庚 武　庚柱杜
值　戊辛 符　辛(禽)任惊	九　癸 天　癸蓬死	九　己 地　己心景

我把奇门局认真地分析了一会儿，对于平女士说："你女儿是哪一年出生的？"

"我女儿名字叫董辰璐，1989年农历8月25日早晨8点左右生的。"于平报得很详细。

我看了一下董辰璐的年命落宫，对于平女士说："请放心吧，你女儿今年参加高考时一定会考得不错。估计高考总分会考到620分左右。按着这个分数，报考一本重点院校应该是没有问题的。"

"您估计的分数与我女儿平时模拟考试的总分成绩比较接近。在我女儿心目中，最想报考的理想学校是：北京大学、北京语言大学、北京外国语大学等，但北京大学每年的录取分数线很高，报考这所大学没有太大的把握。请问刘老师：如果女儿报考北京语言大学或者是北京外国语大学，有没有必胜的把握呢？"于平问。

我又仔细将整个奇门局审视了一会儿，十分肯定地对于平女士说："你女儿今年高考成绩会比较好，从奇门局的组合来看，北京外国语大学与北京语言大学这两所高校你女儿都能考上，但最终被北京语言大学录取的可能性最大。等高考结束后看结果吧。"

事情的发展如我所料：高考结束后考生们先自估分数，然后填报志愿。由于这种在真实高考分数没有公开出来之前便填报志愿的方法，对每个考生都会带来巨大的压力，好在考生董辰璐的母亲于平事前在我这儿预测过，加之董辰璐考试后对照标准答案的自估出来的分数与我事先预测的分数很接近，于是便较有把握地把北京语言大学填作第一志愿。

在填报高考志愿完毕后不长时间，考生的具体考分出来了，董辰璐的实际高考分数考了615分，最终被北京语言大学对外汉语系录取。

下面将整个判断思路详解如下：

1. 断于平的女儿董辰璐今年高考一定会考得不错，估计高考总分会考到620分左右，报考一本重点院校应该是没有问题的：

丁奇为考生文章，景门为试卷试题。董辰璐年命己乘天心吉星与景门同落乾宫。丁奇落坤二宫，景门落乾宫，坤宫生乾宫，说明考试题多数都能答好。丁为太岁，亥居乾宫，亦为太岁，太岁丁落坤宫生董辰璐年命己所居之乾宫，说明董辰璐必能考上大学。又其年命己落乾宫为太岁宫（亥），加之董辰璐年命地支巳在巽宫，巽宫上乘天辅文曲吉星，休门吉门，太阴吉神，这些信息都充分说明董辰璐今年高考必能考得很好，报考一本重点院校应该是没有问题的。景门所乘暗干为壬，景门与董辰璐年命己同落乾六宫，丁落坤二宫，丁与壬数目为六，乾宫数目为六，故大数必为六，说明董辰璐高考分数最少也能考上600分，丁奇落坤二宫，数目为二，丁奇落宫定小数，故定董辰璐高考分应在620分左右。这是我在多年预测高考、中考的大量实践中摸索出的一种具体定分数的方法，即以景门落宫定大数，丁奇落宫定小数。这种定分数的方法比较精确。

2. 断董辰璐今年高考成绩会比较好，从奇门局组合来看，北京外国语大学与北京语言大学这两所高校都能考上，但最终被北京语言大学录取的可能性最大：

丁奇太岁代表录取学校，坤二宫格局为丁加丁，丙、丁为朱雀，朱雀主语言类学校。董辰璐年命己落乾宫，被丁奇所居之坤二宫来相生，故断肯定能被录取。又值符落艮八宫来生乾宫，艮宫落有惊门，惊门亦主语言类学校。由此，丁奇为朱雀，代表语言类学校，惊门为兑卦，亦代表语言类学校，如何区分哪个是北京外国语大学，哪个是北京语言大学？

我是从内外这个角度来区分的，丁奇落坤二宫为外，故坤二宫之丁奇代表北京外国语大学；惊门落艮八宫，艮八宫又临值符，由于艮宫为内，惊门主语言类，故惊门所居之艮八宫代表北京语言大学。由于从日柱干支来查，坤二宫为空亡，故北京外国语大学可能会落空；而代表北京语言大学的艮八宫临值符来生董辰璐年命己落之乾宫。故断最后被北京语言大学录取的可能性较大。

实例二：为鲍昱霖2007年高考预测实例

2007年6月12日下午4点左右，常来我这预测的王晓琳老师带着一位姓崔的中年女士前来求测，崔女士的女儿鲍昱霖于当年6月的7、8、9日三天刚刚参加完高考考试。当天来这儿，一是希望通过易经预测，帮助估计一下考试的分数，二是帮助指点一下报考哪个方向的学校能更有把握。

由于考生没有亲自前来求测，我只能根据考生母亲崔女士来求测的时间起局进行预测，同时结合考生鲍昱霖的年命落宫状况为主线，进行判断（转盘局）：

丁亥年丙午月丁丑日戊申时，阳3局。

值符：甲辰壬　天柱星　　值使：惊门

螣　辛 蛇　己心景	太　丙 阴　丁蓬死	六　癸庚 合　乙任(禽)惊
值　壬 符　戊柱杜	庚	白　戊 虎　壬冲开
九　乙 天　癸芮伤	九　丁 地　丙英生	玄　己 武　辛辅休

起好奇门局后，我问崔女士：“你女儿是哪年出生的？”

“我女儿是1988年农历八月初八出生的。”崔女士回答。

我看了一下景门及丁奇落宫，对崔女士说：“从我的奇门局中分析来看，你女儿鲍昱霖今年高考的分数应该在460分至470分左右。利于报北边的高校，容易被录取。”

“刘老师不瞒你说，我女儿今年考得不理想，考完试后对照标准答案，自估分是在442分左右，如果真的能考到你说的460分至470分左右，那就太好了。”崔女士说。

6月19日中午12点左右，我和廖墨香老师正在北京为一家私营企业做企业策划，忽然我手机响了，一接听，是王晓琳老师给我打来的：“刘文元，今天下午鲍昱霖就得填报高考志愿了，现在有这么几个学校供选择，一个是辽宁工业大学，一个是吉林华侨外国语学院，还有一个是大连工业大学，在这三所学校中要首选其一填报第一志愿，你帮助锁定一下，填报哪所学校做为第一志愿最后录取的把握性较大？”

由于当时我和廖墨香老师正在做风水，我没有时间去起奇门局为鲍昱霖的事进行预测。因鲍昱霖的母亲崔女士与王晓琳老师一周之前来我处预测时的奇门局在我脑海中还留有印象，于是我回想了一下当时的奇门局，最后在电话中对王晓琳说：“就让鲍昱霖把吉林华侨外国语学院填报为第一志愿吧，大连工业大学很难考上。辽宁工业大学也没有绝对的把握。只有吉林华侨外国语学院是鲍昱霖最有把握能考上的。”

一周之后我从北京返回瓦房店。不久考生的具体考试分数也出来了。鲍昱霖2007年的高考成绩总得分为470分，比她自己对照标准答案估算的分数高出近30分！这使她非常高兴。由于当时听了我的建议，将吉林华侨外国语学院填报为第一志愿，而把大连工业大学填报为第二志愿，将辽宁工业大学填报第三志愿。最后在录取时，终于被吉林华侨外国语学院录取。而大连工业大学的录取分数线最后定在500分以上，当时填报第一志愿时，鲍昱霖曾经想把大连工业大学填报为第一志愿。幸亏当时被我否定。不然的话，今年就上不了大学了。

事后王晓琳老师特别向我报喜，说预测准确等。

下面把判断思路详解如下：

1. 断鲍昱霖今年高考的分数应该在460分至470分左右，利于报考北方的高校，容易被录取：

景门落于巽四宫，鲍昱霖年命地支辰在巽宫。故景门的信息必是鲍昱霖之信息。巽宫数目为四，故大数为400分。丁奇乘英星落坎宫，坎宫为北方一、六水，可取数目为一或六，因丁奇落宫定小数目、零头数目，所以由景门所落之巽宫与丁奇所落之坎宫可组成410分或460分这两种组合数目。又坎宫所落之丁奇是用于定小数目、零头数目的，坎宫为北方一、六水，一加六为七，故470分之断缘于此。

太岁落宫代表录取学校，今太岁丁奇落坎宫，来生景门所居之巽四宫，景门为分数线，故北方的学校能接受鲍昱霖所考的分数（景门所落之巽四宫被太岁丁奇所居之坎宫来相生），所以断利于报北边的高校，容易被录取。

2. 建议让鲍昱霖将吉林华侨外国语学院填报为第一志愿，其余的大连工业大学与辽宁工业大学都没有绝对的把握。只有吉林华侨外国语学院是鲍昱霖最有把握能够考上的：

鲍昱霖年命戊乘天冲星落地盘值符兑宫。兑宫上乘开门，开门藏有地支亥（开门为乾卦，乾卦地支有戌、亥），亥为太岁，代表高等院校。兑为口为说，代表语言类学校。阳遁兑宫为外，故兑宫代表外国语。又从日柱干支来查空亡，申、酉为空亡，兑为金，金空则鸣，必为外国语学校之类。戊乘天冲星，冲星为木为林，冲星为吉星，故应吉林，又戊为土，兑为口，土加口亦为“吉”，冲星为木为林，亦应吉林二字。综上所述，鲍昱霖把吉林华侨外国语学院填作第一志愿，是最有把握考上的。从另一个角度来看，鲍昱霖年命戊于地盘落震宫，震宫上乘值符天柱星，柱星为兑卦，震为木，震宫落有杜门，杜门亦为木，杜门为巽卦，巽卦翻过来看便是兑卦，这些信息都是吉林华侨外国语学院的明显信息标志。

十一、行人走失预测

以走失行人之年命为用神，是为正宗。兼看四值，长辈人看年干，同辈人看月干，小辈人看时干。

行人年命用神落宫旺相、乘吉星吉门吉格者，人在外平安。用神落内盘，人走不远。用神落外盘，则走的很远。方向以行人年命落宫决之。用神宫受太岁、月干、日干、时干宫生扶，为在外有贵人帮助。若用神落宫乘凶星、凶门、凶神、凶格、入墓、空亡、六仪击刑等，则为不吉，大凶之象。

行人走失后能否回来？以下述方法进行参断：日干与时干同宫，或时干宫生日干宫者，行人年命落宫生求测者年命落宫者，或行人年命落宫生求测者坐宫者，行人容易找到或自己回来；日干宫生时干宫，日干宫克时干宫，或时干宫克日干宫，求测者年命宫生行人年命宫，求测者年命宫克行人年命宫，或行人年命落宫克求测者年命落宫者，则行人不易回来。

阳遁时，行人年命落在坎、艮、震、巽宫为内，为近，离、坤、兑、乾宫为外，为远；阴遁时，行人年命落在离、坤、兑、乾为内，为近，坎、艮、震、巽为外，为远。

行人年命落宫乘九地、太阴，为有人潜藏；乘九天，为远走高飞；乘玄武，为被人拐骗；乘螣蛇，为有人盘查、羁留；乘白虎，可能有刑伤、血光；乘值符、六合，为安全无恙；伏吟，人难回；反吟，人必回。

行人归期，旬空者，以填实之时日或冲实之时日为应期；逢冲者，以合为应期；逢合者，以冲为应期；又可以庚格来定应期：逢年格者年内归，月格者月内归，日格者当日归，时格者本时即回。又阴日看庚上之干，阳日看庚下之干为应期。

实例一：为陈志胜预测女儿出走实例

2000 年 5 月 14 日上午 10 点左右，一位名字叫陈志胜的中年男士前来求测，他是 1961 年出生的。进屋后陈坐离位，言语很少，显得比较深沉。只见陈拿出一支香烟点上了，深深地吸上了一口，半晌才对我说：“最近我遇到了麻烦事，如果不说，你能测出来吗？”

对于这样的求测者，我经常遇上，在对方不说明来意的情况下，只能在奇门局里找寻信息，并且要结合求测者所坐的宫位以及当时的外应来加以综合判断，从而才有可能测准来意。

我按其来求测的时间，用飞盘奇门起局法为陈志胜进行预测。奇门局如下：

庚辰年辛巳月壬申日乙巳时，阳 1 局。

值符：甲辰壬　天禽星　　值使：生门

勾　乙 陈　辛英惊	值　壬 符　乙禽死	太　丁 阴　己柱杜
六　丙 合　庚任开	太　戊 常　壬蓬	九　庚 地　丁冲景
九　辛 天　丙辅休	螣　癸 蛇　戊心伤	朱　己 雀　癸芮生

凡用奇门遁甲测来意，其最主要的信息便会体现在求测者所坐的宫位上，然后再观察时干落宫、值符值使落宫、年命落宫这几个主要参考点，即可把求测人的来意体现出来。

在这个奇门局里，求测人坐离宫，日干壬乘天禽星临值符落于离宫，时干乙落于离宫地盘。按传统的方法，日干为求测者，时干为所测之事。今日干、时干均落离九宫，求测者亦坐在离九宫，这样以来，离九宫便是测其来意的最重要的参考宫位了。

离宫天盘为日干壬乘天禽吉星，又临值符，陈志胜年命辛落艮八宫，辛乘天辅吉星，艮宫又落有休门，星门俱吉，故可判断出陈本人现在没有什么灾难、凶事。

既然其本人没有什么大事。那就看看其直系亲属状况了。离宫内最近的直系亲属为时干乙木，时干落宫为子女宫，又从六亲角度讲，乙木为日干壬水的子孙（水生木），壬为阳水，乙为阴木，阳生阴，异性，故乙木必为陈的女儿了。乙木乘英星，天英星为阴星，因此乙木代表陈的女儿之信息显矣。

那么女儿之状况如何呢？因地盘为隐为暗为不明朗，而天盘为显为明朗。所以想把女儿之信息看详细，必须到天盘上去找。现天盘乙乘天英星落巽宫，巽宫格局为乙加辛青龙逃走凶格，有出走之象。今值使生门落乾宫，临朱雀来冲克乙奇所落之巽宫，必应出走之事。

从外应这个角度来看，陈志胜进屋后坐离位，点燃一支香烟吸在嘴里，深深地吸了一口，然后吐出一串串烟雾。香烟点燃为离卦，吐出烟雾为巽卦。如此以来，离卦与巽卦在这个时空里便成为我断事的最根本、最重要的判断依据了。时干乙木乘天英星落巽宫，英星属火，正应陈点燃香烟这一举动。巽宫本位地盘藏有天辅星，并带有陈志胜年命辛金。辛金乘天辅星，正应陈深深吸了一口，然后吐出一串串烟雾这个举动。天盘天辅星落于艮八宫，正被时干乙所在的巽四宫所克。基于这些条件，我对陈志胜说："你最近因为女儿的事在烦恼，对吧?"

陈抬头看了我一眼，说："你说得对！能具体讲讲吗？"

我一看思路完全正确，于是大胆地对陈说："你女儿近期没有上学，离家出走了。为此，学校老师把你找去了。她现在不想见你，也不想上学了。女儿出走的主要原因是你把女儿骂了一顿，并且动手打她了，她已经走了四天时间，现在仍没有回来，全家非常担心，你最怕她去寻短，对吧？"

陈志胜一改开始那股深沉劲儿，忽地一下子站了起来，双手握住我的右手，眼睛瞬间也红润了："刘老师，您太厉害了！所说就如亲眼所见一般。我女儿在学校过去成绩一直很好，今年成绩忽然下降了很多，后来我发现她书本里夹着男同学给她写的情书，她也在日记本里将自己与那男同学约会等事情做了详细记录，为此，她的班主任老师找我谈过话，我一气之下把她痛骂了一顿又打了她两把掌，这一打把她打跑了，四天没回家。她母亲因病在1995年就去世了。现在女儿搞成这样，我真不知所措了……"陈志胜终于忍不住了，泪流满面。

我看了看奇门局，对陈说："你女儿是哪一年出生的？"

"她是1985年出生的，属牛。"陈回答。

这一来我放心了，对陈志胜说："请你放心！你女儿没有走远，她应该是在一个同学家里住着，暂时还在生您的气，不过今天中午你女儿一定会回来的。”

“能回来吗？我担心她这一走就再也不能回家了。”陈不太相信。

我又认真看看奇门局，对陈说：“你现在马上回家，过了中午11点之后她准回来。但这次你一定不要再对她发火，只要耐心地和她沟通，所有的事情都解决了。”

陈志胜听我说女儿今天中午能回家，便急忙赶回家。过了中午12点37分，陈给我打来电话说：“刘老师，到现在我女儿也没有回来，你是不是测错了？”

我看了看时间，午时还没有结束，于是对陈志胜说：“请你再等上一会儿，如果到了一点钟还没有回来，那就是我测错了，但我坚信在一点钟之前你女儿会回来的，耐心等着吧。”

果然，中午12点50分，陈志胜打来电话：“刘老师您测准了！我女儿刚刚回来！太感谢您了！”

后来陈志胜再一次来我家向我表示感谢，并讲述了女儿出走时的情况：女儿被陈志胜责骂后离家出走，找到她的男朋友想办法。男朋友因还在学校读书，没有独立的能力，于是把陈志胜女儿安排在市内东南方向的一个旅馆内暂住。男朋友因家里管教严，又不敢长时间在旅馆陪同女儿，女儿生起气来，于是赌气离开旅馆，并与男朋友提出分手。

下面把整个判断思路详解如下：

1. 陈志胜来求测时坐离宫，离宫格局为壬加乙，又临死门。壬为日干，代表陈志胜。乙为时干，代表其所问之事，乙为陈的女儿，死门主心情不好，有压力。

2. 巽宫格局为乙加辛青龙逃走凶格，巽宫克艮宫，艮宫落有天辅星，故断女儿离家出走，不上学了。

3. 陈志胜年命为辛丑，年干辛乘天辅星落艮八宫，艮宫上落有休门，休门主谒见，艮宫地盘落有丙，丙主相见，天辅星为老师，故断陈志胜被学校老师找去了。

4. 巽宫格局为乙加辛龙逃走，乙为女儿，辛为陈志胜。辛金克乙木，为陈志胜打女儿之象。又乾宫临值使生门加临朱雀来冲克巽宫，生门为艮卦，艮中有丑，丑为陈的年命地支，朱雀主骂，以上信息都证明陈不仅责骂了女儿，并且动手打了女儿。

5. 巽宫为乙加辛青龙逃走，又被乾宫冲克，乾宫天盘为己，巽宫天地盘均为阴（乙加辛），故取巳，又巽宫数目为四，说明女儿是己巳日离家出走的。从己巳日到壬申日正好是四天时间，故断女儿出走四天了。

6. 断陈志胜最怕女儿寻短：巽宫地支有辰，天盘英星中藏有午，天盘惊门中藏有酉，值使生门落乾宫正冲克着巽宫，乾宫有亥，如此，辰、午、酉、亥自刑构全，故恐有自杀寻短之可能性。

7. 断女儿没有走远，在一个同学家住着，今天中午一定能回来：女儿年命为乙丑，天盘乙落巽宫，阳遁巽宫为内，故没有走远。断在同学家住着，这一点与实际情况有差距，因毕竟是在旅馆住的。惟一与同学有关的是巽宫为月令宫（既有月干辛又有月支巳），月令宫为兄弟宫，代表同学、朋友等信息。

值符为先锋门，落离宫，格局为壬加乙，壬为日干为求测人陈志胜，地盘乙为时干为女儿年命。离宫应午时。从大象来看，天盘乙（女儿）在巽宫，生日干壬所在之离宫，为女儿回来之象。从组合这个角度来讲，日干壬与时干、女儿年命乙同落离宫天地盘，且临值符。凡是临值符的信息，只要不空亡，都是必然要应验的信息。离宫的组合充分表明：在天干壬这个大环境中，在午（离卦）这个小环境（或时空点）里，有壬（陈）与乙（女）相见（离主相见）之应。

实例二：毛女士问孙颢小朋友失踪预测实例

2005 年 6 月 20 日上午 9 点 30 分左右，一位姓毛的女士打来电话：“刘老师，有件事要麻烦您帮助预测一下，我单位同事的小孩昨天下午三点多钟放学后出去玩，一宿也没回家，孩子才 8 岁，一直到现在也没有回来。

全家人都急坏了，您给测一下，小孩子是不是出事了？什么时候能回来？什么时候能找到？我现在帮同事到处找孩子，暂没时间去您处，事后一定上门拜谢。”

我向打电话的毛女士要来小孩的出生年月日时，是个男孩，1998 年(戊寅) 出生的，我没有按毛女士问测时间起局，而是按孙颢小朋友出走的时间用转盘奇门遁甲的起局方法进行预测：

乙酉年壬午月甲戌日壬申时，阳 9 局。

值符：甲子戊　天英星　　值使：景门

值　**戊** 符　壬英惊	螣　**庚** 蛇　戊芮开	太　**丙** 阴　庚柱休
九　**壬** 天　辛辅死	癸	六　**丁** 合　丙心生
九　**辛** 地　乙冲景	玄　乙癸 武　己任(禽)杜	白　**己** 虎　丁蓬伤

凡测小孩走失，我的取用经验是，主要看走失小孩的年命落宫为最根本的参考依据，再结合时干落宫来参断。而传统的有以六合落宫代表走失小孩的方法，我经过大量实践觉得该取用法并不好用。

在这个奇门局中，孙颢年命戊乘天英星落巽宫，惊门亦落巽宫，并且值符也在巽四宫。由于值符为先锋门，故值符落宫为重点参考宫位。巽宫地盘落有壬，壬到巽宫为入墓，壬为时干，代表小孩。英星为离卦，离中有午，惊门为兑卦，兑中藏酉，地盘壬为甲辰，其中有辰。如此，辰午酉亥之自刑组合中惟缺亥水，再看孙颢年命戊于地盘落离宫，离宫天盘落有芮星乘庚，形成庚加戊伏宫格之组合，又临螣蛇、开门，开门为乾卦，其中藏有亥。因离宫为地盘值符宫，与天盘值符宫天地通气。故辰、午、酉、亥俱全矣！再看时干壬，壬乘辅星落于震三宫，震三宫上又落有死门，孙颢小朋友有灾厄之信息甚为明显。

通盘分析后，我在电话中对毛女士说：“你们赶快到派出所报案吧，小孩子凶多吉少，恐有意外。小孩子没有走得太远，在家里东南或南边一个有水的地方。”

电话中毛女士马上说：“你说得对！孙颢于6月19日下午3点多钟放学后随着奶奶一起到家里南边不远的一个水库边去洗衣服，洗完衣服后奶奶要带他回家，孙颢不肯，说要找同学出去玩一会儿再回家，奶奶没在意，就自己拿着洗完的衣服回家晾去了，谁知到了晚间6点多钟全家吃晚饭的时候，仍不见孙颢回家，这时才开始着急起来，于是到处寻找，把平时孙颢常去玩的地方及同学家都找遍了，也不见其踪影，最后在当天夜里便向派出所报了案。刘老师您从卦中看，孙颢是被人拐走了？还是自己走远迷路了？还是被人绑架了？”

我又认真地分析了一番整个奇门局，对毛女士说：“小孩不是被人拐走了，也不是被人绑架了，更不是自己迷路了。小孩子很可能是滑落到奶奶洗衣服的那个水库中了，是自己不小心跌入水中的，入水后被淤泥或岩石绊住不能动弹，估计人已经死亡，现在马上派潜水员下水打捞吧。”

听我判断之后，毛女士马上建议孙颢父母找水手，于6月20日上午10点30分开始下水寻找孙颢的踪影，找了2个多小时也没有找到。于是毛女士又给我打来电话：“刘老师你是不是测错了？我们雇了两个水手下水寻找，一直没有找到？孙颢会不会是被人杀害了然后将尸体藏起来了？”

我理解毛女士的想法与念头，凡事到了这个时候，什么样的可能性都能想像到。但我仍然坚信奇门遁甲的可信性，再次将奇门局反复看了看，最后在电话中十分肯定地对毛女士说：“孙颢肯定在水库里，你们雇佣的潜水员技术不够高，换潜水人员再下水里打捞。”

就这样，当天下午三点左右，失踪小孩家属又雇了两个水手下水找寻孙颢的踪影，一直找到晚上六点左右，仍然没有找到孙颢的人影。毛女士再次给我打来电话：“刘老师你肯定测错了！下午又换了两个水性好的水手下去打捞，在水里找了三个小时，仍然没有找到人。刘老师，你看孙颢有没有可能离开本地了？”

我又一次拿起奇门局，反复地审视了一会儿，对毛女士说："明天（丙子日）便能找到孙颢，还是在这水库里。"

"孙颢的家属已经放弃到水库里找孩子的计划了，明天也不可能再雇水手下水打捞了，你看一下再到什么地方找有可能找到？"毛女士显然已经不相信我的预测结论了。

"我只能说还是到水库里找，如果你们不信我也没办法，明天便能见分晓。"我耐心地解释着说。但同时我也理解她们的心情：不希望在水库里找到孙颢，只希望孙颢还活着。

第二天一早，我准备乘公交车上班，一路上到处都能看到寻人启事的广告，上面登着孙颢小朋友的照片，并留有联系电话等。我心里默默在祈祷：但愿孙颢小朋友还活着！但愿这一次我的预测结果是错误的！

天公不做美。中午 12 点 30 分左右，毛女士给我打来电话："刘老师，到底让你说中了！上午八点多钟，有人看见水库上漂着一具小孩尸体，报了案。当大家赶往水库去一看，果然是孙颢！家属们一个个都哭得死去活来的。刘老师，你说这事也真怪，先后雇了四个水手下去打捞，居然连个人影也没找到。等到不找的时候，他（孙颢）竟然从水里漂了上来。"

下面把判断思路详解如下：

1. 让家属们赶快到派出所报案，小孩子凶多吉少，恐有意外，小孩子没有走得太远，在家里的东南方或南边一个有水的地方：

失踪的孙颢年命戊落巽四宫，日干甲戌己落乾宫，今日干宫克用神宫，人难回之象。又时干壬与死门同落震三宫，亦被日干所落之乾宫所克，都是人难回之象。因孙颢年命戊所落巽宫地盘有壬水，戊又乘天英星（离卦），故断小孩是在东南方向（巽）或南方（英星——离卦）有水的地方（壬）。因巽宫阳遁为内盘，故断是离家不远的地方。因时干壬与死门同落震三宫，故断小孩恐有意外。

2. 断孙颢不是被人拐骗了，也不是被人绑架了，更不是自己迷路了，小孩子很可能是滑落到水库中了，是自己不小心跌入水中的，入水后被淤泥或岩石绊住不能动弹，估计人已死亡，现在应马上派潜水人员下水打捞：

玄武代表拐骗，今玄武落坎宫，生孙颢年命戊所落巽四宫，故不是被人拐骗。螣蛇代表绑架，现螣蛇落离宫，也不来克孙颢年命戊所落的巽四宫，故也不是被人绑架。景门为道路，又临值符，且孙颢年命戊乘天英星值符落四宫来克景门所临之艮八宫，英星、景门均为离卦相互通气、同气，故也不是自己迷路了。

巽宫临值符，值符为事物机之所现。现值符天英星中藏有地支午，巽宫所落之惊门中藏有地支酉，地盘壬中藏有辰，地盘值符离宫中落有开门，开门中藏有地支亥，而离宫地盘落有孙颢年命戊。如此以来，辰、酉、午、亥自刑全矣，值符宫地盘有壬，壬为水，壬又为时干，壬到巽宫为入墓（巽宫有地支辰），故孙颢自己不小心跌落入水中之象显而易见（自刑）。

离宫格局（地盘值符）为庚加戊伏宫格，戊为孙颢年命，被庚乘芮星所伏在其上（庚加戊）而动弹不得。又庚为甲申，戊为甲子，自有申子半合水局之象，离宫上乘螣蛇，有羁拌之象，芮星主泥土，申子半合水局，故应淤泥，庚为坚硬，故又可应岩石。

凡奇门预测，日干之气数状态必须考虑。日干甲木长生在亥，沐浴在子，冠带在丑……死在午，故午为日干之死气，午为离卦，离卦对应天英星、景门，现孙颢年命戊落巽宫且乘天英星，英星即为午，故孙颢年命乘日干之死气，地盘戊（孙颢年命）落离宫，亦乘日干死气。代表小孩子的时干壬落震三宫，又临死门。种种信息都说明孙颢可能已经死亡了。

3. 断明天（丙子日）便能找到孙颢，还是在这水库里：

奇门断应期中，有合待冲应之一说。由于孙颢现在是失踪状态（隐藏不现），故取离宫地盘戊（孙颢年命）为其信息，离宫格局为庚加戊伏宫格（大凶之格），有申子半合之象，天盘戊乘天英星（午）落巽四宫又临值符。巽宫格局为戊加壬，有子辰半合之象，明天为丙子日，子冲午（子冲天英星）则孙颢必现。

十二、出行预测

以日干、年命为出行之人，以所往之方向为目的地。所往方宫位生日干、年命落宫者吉，出行必顺利。所往方宫位克日干、年命落宫者凶。若所往方向宫与日干、年命宫比和者，出行也顺利。若日干、年命宫乘吉门、吉星、吉格、吉神来克所往之方向，也可出行，出行吉利。如果所往方乘吉门、吉格、吉星、吉神来克日干、年命宫，最好不要远行，勉强出行，必不顺利。所往方若乘凶门、凶星、凶格、凶神来克日干、年命宫，切莫出行，出行则必遭不顺，会有灾难。

凡乘车出行，均以景门落宫为道路，以伤门落宫为车辆，日干、年命落宫为出行之人。遇太白入荧主遭盗贼。临天蓬、玄武主路上丢失财物或遇小偷、劫匪。

乘船出行以伤门为船只，休门为水路，日干、年命落宫为出行之人。若遇青龙逃走，或白虎猖狂凶格，必遭遇风暴。逢朱雀投江，螣蛇夭矫凶格，则有沉船之危险。

乘飞机出行，以开门落宫为飞机，以九天落宫为航线，日干、年命落宫为出行之人。九天宫生开门宫，开门宫生日干、年命宫，出行顺利。

下面举实例讲解之。

实例一：为徐研成先生出行敦煌预测实例

1999 年 4 月 4 日上午 9 点 40 分左右，我的朋友徐研成来我家求测："刘老弟，今天晚上我就要乘飞机去甘肃省敦煌市去，你帮我预测一下，这次出行坐飞机安全否？再者，这次去敦煌一是旅游，二是想搞回几幅古画，那边有熟人帮我联系好了，你测一下我能否顺利地拿回想要的古画？"

徐研成是 1956 年（丙申）出生的，他平时喜欢画画、收藏字画、写毛笔字，同时也喜欢易经。我们常在一起交流、切磋。每逢大事，他必来找我预测。我按其问测时间起转盘局：

己卯年丁卯月丙戌日癸巳时，阳6局。

值符：甲申庚　天任星　　值使：生门

九　戊 地　丙心杜	九　壬 天　辛蓬景	值　庚乙 符　癸任(禽)死
玄　己 武　丁柱伤	乙	螣　丁 蛇　己冲惊
白　癸 虎　庚芮生	六　辛 合　壬英休	太　丙 阴　戊辅开

我分析了一会奇门局，对徐研成说："你今天上不了飞机，明天也走不成。这次去敦煌只是玩玩而已，你想要的古画也搞不回来，依我看还是不要走了。"

"这次你可断错了，实话告诉你吧，我现在是箭在弦上，不得不发。你看看这是什么？"徐研成从公文包里取出飞机票来给我看。

我又看看奇门局，笑着对徐研成说："机票买了还是走不成。"

"我偏要走给你看看！吃完午饭我便起程赶往沈阳，晚间的飞机。"徐研成不服气地说。

因为徐研成懂六爻，事前他自己摇过卦，认为一切顺利平安，才这么自信。

我俩中午在一起吃的饭，饭后我送他去车站，临分手时我还是笑着对他说："明天在沈阳给我打电话呦！"

他也笑着对我说："明天在敦煌我给你打电话。"

"你今天肯定走不成，原因是天气不好，雾太大，能见度太低，今天晚间的航班肯定取消，不信你就看着吧！"我再次重申。

第二天（丁亥日）早上8点多钟，我家电话铃响了，一接听是徐研成打来的："刘老弟我真的是服了你，测得太准了！昨天晚上飞往敦煌的航班取消了，由于这边放大雾，能见度太低，飞机无法起飞。你看一下，今天晚间我能否走成？”

我把奇门局找出来又看了看，然后对徐研成说：“今天晚间你仍然走不成，只有到了明天（戊子日）雾才能散开，飞机才能恢复正常航行，你在沈阳再住上一天吧。”

第三天（戊子日）早上8点30分，徐研成又打来电话：“老弟，真的在沈阳又住了一个晚上，如果今天晚上再走不了的话，我就返回瓦房店不去敦煌了，这鬼天气，真让人着急。”

“放心吧！今天晚上肯定能走成，飞机会按正点准时起飞，祝你一路平安！”我笑着对徐说。

第四天（己丑日）早上8点左右，我的电话响了：“刘老弟你神机妙算！这次我是真的在敦煌给你打电话了。昨天（戊子日）晚上飞机正点起飞，天上的雾也散了，只是有风。待我回去之后要向你学习奇门遁甲了！”

徐研成在敦煌呆了一周后返回瓦房店，见到我便说：“这次出游的整个过程全让你测准了。在敦煌我见到不少古画，可就是没有找到我想要的那几幅画，这次就算去旅游了。”

下面将判断思路详解如下：

1. 断徐研成今天上不了飞机，明天也走不成，这次去敦煌只是玩玩而已，想要的古画也搞不回来：

日干为求测人，年命亦为求测人。今徐研成年命丙与日干都为一个信息符号，丙乘天辅星落乾宫，乾宫格局为丙加戊飞鸟跌穴，丙到乾宫又为三奇入墓，又开门落乾宫为伏吟，入墓为不动之象，伏吟亦是不动之象。开门代表飞机，伏吟当然不动了。

乾宫地支为戌、亥，求测日为丙戌，明日丁亥，这两个日子都属乾宫所管辖的时空段，故断今天上不了飞机，明天也走不成（乾宫三奇入墓、开门伏吟）。

景门代表字画，今景门落离宫来克日干及徐研成年命丙之乾宫，又景门所落之离宫为日柱之空亡宫，故想要的古画也搞不回来。

2. 断今天走不成的原因是天气不好，雾太大，能见度太低，今天晚间（丙戌日）的航班肯定取消：

开门为飞机，九天落宫为航线，今九天落离九宫，离宫落有天蓬星、景门，蓬星又上乘天干壬，壬为水，蓬星亦为水。景门为火为能见度。蓬星于卯月为旺，壬水、蓬星在景门火的作用下必见升腾之气，卯月这个季节东北地区很少下雨，必是大雾。又九天所落之离宫克开门（飞机）所居之乾宫，即航线（九天宫）克飞机（乾宫），景门受壬水、蓬星之克，故能见度太低，今天的航班肯定取消（伏吟不动）。

3. 断徐研成第二天晚间（丁亥日）仍然走不了，只有到了第三天晚间（戊子日）雾才能散开，飞机才会恢复正常航行，人才可走成：

第二天丁亥日仍属乾宫所管辖之时空段，乾宫依然受航线（九天）离宫所克制，又丁亥日之日干丁落兑宫，九天所居之离宫（航线）依旧来克兑宫，这些信息足以说明第二天（丁亥）仍然走不了。

第三天为戊子日，子午相冲，离宫之雾气被子相冲则必然散开。徐研成年命丙落乾宫为入墓，开门居乾宫为伏吟，戊子日的日干戊落巽宫来对冲乾宫，入墓、伏吟被冲则必出、必动。所以代表飞机的开门遇冲必然动起来。又开门所乘之干为起行之日，今开门上乘暗干戊，故必应于戊子日飞机能够起飞。

实例二：张永宏从日本东京乘飞机回国预测实例

2007 年 10 月 21 日上午，我正在给学员们讲六爻课，手机响了，看来电显示该电话是从国外打来的，于是便让学员门暂时休息一会儿。接听电话，原来是我的学生张永宏从日本给我打来的电话：“老师，明天我就要回国了，要从东京乘坐飞机到大连周水子国际机场下飞机，麻烦老师用奇门帮我看一下，坐飞机顺利否？飞机在日本东京起飞的时间换算成中国北京时间是 13 点 20 分，日本当地时间是 14 点 20 分。”

由于当时我正在讲课，没有时间马上为她预测，于是约好傍晚给我打电话。

到了晚上5点多钟，张永宏再次从日本给我打来电话，我将第二天飞机起飞的时间起出来的奇门局拿了出来，张永宏是壬子年出生的。

丁亥年庚戌月己丑日辛未时，阴3局。

值符：甲子戊　天冲星　　值使：伤门

螣　**壬** 蛇　乙任休	值　**戊** 符　辛冲生	九　**乙** 天　己辅伤
太　**庚** 阴　戊蓬开	丙	九　**辛** 地　癸英杜
六　**丁** 合　壬心惊	白　**癸** 虎　庚柱死	玄　**己丙** 武　丁芮(禽)景

稍加分析，我在电话中对远在日本的张永宏说："明天下午你乘坐飞机回国，会一路平安的，不要有什么担心的，尽管放心地起程吧。"

"还有一个事情，明天飞机到达大连周水子国际机场时，时间应该在北京时间3点40分以后，这次从日本回国，我想多带一些日元，但是按有关规定身上所带日元是有数量限制的。超量的部分是要按照有关规定缴纳关税的。麻烦老师帮我仔细看看，这次回国如果我多带一些日元，在国内下飞机后能否顺利地过关？会不会被检查出来而补交关税？"

由于张永宏下飞机后是下午3点40分以后的时间，应属申时，在这里我需要阐明的是，当求测人所问测的事情经历跨跃两个时辰的时候，最好按事情发展的具体时间来再定一个局，这样做能够使判断结论更加精确、细腻。像这个例中，张永宏乘飞机的时间是未时，而出站的时间为申时，故测飞机飞行过程安全否看未时局，而测出站时的一些具体情况必须看申时的奇门局。于是我让她暂时放下电话，10分钟之后再打过来，我要再起一个申时的局来参断：

丁亥年庚戌月己丑日壬申时，阴3局。

值符：甲子戊　天冲星　　值使：伤门

九　辛 地　乙英伤	玄　己丙 武　辛芮(禽)杜	白　癸 虎　己柱景
九　乙 天　戊辅生	丙	六　丁 合　癸心死
值　戊 符　壬冲休	螣　壬 蛇　庚任开	太　庚 阴　丁蓬惊

我将第二天申时的奇门局认真分析了一会儿，张永宏按约定过10分钟后从日本又打来电话，电话中我对她说："因为你这次回国带的日元数额较大，请你把这些日元分散开放置在不同的行李中，所带日元的数目为6或7，相信下飞机后经过检查出站口时，会很顺利地走出来，不会有任何风险。待你安全地走出出站口的时候，请给我来个电话。"

10月22日下午4点40分左右，张永宏从大连给我打来电话："老师，我从日本东京上飞机一直到大连周水子机场下飞机，最后走出机场出站口，都十分顺利，没有出现半点差错和不顺，谢谢你了！明天我回瓦房店去看望你。"

下面把整个判断思路详解如下：

1. 断张永宏明天下午乘坐飞机回国，会一路平安的，不要有什么担心，放心地起程：

开门为飞机，现开门落震三宫。九天为航线，九天落坤二宫。震宫克坤宫，即开门（飞机）宫克九天宫（航线），故飞机很安全。张永宏年命为壬子，壬乘天任吉星落巽宫，巽宫又落有吉门休门。巽宫格局为壬加乙小蛇得势，女人柔顺，男人通达。巽宫与开门之震宫相比和，故断乘飞机回国会一路平安，可以放心地起程。

2. 建议张永宏将日元分散开放置在不同的行李中，所带日元的数目分为6或7，相信下飞机后经过检查出站口时，会很顺利地走出来，不会有任何风险：

这个判断结论是从申时的奇门局中得出来的。在申时的这个奇门局中，杜门落离九宫，代表检查部门，景门代表眼睛、寻视等信息。张永宏年命壬子均落坎宫，并乘天任吉星、开门吉门。坎宫冲克离宫，故可以轻而易举地躲过检查。坤二宫（景门落宫）虽来克坎宫，但坤二宫逢空亡（己丑日午未空亡），故不克。由此可知，张永宏下飞机走出检查站口时，会很顺利地走出来，不会有任何风险。

建议张永宏所带日元数目为6或7，因6数为乾六宫，7数为兑七宫，乾、兑两宫均可化泄景门所居之坤二宫对张永宏年命壬子所落之坎宫的克制，从而最大限度地保证张永宏携带数额较多的日元能够顺利地走出检查站口。

十三、官运预测

以开门、杜门为官运之符号。文官看开门，武官看杜门，此二门乘三奇，再得旺相来生求测人年命落宫者，必有升迁之应。在此前提下，若有太岁来生年命日干者，必系天子特旨；若有值符来生年命日干者，必有上司保举；若有月建来生年命日干者，为同学、朋友、兄弟保举。

开门落宫来克日干、年命落宫者，文官必然降调；杜门落宫来克日干、年命落宫者，武职官位降调。

不论文官、武官，返吟主调任，空亡必革职，入墓不仅受到降罚，而且会有牢狱之灾。太岁来克，天子（现指上级高层领导）不喜；值符来克，上司领导参劾；月干来克，同事来参劾；时干来克，为下属告状。

以官星（文官看开门，武官看杜门）所临九星为其人品：开门（或杜门）乘吉星为好官，乘凶星为昏官。辅星文雅;任星慈祥、诚信;天心星正直不阿;

天禽星忠厚公正;天冲星为人善良、正直而偏于性急冲动；天英星昏佣暴烈、鬼主意多；天芮星贪毒；天柱星谗言、奸诈；天蓬星大恶、贪酒色、近匪。

下面举实例讲解之。

实例一：为庄先生升迁之事预测实例

2000 年 11 月 23 日晚上 7 点多钟，电话铃响了，一接听是姓庄的朋友打来的。电话中庄先生对我说：“刘老弟麻烦你帮我看一下，最近我们单位一个老科长办理了退休，科长这个位置现在正空着。有很多人都想竞选这个位置。我今年已经 40 岁了，排资格也该轮到我了，可现在的官场变幻莫测。你帮我测一下，看看我这次参加竞选，最终能否当上这个科长。如果有希望，我就努努力，假如没有希望，就完全放弃，这也是一生中最后一次拼搏了。”

我按庄问测时间用转盘奇门起局如下：

庚辰年丁亥月乙酉日丙戌时，阴 5 局。

值符：甲申庚　天冲星　值使：伤门

六　　乙 合　己心死	太　　壬 阴　癸蓬惊	螣　　丁 蛇　辛任开
白　　丙 虎　庚柱景	戊	值　　庚 符　丙冲休
玄　　辛戊 武　丁芮(禽)杜	九　　癸 地　壬英伤	九　　己 天　乙辅生

我这位姓庄的朋友是 1961 年（辛丑）出生的，他是在政府部门工作。以开门为官星用神，现开门落坤宫，坤宫上乘天任星，任星带有丁奇，丁奇为月干，代表同事、竞争者。坤宫地盘落有辛金，正是庄先生年命。由此可知，科长这个位置竞争激烈，从日柱干支来查，午未空亡，正应开门落空亡，单位有个空缺这件事。

从整个奇门局来看，值符落兑宫，为上司主管领导，对任命谁做科长这件事起着关键性作用。今庄先生年命辛落艮宫来生兑宫（值符宫），同行竞争者月干丁落坤宫亦来生值符兑宫，此说明凡是所有的想竞选科长位置的人都会去巴结领导、送礼等。最后花落谁家，要看盘中气数来定。

分析一番后，我于电话中对庄朋友说："这次竞选科长一事，你占有百分之八十的成功率，如果不出特殊意外情况的话，这个科长你当定了。但有个先提条件：你得秘密地去单位领导家送点礼，这件事保准成功。"

"我早就想过这个问题了，现在的问题是这样：如果现在我去领导家送礼了，而其他的竞争对手也去领导家送礼，万一别人送的礼比我大，那我不是白送？"庄先生不解地对我说。

"就是你这种思维和想法，才导致你都40岁了连个科长都没当上。这回你就信我一次，马上邀你单位一把手出去喝酒，就你们两个人，不要有第三者在场。席间喝到一定程度，你便将准备好的红包递给领导，此事便大功告成。你单位其他竞争对手多数都是年青人，他们来单位时间短，与领导关系不是太熟，即使他们给领导送礼，领导也会考虑诸多因素，不会接收的，而你送的礼，领导一定会收下的。因为你是老人，比较熟悉，加之领导安排你做科长，也容易服众，这里属你的资格最老。听我的没错。"我又一次给庄朋友鼓气。

"刘老弟你再帮我看一下，我给领导送10000元钱，行不行？"庄再问。

"用不了这么多，你给他8000元钱足够了，剩余2000元钱留着咱俩喝庆功酒用！"我半开玩笑对庄说。

事情果然如我所料，半个月后，庄朋友约我去了一家档次很高的饭店，饭桌上告诉我，一切按我的指点的那样去操作，请领导去饭店喝酒，席间将提前准备好的8000元钱递给领导，一切如愿了。庄先生终于在40岁才当上正科级科长。

下面把判断思路详解如下：

1. 断这次竞选科长一事，庄先生占有80%的成功率，如果不出特殊意外情况的话，这个科长庄先生当定了：

凡测官运，均以开门为用神。现开门落坤宫，从日柱乙酉来查，午未空亡，故开门落空亡，此正应有一个空缺的官位。坤宫地盘落有辛金，正是庄的年命，天盘落有月干丁火，正是月干同事，说明该空缺庄先生与同事正在竞争。

既然是同样竞争，那就要看谁的气数占上风，谁就是最终胜利者。现在这个时空点属于阴遁，地盘气数胜、天盘气数败（阳遁时天盘气数胜、地盘气数败），开门所落之坤二宫中，庄先生年命辛落地盘，月干丁为同行竞争者，丁乘任星在天盘，从气数上看地盘辛金占胜气，而天盘任星占败气。由此可知，庄先生胜出概率大。

从另一角度来看，现任值符为甲申庚——天冲星，下一轮即将来临之值符为甲午辛——天芮星，值符便是掌权之应，正临庄先生年命辛，由此可见，未来的掌权者非庄先生莫属。因庄之年命辛乘未来的值符天芮星落于艮八宫，艮八宫属土，土主信，艮为山又为高，此便可解读为庄先生未来当选的成功率占 80%。

2. 建议庄先生得秘密给单位领导送点礼（钱），这件事保准能成功：

值符代表顶头上司，现值符落兑宫，且又临太岁庚，说明顶头上司领导通天、能力强。值符天冲星中含有地支卯木，芮星地支中含有未土，卯未半合，卯木克未土，我克者为财，星主人的心理活动状况，领导内心想向庄先生索财之意图显矣。又艮宫落有戊，戊为钱财符号，艮宫数为八，故建议庄先生得给领导送数目为八（8000 元）的钱。艮宫落有杜门，所以得秘密送给单位领导。因杜门主保密、秘密。

3. 建议庄先生马上邀请单位一把手出去喝酒，不要有第三者在场，席间酒喝到一定程度，便将准备好的红包递给领导，此事便大功告成：

庄年命辛乘芮星落艮宫，艮为止，不动之象，而艮卦之符号翻过来看便成了震卦，震卦即天冲星。震为动，此说明庄先生必须从不动状态（艮卦）变为动卦（震卦——天冲星）才能当上领导（值符冲星）。现值符天冲星落兑宫，兑为口为吃，兑宫又落有休门，休门主酒，由于冲星属木，木能吸纳水分（休门），故单位一把手领导定能喝酒。景门为离卦，离主相见，今景门落震三宫，被值符所落的兑宫所冲克，故领导不喜欢有第三个人在场（三宫主三数，景门主相见，被值符所克，当然不喜欢第三个人在场）。休门为水主酒，水长生在申，落酉（兑宫）为沐浴，沐浴为败主醉，即当领导喝到一定程度（有醉意之时），便会接受艮宫之生（艮宫生兑宫，艮宫落有玄武，玄武主醉酒，说明庄先生也有些醉意），杜门主秘密，戊为钱，艮数为八，艮亦为包，丁奇为红色。组合起来便是席间酒喝到一定程度，庄便将准备好的红包递给领导，此事便大功告成。

4. 断庄先生单位中其他竞争对手多数都是年青人，他们来单位时间较短，与领导关系不是太熟，即使他们给领导送礼，领导也会考虑诸多因素，不会接收的，而庄先生送礼，领导一定会收下的。因庄先生是老人，比较熟悉，资格又最老，领导安排庄先生做科长，也容易服众：

月干丁奇为同行竞争者，今丁乘天任星落坤二宫，与开门同宫，坤主众多、多数。天任星为艮卦，艮主少男，故单位中其他竞争对手多数都是年青人。开门落坤宫为空亡，开门主工作，故年青人工作时间不长，开门亦代表领导，今空亡，故与领导关系不是太熟。

现竞争对手丁奇落坤宫来生值符兑宫，庄年命辛落艮宫也来生值符兑宫，由于坤宫临日柱干支的空亡，故而坤宫生值符兑宫的力量没有了，或者说坤宫生值符兑宫生不上（即竞争者想给一把手领导送礼，但送不上，领导不收）。艮宫生值符兑宫则容易得多，既不空亡又临未来之值符,为大势所趋。从另一个角度来分析,值符落兑宫,兑为少女,坤为老太太，艮为少男。坤宫来生兑宫,为同性相生（女生女）,艮宫生兑宫,为少男生少女,为异性相生。显而易见,兑宫（值符）是心甘情愿地接受少男艮宫的生扶（即愿意接收庄先生所送之礼）。

庄先生年命辛乘天芮星，芮星属土，土能生金，即辛金受芮星之土来相生。芮星属坤卦，坤主众人，所以用庄当科长容易服众。坤卦纯阴，故断庄是老人（资格上的老）。

实例二：为谷副局长升迁之事预测实例

2002 年 12 月 5 日晚上 5 点 30 分左右，经朋友引见，与一位姓谷的中年男士到饭店共同进餐。经介绍得知，谷先生是 1955 年出生，现在是某局的副局长。酒桌上谷先生坐离位，吃了一小会儿，谷先生便开口对我说：“人人都说刘老师的易道很深，能不能给我说上几句？”

我知道他们请我吃饭必是有事求测，于是把早已准备好的奇门局（转盘）拿出来：

壬午年辛亥月丁未日己酉时，阴 2 局。

值符：甲辰壬　天柱星　值使：惊门

玄　辛 武 丙任景	白　乙 虎 庚冲死	六　丙 合 戊辅惊
九　己 地 乙蓬杜	丁	太　庚 阴 壬英开
九　癸 天 辛心伤	值　壬 符 己柱生	螣　戊丁 蛇 癸芮(禽)休

谷先生年命乙落离宫，其本人正好也坐离宫，因此离宫的信息便可代表其主要方面的信息。乙奇乘天冲星，主其人善良正直但偏于性急、冲动，离宫乘死门表明近期心情不好，离宫又被坎宫之值符所冲克，工作上必被顶头上司挤兑；月干辛金落巽宫来生离宫，表明谷先生人际关系好，同事、朋友门高度认可他；时干己落震宫，亦来生离宫，说明谷先生所管辖的下属、员工们都支持他的工作。

此番分析后我直言对谷先生说：“你是一个善良正直但性格偏于急躁的人，在工作上坚持原则，与同事、朋友们相处得很好，人缘不错，同事、朋友们都愿意帮助你，下属、员工们也都支持你的工作，惟有你的上司领导总和你不对付，你俩的意见经常不一致，他常在工作上给你压力，不过无妨，你单位里一把手领导快退休了，他退了之后再也不会给你压力了。”

只见谷先生望着我，半晌才说：“刘老师真的很厉害！说得一点儿不错！在单位里我和绝大多数人都相处得很好，就是和我们的局长处不来，他在工作上总是找我的毛病，有时我就不客气地顶上他几句，我就是这么个直性子，改不了。但我在工作上还是很认真地好好做。我们局长到今年年底就退休了，刘老师您仔细看看，下一任局长由谁来做？”

“你们单位有几个人竞选局长这个位子？”我问道。

“现在看来主要有两个人在竞争，一个人是我，另一个人是韩某，他是1963年生的。刘老师仔细瞧瞧，我与韩某谁能当选？”谷先生十分关心这个问题。

我认真看了看奇门局，对谷先生说：“这次竞选局长如果采取民主选举，以投票的方式来进行的话，你谷副局长肯定会当选局长。大家都会投你的赞同票。而投韩某的赞同票就少了，因为韩某人际关系不是很好，同事、下属们都对他有意见。韩某可能是从部队转业来到机关的，他有很深的社会关系，他父亲厉害，曾经在官场上做过重要位置，是个通天式的人物，尽管现在退二线了，仍然和政府一些要员有密切来往。有关局长竞选这件事，怕是已经内定好了，肯定是由韩某做下一任局长，投票选举只是走走形式而已。再者，从整个局中来看，韩某经常暗地里给政府一些要员领导送礼，路子早已铺好了，而你谷副局长在这些事情上做的显然是不够了。”

“刘老师您说的十分到位，有种入木三分的感觉。我也是这么想的，如果真的搞民主投票选举，他韩某肯定不是我的对手。毕竟我在局里工作时间长，群众基础也不错。韩某来这儿工作不到四年，有时把部队那套作风拿这里来用，招致很多人不满，这是有目共睹的。但韩某的社会关系厉害，其父亲原来是市委组织部的领导兼人大常委委员。有很深的社会关系网，尽管已经退二线了，但过去经他手提拔起来的后生力量多数都充任在市政府的主要部门工作。从这个角度看我是没法与韩某相比的。韩某经常私下给市政府一些要员送礼的事，我们都知道，这一点刘老师说得对，我的确不如韩某。”谷先生完全印证了我的判断。

后来事情的发展完全如我所预测的那样：2003 年元旦后不久，原来的老局长办理了退休，随后为了填补这个空缺，有关部门做了一次无计名投票选举，韩某果然做了新任局长，谷副局长落选。

下面把判断思路详解如下：

1. 断谷先生是一个善良正直但性格偏于急躁的人，在工作上坚持原则，与同事、朋友门相处得很好，同事朋友们都愿意帮助谷先生。下属、员工们也都支持谷先生的工作：

谷先生坐离位，年命乙亦落离位，乙乘天冲星，冲星落离宫为旺，冲星主人善良正直但性格偏于急躁；离宫落有死门，死门为坤卦，其中含有地支未，正是其年命，死门主固执、不善变通、坚持原则等。坤宫上乘六合，六合代表朋友、社交等，坤宫地支有未，正是谷先生年命，离宫又来生坤宫，故谷先生与同事、朋友们相处得很好。月干辛落巽宫，来生离宫，月干代表同事、朋友，所以断同事、朋友门都愿意帮助谷先生；时干代表下属，今时干己落震宫来生离宫，故下属、员工们都支持谷先生的工作。

2. 断惟有上司领导总是和谷先生不对付，两个人的意见经常不一样，上司领导常在工作上给谷先生压力，不过无妨， 单位里一把手领导快要退休了：

值符代表上司领导。现值符乘天柱星落坎宫，正冲克谷先生年命乙奇所落的离宫，天柱星又克谷先生年命乙奇所乘的天冲星，故上司领导总是和谷先生不对付，两个人的意见经常不一样。由于九星代表人思想领域的信息，值符宫的天柱星克离宫的天冲星，所以有上司领导常在工作上给谷先生压力。由于值符天柱星上乘天干壬，壬为壬午年太岁岁干，当时为 2002 年 12 月 5 日，壬午年即将成为过去，故壬午太岁将要离去（退休），所以断不过无妨，单位里一把手快要退休了。这里还有一个隐藏的信息：值符落在坎宫，坎宫地盘暗藏有休门，都是单位领导即将退休之信息。

3. 断这次竞选局长如果采取民主选举，以投票的方式来进行的话，谷先生肯定会当选局长，大家都会投谷先生的赞同票，投韩某的赞同票就少了，因为韩某人际关系不是很好，同事、下属们都对他有意见：

景门代表投票选举的票数，今景门落巽宫与月干辛同宫，月干代表同事，巽宫生谷先生年命乙所落之离九宫，而韩某年命癸落艮八宫，被巽宫所克，同时时干己落震宫，亦来克艮宫，充分说明谷先生人缘好、人气旺，韩某则不然。由于月干、景门、时干宫都来生谷先生年命落宫（离九宫），月干、景门、时干宫均来克韩某年命癸所落之艮宫，故断如果采取民主投票选举的话，谷先生肯定会当选局长。

4. 断韩某可能是从部队转业来到机关的，有很深的社会关系，他父亲厉害，曾经在官场上做过重要位置，是个通天式的人物，尽管现在退二线了，仍然和政府一些要员有密切来往：

韩年命癸乘天心星与伤门同落艮宫，艮主少年、年青时代，天心星为武曲星，伤门为军人之信息，故断韩可能是从部队转业来到机关的。艮宫地盘落有辛金，辛为癸之偏印，故辛金为韩某的父亲。天盘辛落巽宫，故为旧太岁（即去年太岁辛巳），说明其父亲过去曾经在官场做过重要位置，是个通天式的人物（太岁即为通天）。

生门与值符、太岁壬同落坎宫，生门所带暗干为辛，正是韩某父亲，说明韩的父亲尽管已经退居二线了（旧太岁）仍然暗中（暗干）和政府一些要员（太岁壬）有密切来往（同落坎宫）。

5. 有关局长位置竞选这件事，怕是已经内定好了，肯定是由韩某做下一任局长，投票选举只是走走形式而已：

值符代表掌权者，现任值符为甲辰壬天柱星，下一任值符为甲寅癸天心星，正是韩某的年命，而下一任值使正好是开门，开门所带暗干也是癸，正是韩某的年命。因此说，下任局长之事早就内定好了，无法更改。又今年太岁为壬午，明年太岁为癸未，故韩某年命癸为未来之太岁，其当任局长之事近在眼前。景门代表投票选举，与玄武同宫，故投票选举只是走走形式而已，并不具备权威性、真实性（玄武）。

6. 断韩某经常暗地里给政府一些要员领导送礼，路子早已铺好了，谷先生做的远远不够：

乾宫地盘落有韩某年命癸，天盘落有戊，还有休门，戊为钱，休门为酒，乾宫生值符、太岁所在之坎宫，故断韩某经常暗中给领导要员送礼。谷先生年命乙落离宫，克戊、休门所落之乾宫，又和值符、太岁宫对冲，所以谷先生没有给领导送礼，做的远远不够。

十四、工作岗位、择业、就业预测

现在社会上流行的预测工作、岗位、择业等方面，一般是以开门代表工作、单位、岗位，以杜门代表武职部门工作、岗位等。我在大量的实践过程中发现，仅用开门、杜门来预测现代社会众多的工作岗位、行业是远远不够的，也是行不通的。必须细致分类，方能满足现代社会种类繁多的复杂的工作、职业、岗位方面的求测人群。现兹述如下：

1. 天蓬星、休门：水利部门、渔业部门、海洋部门、自来水部门、造酒厂、盐业部门、科研部门。

2. 天芮星、死门：土地管理部门、土地资源部门、环保部门。

3. 天冲星、伤门：林业部门、交通部门、公安部门、部队、武装部门、体育部门、船业、慈善事业有关部门、歌唱家、乐器演奏家。

4. 天辅星、杜门：文化教育部门、教师、保密、保险部门。

5. 天英星、景门：设计院、美术馆、照相馆、电影、电视、图书馆、计算机、电子行业、书店、旅游部门、旅馆、饭店、酒楼、宾馆、电力部门。

6. 天禽星：国家政府工作人员、领导，国有土地资源等职能部门、地方政府工作人员、领导。

7. 天柱星、惊门：语言工作者、翻译、律师、外交部门、对外港口、海关。

8. 天任星、生门：农业部门、建筑部门、房地产部门、监狱部门、火车站、汽车站、矿山矿石、银行。

9. 天心星、开门：医院、医疗机构、制药厂、政府机关、武装部门、机械行业、工厂、钢铁生产厂、轴承行业、航天工业、飞机制造。

通常以年干代表上级领导，以值符代表直接上司，月干代表同事，日干、年命为求测人，以时干代表下级及单位员工。

日干、年命落宫旺相，又得吉门、吉格、吉神、吉星者，为自身条件好，再得用神来相生（如求测者欲从事教育事业，取天辅星为用神），则求职求工作必顺利；若日干、年命落宫克用神落宫，为经过努力也能得到工作岗位；如果日干、年命落宫不得吉门、吉星、吉格、吉神，又不乘旺相气者，且又受用神宫来冲克者，求职求工作必然不遂；若日干、年命与所求工作之用神落同宫（如求测人年命为丙寅，其欲选择的工作岗位是设计院，而年干丙与景门落同宫），若该宫不空亡，则此工作求之必成。

实例一：为范广利预测工作及运气实例

1996 年 3 月 26 日下午 2 点多钟，有一个身着紫红色上衣的男士慕名前来求测，经介绍名字叫范广利。是 1960 年出生的，我按其前来求测的时间，用飞宫法起局为其预测。并结合范广利求测时所坐的方位进行参断。范广利坐在巽位，显得很沉静、很压抑。在以往的预测中，求测人所坐的宫位能准确地反映出其来意及近期所遇到的事情。

奇门局如下：

丙子年辛卯月壬戌日丁未时，阳 9 局。

值符：甲辰壬　天辅星　　值使：杜门

九　**庚** 地　壬芮死	六　**丙** 合　戊柱惊	太　**戊** 常　庚英景
朱　**己** 雀　辛蓬休	九　**辛** 天　癸冲	螣　**癸** 蛇　丙禽杜
太　**丁** 阴　乙心开	勾　**乙** 陈　己任生	值　**壬** 符　丁辅伤

我没问什么，单刀直入地对范广利说："你肠道有病，经常肚子痛，有四年时间了，对吧？"

"是的！我1992年得了结肠炎，至今也没好，几乎三天两头肚子疼，你怎么知道的？我还没有报生日给你呢！"范广利不解地问。

"奇门遁甲是不用生日时辰的，同样可以预测很多事情。"我解释说。

"好吧，那你看看我是做什么工作的？今天来这主要是为什么事情来预测的？"范好像是有意识来考考我。

我观察了一下范所坐的巽四宫，结合其衣着颜色，并兼看其年命庚所落之天地盘，年支子所处的宫位，十分肯定地对范讲："你在单位是从事财务工作的，近期在工作上遇到了麻烦，单位一把手和二把手领导都挤兑你，对你不满。为此，你很苦恼，想调换一下工作，但又不能马上调走，是吧？"

"你测得很准！我是单位里管财务工作的，正如刚才你所测的，两个领导最近总是在工作上对我百般挑剔，尤其是一把手，经常对我发火，我想了半天也想不出领导为什么会对我这样？平时在工作上我是很认真的，基本没出过什么错，尽管我那么努力地去工作，可领导还是不满，我实在是受不了这窝囊气，想调换一个工作，可是暂时没有合适的岗位可去，请您给我指点迷津。"范广利态度变得十分谦和。

"去年年末，你单位一个管财务的女同事想以工作的名义动用一笔公款，由于你是总管，按工作程序你没有同意动用这笔款。其实你当时并不知道这笔钱的真正用途。这笔钱是用来给领导做奖金的。你更不知道想动用公款的那个女同事和单位一把手是什么关系。所以才有今天你这被动的局面。依奇门局来看，当时想动用的这笔钱应当是五万元。那女的和一把手之间有特殊关系。"我把话给说白了。

只见范广利沉默了好久，然后十分感慨地说："谢谢您刘老师！我心中的疑团终于让您给解开了！您说的钱数一点儿不错。去年年末，现金会计（女）找我，说领导让其拨五万元钱，用来购买冬季保暖用品，当时单位资金由我总管，因现金会计没有拿来有效的手续，所以当时我按财务资金动用有关规章制度把这事给卡住了，我也听有人传说现金会计（女）和一把手领导有暧昧关系，我不是很相信，经您这么一说，看来都是真的。那下一步我该怎么办？请您指点迷津。”

我观察了一下全局，根据范广利年命为庚子这一主要因素，对他建议说：“你单位一把手领导想把你调离现在的岗位，你从内心不想离开，但依我之见最好是主动离开，所谓君子不与小人共事。离开后调往北边一个单位是你的最佳选择。到了北边单位之后，你会继续做财务工作，而且新单位的领导会器重你的。”

范广利听了我的建议之后，说：“我的确想调往北边的一个单位，现在正托人运作，但那边一点回音都没有，不知我最终会落脚何处？”

我笑着安慰范广利：“放心吧！最终你一定会到北边去工作的，快者，清明节之后30天内可到新工作岗位上班。”

果然，4月8日（乙亥），范广利高兴地给我打电话：“刘老师，我的工作调成了，正是你所测的北边那个单位，还是让我管财务，单位领导对我很好，谢谢你给我的帮助和指点。”

下面把整个判断思路详解如下：

这是一个典型的测来意的实占例题。生活中我们经常会遇到一些求测者，前来求测但不讲明具体测什么事，甚至有时故意说：“你会算，应当能算出我来测什么的。”

遇上这种人，这种情况，对预测者是一个学术功底的考验。以我多年的实占经验，凡遇到上述情形，应当从以下几个点入手：

1. 首先看求测者所坐（或站）的方位。

凡是前来求测的人来到之后，必然会选择一个适合的方位坐下来，这是一个由动到静的转变过程。天机尽泄于一动一静之间，运动是不平衡的状态，静态则是相对的平衡。当求测者坐下来以后，便处于一种相对的平衡态，这种平衡态最能反映出其现在的状况。为什么求测者所坐的方位最能反映其现在的本质状况呢？《系辞传》曰：方以类聚，物以群分，吉凶生矣。在天成象，在地成形，变化见矣。

2. 再看值符、值使落宫与求测者所坐方位之间的关系。

值符为体，值使为用。值符乃全局之主宰，掌生杀大权，求测者所坐之方位受值符宫之生，必享天恩；求测者所坐之方位若受值符宫之克，则必受达官贵人之遣。

3. 次看求测者年命落宫与值符、值使落宫之间的关系。

年命落宫属求测者天命部分。若求测者坐宫被值符宫所克，而年命落宫被值符宫所生，这为始凶终吉，暂时受制，终将离苦入甜，结局吉利；若求测者坐宫虽受值符宫所生，但年命宫受值符宫所克，则始吉终凶，结局不佳。

4. 最后看时干、时支宫。时辰为先锋门，凡有所问，其意尽显于时辰干支之中。当时辰干支与求测者年命同落在一个宫位，或时辰干支与求测者坐落方位同宫时，其意更明，其占必验!

以上四条，是我研究奇门占来意的点滴心得。下面将根据这些心得体会来解析上述占例的判断过程：

一、断范广利肠道有病，经常肚子疼，有四年时间了：

范广利进屋后坐巽位，巽宫格局为庚加壬小格，庚乘天芮星，天芮星为病神，阳遁局巽宫为内，巽主肠道，庚主大肠，这些都是极其明显的肠道疾病符号。巽宫落有死门，死门主疼痛，故断经常肚子疼。九地代表坤卦，坤为腹。巽宫数目为四，又巽宫格局为庚加壬，1992 年为壬申年，1992 年至 1996 年正好是四年，范广利年命为庚子，故上述条件综合在一起，便可肯定这些断语。凡是年命、坐宫均在同宫这种情况下，其应验准确率极高。

二、断范广利在单位是从事财务工作的：

范广利坐巽宫，巽宫为地盘值符之宫（甲辰壬），值符主财务等信息符号。范之年命庚落坤宫地盘，格局为戊加庚，戊为钱财之符号。范年命地支子在坎宫，坎宫落有生门，生门亦为钱财之信息。综上所有信息，全是钱财符号，故断范从事财务工作。

三、断范近期工作上受单位一把手和二把手领导的挤兑，为此而苦恼，想调换一下工作，又不能马上调走：

范年命庚落巽宫，格局为庚加壬小格，又名移荡格。值符落乾宫正冲克巽宫。值使落兑宫也来克巽宫。值符为一把手领导，值使为二把手领导，现都来克巽宫，故有上述断语。范广利年命庚落巽宫，庚与巽宫地盘壬形成庚加壬移荡格，巽宫被值符所落之乾宫来相冲，亦被日柱壬戌落乾宫来相冲，地盘庚落坤二宫又临日柱马星宫（寅午戌马在申），其动向十分明显。但巽宫临死门，故不能马上调走。死门亦主心情不好、烦恼等。

四、断去年年末单位一管财务女同事想以工作名义动用一笔公款，数目是 50000 元，范广利按工作程序没有同意动用这笔资金：

时干宫为先锋门，时干丁乘天心星加开门落艮八宫，冲动坤二宫，坤宫格局为戊加庚飞宫格，戊为资金，庚为范广利年命，说明单位资金由范主管。艮宫格局为丁加乙，开门主工作，故以工作名义。乙为去年太岁岁干（乙亥年），艮宫主丑、寅二支，丁乙为阴，故断去年年末。丁为玉女，艮宫又乘太阴，故断一女同事。戊落坤宫，坤主二、五、八数。戊乘天英星，火生土，土旺而取五数（取八数亦可）。断是公款，戊地盘本位在离宫，上乘太岁丙，故为公款。范年命落巽宫，又坐巽位，克丁奇所落之艮八宫，克戊所落之坤二宫，故没有同意动用这笔资金。

五、断动用这笔资金的真正用途是用来给领导做奖金的：

戊落坤二宫，乘太常。太常主奖励、嘉奖等。坤宫生值符之乾宫，生值使之兑宫，故断此钱是想用于给领导做奖金的。

六、断现金会计女同事和一把手领导之间有特殊关系：

丁乘天心星落艮八宫，临太阴生值符乾宫，太阴主暗中之事、阴私之事，地盘丁奇落乾宫与天盘值符辅星所带天干壬相合，丁与壬为淫荡之合，值符为一把手领导，故断现金会计与一把手领导之间有特殊关系。

七、断单位一把手领导想调走范广利，范广利从心里不想离开：

范广利坐巽位，年命庚亦落巽位，被值符所落之乾宫来冲克，故有此断语。巽宫临死门，所以断范广利从心里不想离开（死门为坤卦，坤主静）。

八、建议范广利调往北边单位是个最佳选择，到新单位后会继续做财务工作：

范坐巽位，年命庚亦落巽宫。从奇门择吉来讲，只有二个方向对巽位有利：一个是震宫，与巽宫比和，相互比助。另一个是坎宫，能生助巽宫。在这两个宫中，震宫有二个弊端，一是被值符宫来克，二是被值使宫来冲克。坎宫则不然，坎为水，生范广利年命庚及其所坐之巽宫。坎宫被值符宫（乾）、值使宫（兑）来相生，坎宫又临太岁（子），并且落有天任吉星、生门吉门，又临乙奇，恰好范广利年命子也在坎位。从范广利所坐之巽位来看，格局为庚加壬移荡格（又名小格），正被值符乾宫所冲克，巽宫申辰半拱水局（甲申庚、甲辰壬），合待冲，冲待合，既然巽宫被值符宫所冲，故必有申子辰三合水局之应。子位（坎宫）是其不二之选择。坎宫格局为乙加己，乙乘天任吉星，坎宫又落有生门吉门。生门主财，故断到新单位之后继续做财务工作。

九、断到新单位后领导会器重范广利：

坎宫为新单位，新值符（未来之领导）天禽星落兑宫，生坎宫。坎宫是范广利年命地支子。新值符就是下一轮值符的意思。现在局中值符为甲辰壬，此旬过后下一轮值符是甲寅癸，癸乘天禽星。

十、断清明节之后30天内可到新岗位上班：

范广利坐巽宫，其格局为庚加壬移荡格，由于求测日为壬戌日，故也为日格，且巽宫为内盘，事必应速。求测时正值辛卯月，过了清明节便是壬辰月，正应庚下之壬，辰亦在巽位。即庚见到壬（壬辰月）便要移荡（调动工作）了。

实例二：用奇门预测帮助迟骋选择工作单位

2007年10月14日上午10点左右，我的学生姜淑英带着一位名字叫徐淑英的中年女士前来求测。相聊得知，徐淑英的儿子叫迟骋，现在正就读于中国民用航空大学飞行器动力工程专业，已读大四，明年就要毕业了。现已有很多用人单位来校与即将毕业的大学生们预签工作合同。迟骋平时在校学习成绩很好，很多用人单位都愿意与他预签工作合同。现在有以下单位都愿意与迟骋预签工作合同：中国南方航空公司、中国海南航空公司、香港九龙航空公司、大连、沈阳、成都等多家航空单位都愿意与迟骋签定工作合同。

还有一个选择就是留校任教，中国民用航空大学隶属于中国民用航空总局，属于国家部委属的高等院校，校址在天津市。现全校已有 50 多名应届生报名留校任教。按校方规定要求只能在这 50 多名大四学生中录用 7 个人。其竞争之激烈可想而知。

面对诸多的就业选择，徐淑英女士不知所措，在我学生姜淑英的引见之下找到我，希望我通过预测，帮助儿子最终定位工作选择。我按其前来求测时间用转盘奇门起局为其预测：

丁亥年庚戌月辛巳日癸巳时，阴 9 局。

值符：甲申庚　天柱星　　值使：惊门

值　庚 符　癸柱杜	九　辛 天　戊心景	九　乙 地　丙蓬死
螣　丙壬 蛇　丁芮(禽)伤	壬	玄　己 武　庚任惊
太　戊 阴　己英生	六　癸 合　乙辅休	白　丁 虎　辛冲开

徐淑英告诉我迟骋是 1985 年阴历 4 月份出生的。在整个奇门局中，迟骋年命乙于天盘落坤二宫，于地盘乙奇落坎一宫。时干癸于天盘落坎一宫，时干癸于地盘落巽四宫。

通盘分析之后，我对徐淑英女士说："你儿子在众多的选择中，最理想的选择是留在中国民用航空大学里任教，成为一名大学老师。其他的各类航空公司虽然都能给予较丰厚的待遇，但我认为还是做一名大学里的老师更好，也更适合你儿子。"

"留校任教虽然很好，但已有 50 多名大学生报名留校任教，而学校仅有 7 个人的留校任教名额，最后要经过各项筛选、考核、面试之后才能最终录用，难度比较大。而各大航空公司录用的标准相对宽松些，被录用的机率很大。以我儿子在校的成绩及表现，很多航空公司都很看中，只要一报名，基本上就可以定板录用。而留校任教，由于竞争激烈，还要经过多项考核，没有绝对把握。刘老师您帮助仔细看看，让我儿子去哪家航空公司比较理想？”徐淑英询问。

我仔细看了看奇门局，对徐淑英说：“就让你儿子留在中国民用航空大学任教吧，虽然有50多名大学生都想留校任教，但最终经过考核、筛选、面试后，你儿子一定会被学校选中录用的，尽管留校任教的名额只有7人，你儿子还是成功了。”

经过我的一番指点，徐淑英最后还是让儿子迟骋报名参加留校任教的考核之中。

10月19日上午10点左右，我的学生姜淑英再次给我打来电话：“老师，上次我带的徐淑英到你处为儿子预测工作的事儿你还记得吗？”

“我当然记得！这才几天的事呀！当时的卦例还在我办公桌上呢！那个即将毕业的大学生叫迟骋，他现在怎么样了？到底报哪个项目了？”我问了一下情况。

“最后听你的建议，报名参加留校任教了，今天下午4点钟进行面试考核，麻烦老师看一下，今天面试最终能否过关？能否面试成功？这次面试后便可决定留校是否能留成，决定前途命运的时刻到了！”姜淑英于电话中对我说。

“放心吧，面试一定会顺利通过，等着好消息吧！”我十分肯定地对姜淑英说。

果然如我所预料的那样，迟骋顺利地通过学校的面试等考核，于2007年11月9日经过最后一个考核项目——体检。最后体检也完全顺利地通过了。迟骋终于被中国民用航空大学正式录用，成为一名合格的大学老师了。

现在将详细的判断思路讲述如下：

1. 建议徐淑英女士让儿子迟骋选择留在中国民用航空大学任教，成为一名大学老师是最为理想的选择：

由于是徐淑英前来为儿子求测，故取时干落宫及儿子年命落宫为参考主线。今时干癸乘天辅星落坎一宫，迟骋年命乙亦落于坎宫地盘。坎宫落有休门，为门伏吟，有继续留在学校任教（天辅星为老师）之象。

时干癸于地盘落巽宫，巽宫又临值符天柱星，柱星为兑卦，兑为说，巽主教化，迟骋留校任教之信息甚明。

从年命落宫这个角度来分析，迟骋年命乙于天盘乘天蓬星落坤宫，坤宫又落有死门，星门俱凶，不利。又从日柱辛巳来查空亡，坤宫为空亡宫，即天盘年命乙所落之处为落空亡；迟骋年命乙于地盘落坎宫，坎宫上乘天辅星，坎宫又落有休门，星门俱吉，且乘六合吉神，格局为癸加乙华盖逢星，贵人禄位，常人平安，门吉则吉，门凶则凶。

由此可知，迟骋年命在天盘（坤宫）不利，既乘凶星凶门又落空亡，故应聘于各大航空公司均为不利（航空公司主要以天上事为主，故以天盘来应）。迟骋年命在地盘（坎宫）上既乘吉星又乘吉门，还有吉神，并且又不逢空亡，故应聘于留校任教（天辅星）是最为理想的选择。

2. 断虽然有 50 多名大学生都想留校任教，而留校名额只有 7 个人，但最终经过考核、筛选、面试后，迟骋一定会被学校选中录用而成为一名大学老师：

月干为同学、同行竞争者，今月干庚乘天柱凶星落巽宫，虽临值符，但巽宫落有杜门，有不通之义，又逢庚加癸大格，为大凶之格，百事凶，太岁丁落乾宫，乾宫冲克月干庚所落巽宫，太岁代表大学，故同学、同行竞争者处于劣势。迟骋年命乙乘天辅文曲吉星落坎宫，又逢休门吉门，六合吉神，癸加乙吉格，更重要的是太岁丁奇落乾六宫来生坎宫，即学校看中、认可迟骋各方面的条件。

景门为面试，今景门落离宫，来生迟骋年命乙所落之坤宫，故面试必能通过。辅星为学校，辅星亦代表老师，于坎宫里辅星与迟骋年命乙同宫，又受太岁丁之乾宫来生扶，迟骋必会被学校选中录用而成为一名大学老师。

十五、官讼预测

值符落宫为原告，天乙宫为被告，开门落宫为法官，六合落宫为证据、证人，景门落宫为诉讼状、起诉书，惊门为辩护人、律师。

值符落宫克天乙落宫者，原告胜；天乙落宫克值符落宫者，被告胜；若二宫比和，主和平解决；若值符宫生天乙宫，为原告开始起诉，后来主动求和；若天乙宫生值符宫，为被告主动求和。

开门落宫既克值符宫，又克天乙宫者，为法官铁面无情，公平审判；开门宫生值符宫，法官偏向原告；开门宫生天乙宫，法官偏向被告；若开门入墓，为法官糊涂，审不明白；开门落空亡，不开庭审理；反吟，需重审或换法官审理。

景门为起诉书，落宫旺相，得三奇吉格者，为情词恳切，又不被开门宫冲克者，必被受理。若开门宫冲克景门宫，则法官不受理。景门落空亡，又乘玄武、螣蛇者，主所诉事情不真实。六合逢空亡，为证据、证人不足或没有证据、证人。

值符落宫临戊、生门而生开门落宫者，而开门宫又来克天乙宫，且六合宫逢空亡者，为证据不足，但原告贿赂法官，法官受贿而偏袒原告，不公平执法，加罪于被告。

若天乙落宫临戊、生门来生开门落宫，而六合宫空亡，开门宫又来克值符宫者，为证据不足，但法官受贿于被告，不秉公执法，加害原告。

开门宫受值符宫临戊、生门来相生，又受天乙宫临戊或生门来相生，并且同时开门宫又冲克景门宫者，为法官吃完原告又吃被告，但总是拖延受理时间。

又法以原告方年命落宫与被告方年命落宫之间的生克来决胜负，原告年命落宫克被告年命落宫者，原告胜；被告方年命落宫克原告方年命落宫者，被告胜。

下面举实例讲解之。

实例一：为杨丽测官司胜负预测实例

2001年8月20日中午12点20分左右，我正在吃午饭，一位名字叫杨丽的女士前来求测。进屋后她坐离位。我按求测时间起转盘局：

辛巳年丙申月乙卯日壬午时，阴8局。

值符：甲戌己　天柱星　　值使：惊门

值　己 符　壬柱休	九　庚 天　乙心生	九　丙 地　丁蓬伤
螣　丁辛 蛇　癸芮(禽)开	辛	玄　戊 武　己任杜
太　乙 阴　戊英惊	六　壬 合　丙辅死	白　癸 虎　庚冲景

见我写好了奇门局，杨丽女士很直率地对我说："刘老师，我今天来主要是测一桩官司，你看一下，我这官司能否打赢？事情是这样：我今年夏天在家里休产假，由于我结婚晚，年龄较大才生孩子，只能做剖腹产了。由于伤口愈合得不好，就遵照医生的要求在家里多休息了一些日子。结果上班后领导说我没有按规定时间回来上班，正好又赶上单位下岗裁员，就把我的名字给划入下岗人员的行列里了。尽管我一再地解释、申辩，单位领导还是坚决不允许我回来上班，说即使人回来了，也没有这个岗位了。我咽不下这口恶气，非要找个地方说说理，我想通过法律手段来起诉单位领导，你看我这个官司能否打得赢？"

"你是哪一年出生的？"我问。

"我是1970年阴历八月二十五日下午四点多钟出生的。"杨丽报得很详细。

我认真分析了一下值符落宫与天乙落宫，再结合杨丽女士年命落宫及其所坐的宫位，对她说：“你到医院找医生把情况如实地说一下，让大夫将你在家休息这段时间给开个病假条，然后你拿着病假条去找妇联，妇联会帮你出头讨公正的，如果妇联出面也解决不了问题，你可通过法律来起诉你单位领导，最终肯定胜诉，单位必然会恢复你的工作，重新安排你上班工作。”

听了我的建议后，杨丽女士找到当地妇联将情况做了如实反映。妇联出面找杨丽单位有关领导交涉此事，让单位领导拿出有关文件来，单位领导拿不出有效的文件，只好回避，但又不给解决问题。最后妇联建议杨丽女士用法律武器来维护自己的合法权益，起诉单位领导。在妇联的介入情况下，法院很快便接手了这个案件。不久便开庭审理，最终宣判原告杨丽胜诉，单位必须在一个月内安排杨丽的工作，而且要求给安排的工作岗位不能比原来的岗位差。杨丽终于在妇联的帮助下，通过法律这个有力的武器，维护了自己的合法权益，同时也维护了妇女儿童的合法权益不受侵害。

下面把判断思路详解如下：

1. 建议杨丽女士找医生给开个病假条，然后拿着病假条去找妇联，妇联会帮助杨丽出头讨公正的：

在这个奇门局里，我取坎宫为妇联。为何取坎宫代表妇联呢？因坎宫落有天辅星、死门、又乘六合，死门为坤卦，坤代表众多，也代表妇女（坤卦为纯阴，故代表女人），天辅星为巽卦，亦代表女人，又巽为绳，六合主团体，组合起来便可以代表妇女联合会了。又坎宫地支为子，子为神后，亦代表妇女。综上所述，坎宫代表妇联最为恰当。

丁奇乘天芮星落震三宫，来生杨丽年命庚落之离宫。丁为字条，芮星为病神，组在一起便是病假条。由于代表病假条的丁奇乘芮星落震宫来生杨丽所坐之离宫，故建议杨丽找医生给开个病假条，以作为未来开庭打官司时的证据之一。又代表妇联的坎宫来生丁奇所落之震宫，说明妇联对于杨丽所开出的病假条很重视。开门代表公正，今开门亦与丁奇同落震宫，被坎宫（妇联）来相生，故妇联会帮助杨丽讨公正的。

2. 断如果妇联出面也解决不了问题，建议杨丽通过法律手段来起诉单位领导，杨丽肯定会胜诉，单位必然会恢复杨丽的工作，重新安排上班工作：

从日柱乙卯来查坎宫为空亡。由于六合落坎宫代表妇联，今遇空亡，恐有闪失，故妇联出面有可能解决不了问题。所以才建议杨丽女士走法律这条路。今值符落巽宫，代表原告。天乙（天辅星）落坎宫，代表被告。杨丽年命庚落离宫，其本人亦坐在离宫，并且受值符所落之巽宫来相生，故杨丽适合作为原告来起诉单位领导，现被告宫（坎）生原告宫（巽），原告必胜。又开门代表法官，今开门、太岁辛均落震宫来生杨丽年命庚及其所坐之离宫，充分说明杨丽受到法官及社会各界的同情及相助，必能打胜这场官司。开门代表工作、岗位等信息。今开门落震宫来生杨丽年命庚所落之离宫，故断杨丽最终能够恢复工作，重新上岗。

实例二：为全艺娜女士预测离婚官司实例

1999年8月27日上午8点20分左右，一位名字叫全艺娜的女士前来求测。进屋后她坐在离位。全艺娜告诉我，她是1970年（庚戌）出生的。我按其来求测的时间起转盘局如下：

己卯年壬申月辛亥日壬辰时，阴1局。

值符：甲申庚　天任星　　值使：生门

白　乙癸 虎　丁芮(禽)休	六　辛 合　己柱生	太　壬 阴　乙心伤
玄　己 武　丙英开	癸	螣　戊 蛇　辛蓬杜
九　丁 地　庚辅惊	九　丙 天　戊冲死	值　庚 符　壬任景

全艺娜女士说话不多，人显得比较压抑。我看了一下其年命落宫，对全艺娜说：“你的婚姻出问题了，正在闹离婚，对吧？”

“是的，你测准了。你看我俩最终能离成吗?”全艺娜问。

“你丈夫是哪一年出生的?”我问。

“他是1965年8月13日出生的，时辰记不得了。”全艺娜回答。

我认真地看了一下双方年命落宫，分析一番后对全艺娜说：“你夫妻俩闹离婚的根源在你丈夫身上，他在外面有女人了，并偷着藏私房钱。与你丈夫相好的那个女人在过去与你也相识。为这事你十分生气，你要与丈夫办理离婚，但你丈夫不同意离婚，你指责丈夫有外遇，他矢口否认，而你又没有足够的证据能证明丈夫有外遇这件事，你现在一意孤行，只想尽快地办理离婚手续。由于协议离婚这条路行不通了，只能走法律这条路，你准备起诉你丈夫，对吧?”我讲出一系列的事情来。

“你说的一点儿也不错！他在外面有女人这事有几个人都见到过，只是我没有抓到正着，他就死不承认。另外他藏有私房钱一事被我发现，他借口说是跟朋友借的钱，当我找他的朋友进行对质时，朋友说没有这回事。我和他大吵一顿，他私下藏钱的事暴露了，更加证明了他外面有女人这件事。终于在一周前，我丈夫和那个女的一起在饭店吃饭，被我遇上了，结果发现这个女人竟然是我原单位的同事。他们一再向我解释说在谈工作。但我心里明白得很，谈工作完全是借口，我不想听他们怎样解释，现在就是想马上办理离婚手续。我找律师咨询过，律师说仅仅丈夫和那个女人在饭店一起吃饭这件事，还不足以证明丈夫在外面有第三者女人，更不能做为离婚的主要证据。为此我十分苦恼，难道事情到了这种地步，想离婚也这样难吗?”全艺娜带着情绪说。

我又认真地分析了一下整个奇门局，对全艺娜说：“你们夫妻俩有处房子，约90平方米，是套间，房子是写你的产权名字。但如果真的要离婚的话，你丈夫也会要房子产权的一部分，但他不会要孩子，孩子最终得由你来抚养，对于这样的离婚条件，你会答应吗?”

听我一席话之后，全艺娜急了：“法律不会那么不公平吧?明明是他在外边有第三者女人了，再说房子的产权证写的是我的名字，当时买房子的时候我父母也帮助出了不少钱，这房子绝对不能给他。至于孩子，要由法庭来判决，如果判给他，我同意。如果将孩子判给我，我也愿意接受。刘老师你帮我好好看看，这个官司我能否打赢？最后法院会如何判决？如果我不主动提出离婚，他会不会主动提出离婚？”

我认真地分析一会儿奇门局，对全艺娜说：“你丈夫不会主动提出离婚的，他希望你起诉提出离婚，然后好向你提离婚条件。他的离婚条件是：孩子他不要，归你抚养。房子的财产他要一部分。如果你不起诉提出离婚，他也不会提出离婚，更不会去起诉。只会这样沉默下去，时间久了，你会沉不住气，最后你作为原告起诉丈夫，丈夫成为被告。”

“最后法院会这样判决：由于房屋属于夫妻共有财产，按房屋总价的百分之四十判给男方，房屋总价的百分之六十归女方所有，孩子由女方抚养。”

全艺娜终究没有坚持住，还是主动起诉了，法院最初给予了调解。最后全艺娜还是坚持要离婚，最终法院判决房子总价的百分之四十归男方，百分之六十归全艺娜，孩子判给全艺娜抚养，男方每月付给一定数目的孩子扶养费。其判决结果与奇门预测结论完全一致。

下面把判断思路详解如下：

1. 断全艺娜的婚姻出问题了，正在闹离婚：

乙、庚为夫妻之道，今庚落乾宫，乙落巽宫，乾、巽对冲，庚为全艺娜年命，且临值符，凡是临值符的事情，都是应验率很高的。又休门主婚姻，现休门落巽宫为入墓，又被全艺娜年命落宫（乾）来冲克，故必应婚姻不顺，正在闹离婚之事。

2. 断离婚的根源在全艺娜丈夫身上，丈夫在外面有女人了，并偷着藏私房钱。与丈夫相好的女人过去曾与全艺娜相识：

全艺娜丈夫年命为乙巳，今乙落巽四宫沐浴败地（乙木长生在午，沐浴在巳），巽宫地盘又落有丁奇，丁奇为第三者女人，巽宫还落有休门，休门主婚姻、休息等信息。这些信息综合在一起可解读为全艺娜的丈夫（乙）与另外一个女人（丁）暗中住在一起（休门）了。休门所带暗干为戊，戊为钱财之信息，由于戊为休门之暗干，休门又入墓于巽宫，故断丈夫偷着藏私房钱。

天盘丁奇落于艮宫，艮宫地盘落有全艺娜年命庚，丁、庚同居艮八宫，故断与丈夫相好的女人在过去与全艺娜曾经相识。

3. 断全艺娜要与丈夫办离婚手续，但丈夫不同意离婚，而且丈夫矢口否认有外遇这件事，全艺娜又没有足够的证据能证明丈夫有外遇这事，全艺娜只能一意孤行，只想尽快地办离婚手续，协议离婚这条路行不通，只能走法律这条路，全艺娜正准备起诉丈夫：

全艺娜年命庚落乾宫，来冲克丈夫年命乙所落之巽宫，为全艺娜想要与丈夫办理离婚之象，但巽宫落有休门，休门主息事、停止之意，又休门为水，可化泄乾金之克，故丈夫不同意离婚，并有回避这件事的意思。巽宫所乘之禽星上带有癸水，与地盘形成癸加丁螣蛇夭矫凶格，癸为网，丁奇藏于巽宫地盘，天盘又有癸水之网笼罩着，故丈夫必然是捂着、盖着这件事。又巽宫地盘有杜门，杜门主保密，杜门为巽卦，为兑卦之反卦（兑卦翻过来看便是巽卦），兑为说，故说假话，死不承认有这件事。

六合为证据，今六合落离九宫来克全艺娜年命庚所居之乾宫，故全艺娜没有找到足够的证据。全艺娜年命庚乘天任星落乾宫，且临值符，任星主人性格倔强、执拗，值符主人做事以自我为中心。故断全艺娜一意孤行，只想尽快办理离婚手续（乾宫落有景门，景门主手续）。六合代表协议，今六合落离宫来克乾宫（全艺娜年命落宫），故断协议离婚这条路行不通。

值符为原告，天乙为被告。现全艺娜年命庚落乾宫，临值符，全艺娜必主动起诉（景门为起诉书，景门亦落乾宫），天乙落坤二宫，为被告方。今坤宫地盘落有其丈夫年命乙，故丈夫必成为被告。如此夫妻年命双双出现在值符宫与天乙宫，故只能走法律这条路才能最终解决问题。

4. 断全艺娜女士与丈夫俩有处房子，约 90 平方米，是套间，房子的产权名是写全艺娜的名字。但如果真的办理离婚，丈夫也会要房子产权的一部分，但他不会要孩子，孩子最终得由全艺娜扶养：

全艺娜坐在离宫，离宫落有生门，生门为房屋，离宫落有六合吉神，故断房子是套间，离宫数目为九，故断房子面积约 90 平方米。生门所带暗干为庚，故房子产权名是全艺娜的名字。丈夫年命乙落巽宫，巽宫生生门所在之离宫，故丈夫也想要这房子。时干为孩子，今时干壬落坤宫，丈夫年命乙落巽宫，克时干壬所落之坤宫，故断丈夫不想要孩子。坤宫（时干壬所落之处）生乾宫，说明孩子愿意和全艺娜在一起生活，又乾宫为庚加壬组合，且临值符，故全艺娜扶养孩子这件事已成定局（凡临值符的信息组合，都是必然要应验的事情）。

坤宫虽有壬加乙组合，好像孩子与丈夫在一起之象，但这种组合被丈夫年命乙所落巽宫来相克，克即是否认的意思。组合起来便可解读为丈夫不想扶养孩子。

5. 断丈夫不会主动提出离婚，他希望全艺娜起诉提出离婚，然后好有理由向全艺娜提离婚条件。丈夫的离婚条件是：不要扶养孩子，房子的产权他要一部分。如果全艺娜不起诉提出离婚，丈夫也不会提出离婚，更不会起诉。只会沉默下去。时间久了，全艺娜会沉不住气，会主动起诉而成为原告：

丈夫年命乙乘天芮星落巽宫，其年命巳亦在巽宫，因其年命为乙巳，故为伏吟，凡逢伏吟，则不会主动行事。巽宫又落有休门，亦说明丈夫不会主动提出离婚。天芮星为坤卦，坤为纯阴，阴极必返阳，故最喜乾卦来与之相会，恰全艺娜年命庚落乾宫来冲克巽，乾宫又临值符，故丈夫希望全艺娜主动起诉提出离婚。

丈夫年命乙巳俱落巽宫，生生门所落之离宫，故房子的产权他必要一部分；巽宫克时干壬之坤宫，故丈夫必不要孩子。

由于丈夫乙乘芮星、休门落于巽宫，芮星为坤主静，故其不会主动提出离婚。只有被乾宫（值符）来相冲时，才会动起来。如果乾宫不来冲克巽宫，则巽宫会一直处于静态（坤主静，坤卦本身不具有能动性），即丈夫会一直沉默下去。

全艺娜年命庚落乾宫，乾为纯阳卦，极易动，又临值符，且格局为庚加壬移荡格，故全艺娜最终会沉不住气而主动去起诉闹离婚。

6. 断法院最终会这样判决：房子总价的百分之四十判给男方，房屋总价的百分之六十归全艺娜所有。孩子由全艺娜扶养：

丈夫年命乙乘天芮星落巽四宫，巽宫落有休门，休门上乘暗干戊，戊为钱财、财产等信息。故断房子总价的百分之四十判给男方。

全艺娜年命庚乘天任星落乾六宫，任星与生门同气同属艮卦，艮为房屋，星主大，门主小，故房屋总价的百分之六十归全艺娜所有。乾宫格局为庚加壬，壬为时干代表孩子，乾宫临值符，故孩子由全艺娜扶养。

十六、体育竞技胜负预测

体育竞技项目实在繁多，主要常见的竞技项目有篮球比赛、足球比赛、网球比赛、田径比赛、围棋比赛、象棋比赛、射击比赛、跳水比赛等等。

一般情况下，不论何种体育竞技比赛项目，均以值符为裁判，时干为参赛运动员。通常以地盘时干为主队，天盘时干为客队，以各自落宫之旺相休囚、格局吉凶来定其胜负。庚为比赛器械，辛为金牌、奖牌，景门为战略、技术。地盘时干宫克天盘时干宫者，主胜；天盘时干宫克地盘时干宫者，客胜；地盘时干宫与天盘时干宫相比和者，双方战成和局。

下面通过实例来讲解，以期望给爱好体育赛式的易友们一些启迪。

实例一：预测拜仁慕尼黑VS阿森纳胜负

2005年公历2月22日晚间8点多钟，香港的一个名叫田伟鸿的易友给我打来电话："刘老师你好，明天凌晨3点45分有一场欧洲冠军联赛1/8决赛首回合的足球赛式。其中一场是德国的拜仁慕尼黑对阵英格兰的阿森纳，由德国的拜仁慕尼黑主场，阿森纳为客场。我想麻烦刘老师用奇门遁甲、大六壬的预测方法来帮我看一下这组对阵的胜负情况。今天晚上我和几个朋友们准备下点重注，好好赌上一把。你一定要尽全力来预测这场比赛的胜负，这场比赛的胜负对我们很重要。现在把基本情况向你介绍一下，现在各家赌博公司开出的标准盘口是：

威廉希尔赔率是 2.25　3.20　3.10

立博国际赔率是 2.20　3.20　2.80

伟德国际赔率是 2.34　3.30　3.50

最后平均赔率为 2.25　3.17　3.11

印尼的让球参考盘口为：1.975　0/0.5　1.925

立博的让球参考盘口为：1.97　0/0.5　1.96

田伟鸿平时主攻六爻、四拄，也喜欢博彩。经常买各类彩票，也常常参与一些数额较大的博彩投注等。我与田伟鸿是在网上认识的，曾帮助他指点了几次比较大的足球胜负投注，很成功，这一次他又要下大注了，才打电话向我求助。由于平时我喜欢观看欧洲各国足球联赛，对德甲、意甲、法甲、西甲、英超等各大球队很熟悉，加上奇门遁甲、大六壬这两门预测胜负准确率极高的有力武器，常常为一些博彩爱好者们指点一下投注策略。

拜仁慕尼黑这支足球队是德国足球甲级联赛的一支劲旅，曾多次获得联赛冠军。在冠军联赛上也多次获得好名次。可以说是德甲中的王牌球队。

阿森纳这支足球队是英格兰足球超级联赛队伍中的一支劲旅，也多次获得英超联赛冠军，阿森纳这支球队打造出众多的世界级超级球星，因而被称之为“兵工厂。”阿森纳也是英超足球队伍中的王牌。

从历史交手记录来看，拜仁慕尼黑与阿森纳之间各有胜负，两队实力不相上下。从各大赌博公司开出的赔率和让球盘口来看，由于拜仁慕尼黑占主场之优势，故让球平手半 (0/0.5) 是十分合理的盘口。这种盘口预示着双方战平的可能性是最大的。

从下注这个角度来讲，如果把注投在拜仁慕尼黑这支队，如果双方战平，由于拜仁让球平手半（0/0.5）于阿森纳队，则会输掉所投注资金的一半；如果把注投在阿森纳这支队，若双方战平，则会赢来所投注资金的一半；如果有胜负产生，则投注胜利一方，便会全赢，若投注到失败一方，则会输掉全部投入的资金。

从全世界球迷的眼光来看，绝大多数球迷会认为这场比赛打成平局是最理想的结果。拜仁想战胜阿森纳极不容易。由于阿森纳占客场之劣势，所以想于客场战胜拜仁也是件难事。因此，多数投注者会将赌注投在阿森纳这支球队上，只要双方战平，就会拿回所投注资金中一半的赢利（本金全回的前提下）。

田伟鸿执意要在这场比赛投入重注，主要是考虑以下原因：由于欧洲冠军联赛是由每个参赛国家精选出来的强队之间进行的强强对阵，代表着国家的荣誉，像这样的比赛很少有踢假球的，而且这种比赛赌博公司也是不容易操控比分的，因此比赛的公正性较强，比赛过程中能够把每个参赛球队的真正实力充分发挥出来。由于比赛现场在德国的慕尼黑，起局必须按当地比赛开始时间（太阳时）来起，因此必须把北京时间换算成德国慕尼黑的当地时间，这场比赛的北京时间是2月23日凌晨3点45分，按德国慕尼黑的当地经度为东经11.5度，通过公式换算，这场比赛的开始时间为2月22日晚20点15分左右，于是我便按2月22日晚20点15分（戌时）这个时间起转盘奇门局进行预测：

乙酉年戊寅月丁丑日庚戌时，阳9局。

值符：甲辰壬　天辅星　值使：杜门

九　乙癸 地　壬任(禽)惊	九　辛 天　戊冲开	值　壬 符　庚辅休
玄　己 武　辛蓬死	癸	螣　戊 蛇　丙英生
白　丁 虎　乙心景	六　丙 合　己柱杜	太　庚 阴　丁芮伤

分析：以地盘时干庚为主队，代表德国的拜仁慕尼黑这支足球队，今地盘庚落坤二宫；以天盘时干庚为客队，代表英格兰的阿森纳足球队，天盘庚落乾宫。

从两队的落宫情况来看，主队坤二宫落有天辅吉星、休门吉门，格局为壬加庚天岳倚势格，凡事耗费而后吉；客队乾六宫落有天芮凶星，伤门凶门，格局为庚加丁太白受制格，凡事无一成就，门的制害不轻，星奇被格，作战固守无惊慌。

从两队落宫状况来看，主队星吉、门吉又临值符，客队星凶、门凶，主队状态明显好于客队状态。从作战风格来看，主队（坤宫）肯定会采取技术型的打法，避实就虚、以逸待劳的战术来对付客队；客队（乾宫）必然会采取强攻速战的打法来对付主队。

从战略战术角度来看，主队在锋线上只会安排一名前锋，会以防守之后打反击的战术为主要作战方法；客队很可能会在锋线上安排三名前锋，力求快速攻破主队大门，以求早些领先的局面。从整个组合情况来分析，主队在上半场以守为主，以打防守反击为辅的战术贯穿上半场四十五分钟。而下半场会采取以死守为主的前提下，抓到对方的漏洞便给予对手措手不及的进攻，以图出奇破门；客队在上半场会以攻为主，锋线上的队员急于破门，经常会跑错位置，相互间配合失误。整体队型出现漏洞的地方较多。客队在下半场会继续强攻，始终积极跑动，这样以来队员的体力必然消耗过大。由于强攻而队员体力消耗过大，整个球队阵型中的漏洞必然很多，地盘有开门，故客队下半场必被主队破门失球。

由于比赛十分激烈，双方队员犯规较多，整场比赛下来，裁判至少会出示八张以上的黄牌。由于双方队员在比赛过程中拼抢过猛，客队队员会有头部、右腿受伤的现象出现。

在传统的方法中，以庚为比赛器械。而在这个局中，我取落于离九宫的开门代表足球。为何取离九宫的开门为足球呢？因离九宫落有天冲星、开门，天冲星为震卦，震为足为跑动，开门为乾卦，乾为圆形为球，组合在一起便可代表足球。

今足球（离九宫）生主队坤宫，克客队乾宫，故这场比赛主队必胜，客队输球。

从日柱干支丁丑来查，申、酉空亡，主队坤宫空亡，为何能取胜？盖因日柱丁丑均落于艮宫来对冲坤宫，冲空则实，坤宫被填实而不作空论。

赛场如战场，从战争角度来讲，值符落宫为守城方，庚落宫为攻城方。

今断客队会强攻为主要打法之判断，源于此理。

田伟鸿半个多小时后又从香港打来电话，我没有直接告诉他判断结果，而是问他："田先生以你的眼光来看，这场比赛的结果会是什么样子？"

田伟鸿于电话中说："我们几个朋友到网站上查找了很多详细资料，我也摇了六爻卦，大家一致认为这场比赛会打成平局，阿森纳虽然打客场，但至少不会输球。拜仁身居主场之利，又有那么多德国球迷在现场支持，为了面子也绝不会输球。我估计拜仁必会以守为主，打防守反击战术；阿森纳队一贯以强攻为主要打法，估计定会破拜仁的大门。现在澳门开出的让球盘口是拜仁让阿森纳平手半（0/0.5），我们几个朋友准备下重注在阿森纳队，只要双方战平，我们就赢钱了，刘老师，你用奇门、大六壬预测的胜负结果是否与我的一样呢？"

我一看预测结果不一致,马上在电话中提醒田伟鸿："这场球的胜负结果你肯定测错了。你千万不要把重注投到阿森纳队,不然你就要破大财了,我认为主场的拜仁慕尼黑一定能够取胜。要下注就把重注投在拜仁慕尼黑这支队上,请你务必要听我的。"

经我这么一说，田伟鸿的投注计划开始动摇、犹豫不决了。到了晚上22点，田伟鸿又从香港打来电话："刘老师，我已经决定今晚这场比赛不投注了，我那几个朋友没有听我的，他们四个人一共投注100万港币到阿森纳这支队，他们十分有信心地认为阿森纳队至少不会输掉这场比赛。你让我把重注投到拜仁上，但我还是不敢投，阿森纳毕竟是支实力很强的球队，亨利（阿森纳的主力前锋）今天也要上场比赛的。以我的经验和眼光来看，认为这场比赛打成平局的结果是最有可能的。但你说阿森纳会输球，我也就不准备投注了，明天凌晨3点45分起来看现场直播吧。"

我把手机的闹钟铃定在2月23日凌晨3点45分，准备起来看现场直播。

2月23日凌晨3点45分，我被手机闹铃给吵醒了，打开电视机，由广东体育频道进行了拜仁慕尼黑对阵阿森纳的现场直播。我从开场一直看到结束，最终拜仁慕尼黑以三比一的比分大胜阿森纳。我的预测结果完全应验了，我心里特别高兴，禁不住地双手鼓起掌来，躺在身边熟睡的妻子被我吵醒了，我才想起这是中国人正在睡觉的时间。整场比赛的战术均与我事先分析的一样。拜仁上半场打防守反击，锋线上只放一个前锋；阿森纳一开场便狂轰滥炸，气势逼人，下半场依旧以进攻为主，最终因体力消耗过大，漏洞百出，阿森纳队果然设有三个前锋，完全是打的进攻战术，这样以来后防线便有漏洞了。最终整场比赛下来，裁判一共给了九张黄牌。阿森纳队的一名队员头部被撞出血，还有一名队员右腿被撞伤而换下场。一切均如所测。

2月23日早晨8点多钟，田伟鸿再次从香港给我打来电话："刘老师你的奇门、六壬很厉害！测的很细致很准确。幸亏我听了你的劝谏，没有把重注投在阿森纳队上，不然我可要输大钱了。我那四个朋友可输惨了，他们现在都后悔昨天晚上没听劝阻，冒失地投注了那么多钱。现在只是期望刘老师能够再给指点一场胜负结果比较有把握的足球赛，把已损失的本金往回追一追，我们会给刘老师报酬的。"

下面把整个判断思路详解如下：

地盘时干庚落坤二宫，代表主队。坤宫落有天辅吉星，休门吉门。辅星为巽卦，辅星与杜门同气，故断主队会采取技术型的打法。因杜门主技术。休门代表休息、节省体力等信息，故断主队会以避实就虚、以逸待劳的战术来对付客队。

天盘时干庚乘天芮星、伤门落乾宫，芮星贪功，伤门主积极跑动、主动进攻、杀伤力强等信息，庚也为主动进攻之信息，乾宫亦主进攻、积极前进等（乾主健），综合这些信息，断客队必然会采取强攻速战的打法来对付主队。

代表主队的坤宫上落有休门，坤宫临值符，值符为先锋门，休门主一数，故断主队在锋线上只会安排一名前锋；代表客队的乾宫上落有伤门，伤门主三数，故断客队在锋线上会安排三名前锋。

代表主队的坤宫上落有天辅星、休门，凡是天盘上的信息，均代表上半场，地盘信息代表下半场。辅星主文雅、柔顺，休门主休息、等待等信息，故主队上半场会以防守为主，坤宫地盘落有庚，庚为攻方，所以断上半场以打防守反击为辅的战术。下半场主要看坤宫地盘信息，坤宫地盘有庚，庚为攻击，地盘藏有死门，死门主死守。故断主队下半场会采取以死守为主的前提下，抓住对方漏洞便给予措手不及的进攻。

代表客队的乾宫中天盘落有天芮星、伤门，芮星、伤门均代表上半场信息。芮星主贪毒，伤门主激进、速度快、攻击性强、跑动积极等，故断客队上半场会以攻为主，锋线上的队员急于破门（伤门），由于伤门所带暗干为辛金，辛主错误，故断队员会跑错位置，相互间配合失误。天芮星为弊端、毛病、漏洞等，故客队队员体力消耗过大而导致球队阵型中的漏洞多。乾宫地盘有天心星、开门，心星、开门均属乾卦，乾者健也，故客队于下半场仍然采取以进攻为主的战术。由于乾宫地盘藏有开门，故客队下半场必会被主队破门而失球。

景门代表裁判手中的红、黄牌，今景门落艮八宫，景门所带暗干为戊，戊为土主黄色，故落于艮八宫之景门为黄牌，艮宫数目为八，日干支丁丑亦落艮八宫与值符所居之坤二宫对冲，故这场比赛结束后（艮为山为止，主结束）裁判至少会出示八张以上的黄牌。

乾宫为客队，乾宫落有芮星、伤门，芮星主病，伤门主受伤。乾主健，乾为头，故断客队队员会有头部、右腿受伤的现象出现。乾宫亦主右腿。

最终锁定胜负最关键的判断依据是：离宫代表足球（比赛器械）,离宫生主队坤宫,克客队乾宫,所以断主队必胜,客队输球。

通过这次预测后，田伟鸿每逢重大赛式必定会给我打来电话，由我通过奇门、六壬预测后帮助其指导投注方案，经过一年多时间的预测、总结，准确率在百分之七十九左右。

实例二：预测 2007 年女足世界杯冠军得主

2007 年女足世界杯自 9 月 10 日在中国上海虹口体育场开赛以来,前后共进行了 31 场比赛，第 32 场比赛是本次女足世界杯的最后一场比赛，也是一场最精彩的冠军得主争夺赛。经过小组赛、四分之一决赛、半决赛、四分之三决赛，最后剩下巴西队与德国队争夺本次女足世界杯的冠军。这场冠军争夺赛将于2007年9月30日晚20点在上海虹口体育场进行比赛。

许多球迷对这场比赛的结果都很关注，不少球迷易友给我打电话来问测这场比赛的最终结果。在9月30日这一个白天中，我先后接到16个问测这场比赛最终谁能取胜而获得冠军的电话。上海的易友张文哲、黄鹏、蔡雨娟更是十分关注这场比赛，他们早已买好了门票，要到虹口体育场现场观看这场顶级角逐。我按比赛开始的时间起转盘奇门进行预测：

2007年9月30日晚20点，上海虹口体育场

丁亥年己酉月丁卯日庚戌时，阴1局。

值符：甲辰壬　天心星　　值使：开门

九　庚 地　丁任惊	玄　丙 武　己冲开	白　丁 虎　乙辅休
九　戊 天　丙蓬死	癸	六　己 合　辛英生
值　壬 符　庚心景	螣　辛 蛇　戊柱杜	太　乙癸 阴　壬芮(禽)伤

像这样的两支都不在本国国土上进行的比赛，主客的划分很难。故白天给我打电话的易友都不知如何区分这场在中国比赛的两支外国球队的主客。根据奇门遁甲的基本原理：静则只察值符、值使，动则专看方向，盖动者机之先见者也。

巴西属于南美洲国家，在地球赤道以南，位居中国西南，以坤宫对应之；德国属于欧洲国家，在地球赤道以北，位居中国西北，以乾宫对应之。由于各国球队队员都是离开本国国土来到中国参加比赛的，故以天盘星来代表各国队员。坤宫本位之星为天芮星，故以天盘天芮星代表巴西队；乾宫本位之星为天心星，故以天盘天心星代表德国队。

在这个奇门局中，代表德国队的天心星落艮八宫，并临值符、景门；代

表巴西队的天芮星落乾宫，并临太阴、伤门；离九宫落有天冲星、开门，天冲星为震卦，震为足，开门为乾卦，乾为圆为球，故组合在一起为足球的信息。

从全局来看，艮八宫生乾六宫，似乎对巴西队有利。但从日柱干支丁卯来查，戌、亥空亡，即乾宫空亡，空亡则不吉。

从另一个角度来看，代表足球的离九宫生艮八宫，离九宫来克乾六宫，故乾宫 (巴西队) 不利，巴西队大门必被攻破 (空亡)。

代表德国队的天心星临值符落艮八宫，天心为吉星，值符为吉神，景门主策略、战术，艮为止为稳重。说明德国队注重防守、战略战术打法正确，不失球（离宫生艮宫）。

代表巴西队的天芮星临太阴落乾六宫，并临伤门，天芮为凶星，伤门为凶门，显然巴西队临场发挥状态不好，乾宫临空亡，对巴西队是最不利的信息，又代表足球的离九宫克乾宫，说明足球必会进入巴西队的大门。乾宫临伤门，也说明巴西队的球门要被对方攻破。

综合以上信息，我断定德国女足最终会击败巴西女足，德国队会成为2007年女足世界杯冠军的得主。从另一个角度来看，代表德国女足队的天心星临值符落艮宫，值符便是全局的能量主流。天心星为乾卦，乾为首为第一为冠军。

分析通彻后我便在白天将比赛结果告诉了全国各地的易友及足球爱好者们。到了晚间 8 点，我便坐在电视机面前观看现场直播。果然这场巅峰对决打得十分激烈，德国队以不失一球的骄人战绩一路杀进了决赛，最终 2：0 完胜巴西队，成功卫冕，荣获 2007 年女足世界杯冠军。

实例三：预测中国 VS 挪威对决胜负结果

2007 年女足世界杯的比赛经过十数日的小组赛，中国女足终于杀进四分之一决赛的争夺圈。9 月 23 日晚 20 点整，由中国对阵挪威的四分之一决赛在武汉体育中心体育场进行比赛，这场比赛对中国女足来说是一场非常重要的赛事。这场比赛如果取胜，则会进入下一场更为激烈的冠亚季军争夺赛。如果这场比赛中国女足战败，则是 2007 年女足世界杯最后一场告别赛了。全国球迷们十分关注这场比赛的胜负，全国各地的球迷们纷纷去往武汉观看现场比赛。

许多易友及球迷给我打来电话："刘老师今晚中国女足对挪威女足这场比赛谁能取胜？中国女足能不能战胜挪威？"

其中深圳的一名易友叫陈育，她也同时是个铁杆球迷，一天连给我打了三次电话，问我有没有预测这场比赛结果谁能取胜？

由于问测人太多，无法按问测时间来起局，我按这场比赛的开始时间起转盘奇门进行预测，2007 年 9 月 23 日晚 20 点武汉体育中心体育场。

丁亥年己酉月庚申日丙戌时，阴 7 局。

值符：甲申庚　天禽星　　值使：死门

螣　丙 蛇　辛英惊	值　庚癸 符　丙(禽)芮开	九　戊 天　癸柱休
太　辛 阴　壬辅死	庚	九　己 地　戊心生
六　壬 合　乙冲景	白　乙 虎　丁任杜	玄　丁 武　己蓬伤

这场比赛由于在中国进行，故中国队为主，挪威队为客。则地盘时干丙代表中国队，天盘时干丙代表挪威队。

今地盘时干丙落离九宫，上面落有值符天禽星，并落有开门。从大象来看，星吉门吉，本为大吉之象，细致观察，则会发现格局不好，为庚加丙太白入荧凶格，又名贼格，占贼贼必来。又开门主门开，足球比赛最忌门被打开。故吉中藏凶。

天盘时干丙落巽宫，上乘天英星，英星主刚烈、凶猛、迅速、急进等信息。巽宫落有惊门，表面看起来星凶、门凶，但格局为丙加辛奇神相合，谋事可成，名利称心，万事大吉。因而不能轻以凶来断。

从整个全局来看，巽宫生离宫，为客生主，似利主之象。在以往预测各类体育赛事的实践经验中来看，凡主客相生之情形，很难打出大比分，而战成平局的现象为最多。

代表中国女足的地盘时干丙落离九宫，为帝旺之地（丙火长生在寅，帝旺在午），说明中国女足已尽全力（帝旺）去拼搏。但地盘丙上落有庚，奇门中最忌的是庚，庚代表敌人，代表阻力，故中国队员踢得吃力、不顺畅。又开门落离宫为受制，吉门被制则其吉不能尽现。又开门落离宫为败地（开门属金，金长生在巳，沐浴在午，沐浴为败地）。开门为圆为足球，今落离宫（地盘时干宫），故主队有失败之虞。天禽星代表防守，但天禽星上乘有庚，故主队在防守上必会犯大错。

代表挪威女足的天盘时干丙乘天英星落巽宫，获丙加辛奇神相合吉格，谋事可成，名利称心，万事大吉。丙乘天英星为自乘帝旺 (英星属离卦，离为午，丙帝旺在午)，故挪威队球员在对阵中也是尽全力去拼搏。巽宫落有螣蛇，螣蛇主变化，巽为风。故挪威队队员在打法上变化不常，让人难以预料。

从易理角度来讲，时干丙火代表队员，地盘丙火落离宫，离主虚（离中虚），禽星主守，故中国队在防守上必有漏洞，必会被挪威队偷袭（庚加丙贼格，占贼贼必来），门被攻破（离宫乘开门）。天盘时干丙乘天英星落巽宫，巽为木，英星为火，丙亦为火，巽宫木火通明，火势旺矣！离宫之火为帝旺之火，离宫天盘落有禽星、芮星二位土星，火生土，火气必损。相比之下，巽宫火势更旺，又巽宫为丙火冠带、临官之乡，气数正常，仍有上升空间。而离宫之丙火已趋帝旺，没有上升空间，又有二位土星来耗泄其气，故中国队（地盘丙）明显不占优势，其名次（离卦）已在最高点，没有再往上的可能性了。

从另一个角度讲，地盘丙落离九宫，天盘丙落巽四宫，学过物理、化学的人都知道，火焰的外焰温度比内焰温度高。地盘丙为内，天盘丙为外，故由此理可知，挪威队比中国队气数旺，其必会取胜。

当天我便对全国各地来电话问测胜负的球迷及易友们讲：“这场比赛双

方水平差不多，从场面上来看不分上下，但中国队急于取胜，忽于防守，会被挪威队偷袭成功，最终中国队会以小比分输给挪威队。”

到了晚间20点我准时打开电视机，观看这场女足比赛的现场直播。果然于下半场，中国女足忽于防守，被挪威队捡了个漏，一脚踢入中国队的大门。尽管中国队在剩下不多的时间里奋力攻击，但终究没能攻进挪威队的大门。最后只能十分惋惜地接受本次世界杯名次止于此这种局面，女足姑娘们流下遗憾的泪水。

十七、战争、战事预测

以值符所落之宫为主，六庚所落之宫为客。值符宫克六庚落宫，主胜；六庚落宫克值符落宫，客胜。又旺相者胜，休囚者负。

凡战阵以景、惊二门主之。经曰：景门宜破阵。治乱之法，要视惊门。如主得景、惊二门或二门落宫来生值符落宫，则主胜，反之客胜；若主客所乘皆旺相，俱得二门，不相刑克，其力相等，则两相恐惧，不战而退。如遇上六庚为值符，是为主客同宫，二家不分胜负；又日干加庚，主胜。庚加日干，客胜。

两军相战，一般情况下，以六庚为攻者，天禽为守者，如六庚乘旺相，得开门加中五宫，城必破。又一种方法，看地盘天禽所乘之宫，得旺相及吉门者，其守将不可擒也，反此必死。

又有天禽为守者，天蓬、六庚为攻者。天禽宫得休、生、开、景，又旺相，有六丙，其城不破。如无旺相及吉门，再犯天蓬六庚入中宫，该城必守不住。

凡占敌兵来否，以六庚为用神，六庚落内盘主来，六庚落外盘主不来。太白入荧主贼兵来，荧入太白主贼兵去。

六庚克所落之宫，又逢玄武、天蓬、白虎之神，必有大战。庚得九天，则大张声势鸣鼓而进。庚得九地，则偃旗息鼓而来。如贼兵已入境，占其何时去，看六庚落内盘为不去，落外盘为去。总之，以六庚地盘干支年月日时为来去之期。

由于奇门遁甲的起源与战争有关，因此将奇门遁甲数术模式用于预测战争胜负，具有重要的意义。下面举实例讲解之。

实例一：预测美英联军何日对伊拉克开战

2003 年 2 月 26 日晚间 7 点多钟，从中央电视台的新闻联播中得知，美英等国联军首次进入伊拉克境内，随时有向伊拉克开战的可能。这段新闻刚播完，先后有三个人给我打来电话，都是向我询问美英等国联军何时能够向伊拉克开战。其中某部队一位姓孙的团长也给我打来电话："小刘，你用易经预测一下，美英联军哪一天能够对伊拉克正式开战？现在的局势很紧张，美英联军已在今天进入伊拉克边境，大战在即，我估计三五天之内战争就能打响，你用易经好好预测一下，哪一天能开战？测好后把预测结果打电话告诉我一下。"

有关战争方面的预测，我平时测得不是太多，也没有太多的实践经验。我只能按电视中播出美英联军进入伊拉克境内这条新闻的时间起转盘奇门局如下：

2003 年 2 月 26 日晚 19 点 15 分

癸未年甲寅月庚午日丙戌时，阳 6 局。

值符：甲申庚　天任星　值使：生门

值　庚乙 符　丙任(禽)景	螣　丁 蛇　辛冲死	太　丙 阴　癸辅惊
九　壬 天　丁蓬杜	乙	六　辛 合　己英开
九　戊 地　庚心伤	玄　己 武　壬柱生	白　癸 虎　戊芮休

于传统奇门中，以值符为主，以六庚落宫为客，以生克决胜负。今值符落巽宫，庚亦落巽宫，是为主客同宫，双方相互对峙之象。又庚落巽宫为内，庚为敌兵，说明敌兵（英美联军）已经来到伊拉克境内。又巽宫格局为庚加丙太白入荧，占贼贼必来。故英美联军必然要来到伊拉克。这和 2 月 26 日美英联军进入伊拉克境内一事非常吻合。

因值符为守方，代表伊拉克，庚为攻打方，代表美英等国联军，今值符与庚落同宫，故双方必短兵相接，近距离作战。也说明攻方（美英联军）十分猖狂，竟然进入伊拉克境内。

六合落宫代表联合国安理会。今六合落兑宫，克庚所落之巽四宫，说明联合国安理会并不同意美英联军攻打伊拉克。

传统奇门中有以天禽星为守城方，天蓬星、庚为攻城方。今庚落巽宫且临值符，天蓬星落震三宫，均落内盘，说明敌人（美英联军）攻打伊拉克是箭在弦上，一触即发。庚、蓬星均落内盘，正说明美英等国联军已压进伊拉克境内。

这里我取地盘天禽星为守城方，代表伊拉克，以天盘庚、天蓬星落宫代表美英等国联军。今地盘天禽星位居中五宫，上乘乙奇，说明伊拉克方面已经做好充分的应战准备。天蓬星落震三宫，震三宫克中五宫，又震三宫与开门所落之兑宫对冲，开门主开始，逢冲必动，故从理论上讲，只有到了震宫所管辖的时空才能冲动开门而开战。而震宫所对应的时间为春分、清明、谷雨，故必待卯月春分点开始之后，战争才有可能爆发。

分析完毕后，我于电话中对孙团长说："美英联军虽然已经进入伊拉克，但战争并不能马上开战。从我的奇门局中分析来看，应该在今年的 3 月 21 日开始算起（春分点），随时都能开战，在 3 月 21 日（春分点）之前战争是打不起来的。"

孙团长包括其他向我打电话询问预测战争何日爆发的易友们都不太相信这个预测结果，大都认为近期几天内就能开战。

结果事情完全如我所测的那样，美英联军进入伊拉克后并没有急于开战，而是连日发动了规模空前的攻心战术，散发了大量传单，奉劝伊军不要抵抗、缴械投降和美军合作。据有关资料显示，仅3月17日一天，美军就向伊拉克境内散发了140万份劝降传单。但伊拉克总统萨达姆态度很坚决，要与美英联军战斗到底，宁死也不投降。萨达姆依赖自己亲手精心打造的由儿子库赛亲自指挥的共和国卫队的坚强后盾，决心与美英联军对抗到底。

终于，布什总统没有耐性了，美国东部时间3月19日晚10点15分，布什在白宫椭圆形办公室发表电视讲话，正式对伊拉克宣战。美国策划已久的“倒萨”战争正式打响。随后3个小时，萨达姆也发表电视讲话，痛斥布什是“罪恶的小布什”。萨达姆身穿军装，头戴黑色贝雷帽对伊拉克国家精锐部队的士兵们说：“你们将战胜敌人。”

2003年3月20日，美英等国以伊拉克隐藏有大规模杀伤性武器并暗中支持恐怖主义为借口，绕开联合国安理会，公然单方面决定对伊拉克实施大规模军事打击。这场战争一直到2004年3月20日，美方才不得不宣布战争已经结束。

战争后的伊拉克一片狼藉，美国方面并没有在伊拉克境内找到一点儿大规模杀伤性武器的证据，使布什陷入十分尴尬的境地。这场战争从表面上看于2004年3月20日已经结束，但伊拉克国内的局势依旧十分糟糕，几乎每天都有自杀式爆炸袭击美英联军的行为发生。截止到2006年12月31日为止，因伊拉克战争而死亡的美军士兵人数达3000人。因这场战争而死亡的伊拉克人有10万之多。

2003年12月13日当地时间晚8点30分左右，萨达姆在家乡提克里克被美军抓捕。于2006年12月30日上午11时5分，萨达姆被处以绞刑。但伊拉克的局势依然不稳，这场伊拉克战争已经使美国深深地陷入泥潭之中。美国民众的反战情绪日益高涨。布什的民众支持率已下降至百分之三十左右。

下面将判断思路详解如下：

天蓬星、庚落宫代表美英联军，地盘天禽星（中五宫）代表伊拉克共和国卫队。美英联军虽然于2月26日进入伊拉克境内，但时值甲寅月，于奇门局中看艮宫（艮有丑、寅），艮宫格局为戊加庚飞宫格，虽凶但不能开战，因庚在艮宫地盘，地主静，故不动。又庚在艮宫为入墓，艮宫与中五宫又为比和，故寅月不能开战。

天蓬星为攻方，天蓬星带有天干壬，壬为水，蓬星亦为水，有流血之信息。又蓬星暗藏地支子，今天蓬星落震宫，震宫有地支卯，故子刑卯无礼之刑构成了。震宫与兑宫相冲，兑宫落有开门，开门为开始之信息，震宫有打斗、战争之信息。又震宫来克中五宫，由于中五宫代表伊拉克，故于震宫对应的时空点必爆发战争。震宫对应的时空点是春分、清明、谷雨，而公历 3 月 21 日为春分开始，故断 2003 年 3 月 21 日开始算起，随时都能开战，在此之前（艮宫）战争是打不起来的。

而实际情况是 2003 年 3 月 20 日美英联军正式向伊拉克开战，比我预测的开战时间提前了一天。总的看来奇门遁甲用于预测战争其准确率还是比较高的。从历法这个角度来讲，地球上不同地方的节气交接时间是有差异的。这便是导致预测应期与实际状况稍有差异的原因所在。

实例二："水兵事件"能否引发美英对伊朗开战

2007 年 3 月 23 日，伊朗海军在海湾水域以非法入侵为由扣押 15 名英国士兵。英国方面数次要求伊朗方面释放被扣士兵，但伊朗方面态度很强硬，没有答应释放。在联合国通过了扩大对伊朗制裁的决议案之后，伊朗的反响更加强烈——欲治被拘的 15 名英军士兵“间谍罪”，且有拿他们交换 5 名在伊拉克被美军逮捕的伊朗革命卫队高级军官的打算，从而使得中东地区的局势急骤升温。3 月 24 日，一些伊朗学生组织起来上街游行，呼吁继续扣押英军士兵，直到美国释放今年年初在伊拉克被美军扣押的 5 名伊朗人员。

俄罗斯《生意人报》认为，如果事件处理不当，有可能使局面失控，而伊朗手中的英军士兵也可能成为美英等国攻击伊朗的口实。早在上世纪 70 年代末至 80 年代初的美国驻伊朗使馆人质事件中，美军就发动过解救人质的军事行动。如今，英国和美国终于等到了借以惩罚伊朗的理由。

英国首相布莱尔于3月25日首度公开就15名英军士兵在海湾水域被扣押一事做出表态说：伊朗必须释放这些士兵，扣留他们是完全没有依据的。英国一直努力通过外交渠道解决这一事件。但如果外交努力失败，这一事件将进入“另一阶段”。

在15名英军被扣事件发生后，驻海湾地区的美军基地和海湾多个国家的军队进入了高度警戒状态，包括沙特武装部队三军和以色列的海空军作战部队。更令人感到紧张的是，法国的“戴高乐”号核动力航母于21日悄然抵达海湾，与美国的“斯坦尼斯”号航母战斗群会合，并在阿拉伯海举行大规模演习。与“戴高乐”号航母同行的还有法国第473特遣队。该特遣队由5艘战舰组成，包括一艘导弹驱逐舰、一艘反潜护卫舰、一艘普通驱逐舰、一艘指挥与补给舰和一艘油轮。

“戴高乐”航母的抵达，使得在海湾地区内对伊朗能实施打击的航母力量增至四个，另外两个航母战斗群分别是“艾森豪威尔”号和“拳师”号。在海上力量明显增强的同时，驻海湾地区的美军地面部队总人数也将增至17万，几乎与伊拉克战争开战前持平。据美国《新闻周刊》报道，美军即将增派的2.15万名士兵只是其中的部分援兵。此外，驻伊美军司令戴维·彼得雷乌斯要求增派一个陆军航空旅以及几千名士兵，其他支援部队也将来到伊拉克。在所有增兵行动完成后，美国驻伊军队总人数将达到17.3万。许多军事观察家认为，如果海湾美军并没有对伊朗展开战事的打算，则无需集结如此庞大的陆上军力。

“水兵事件”逐步升级，美国总统布什终于表态：伊朗的行为是不可宽恕的，与此同时，美国第三艘航母“尼米兹号”航母战斗群驶向海湾，美国是否会借机打击伊朗？这是一个全球人都十分关注的焦点问题。

4月2日晚间21点30分，央视《今日关注》播出节目《“水兵事件”升级，美军箭已上弦》，我正在观看，北京的一位名字叫王述达的易友（王是某部队处级干部）给我打来电话：“刘老师你看《今日关注》了吗？海湾又要有战争了。”

“我也正在看《今日关注》，等看完电视再说。”我回答。

“你有没有用奇门、六壬预测一下这场战争哪一天能开战？我估计最近一周之内就会开战。”王述达说。

《今日关注》节目播完后，我立即起奇门局（转盘）进行预测，看一下这场战争何日能够打起来。

2007年4月2日晚间21：35分

丁亥年癸卯月丙寅日己亥时，阳6局。

值符：　甲午辛　天英星　值使：景门

玄　庚乙 武 丙任(禽)惊	九　丁 地　辛冲开	九　丙 天　癸辅休
白　壬 虎　丁蓬死	乙	值　辛 符　己英生
六　戊 合　庚心景	太　己 阴　壬柱杜	螣　癸 蛇　戊芮伤

于奇门中，值符落宫为守方，代表伊朗。庚落宫为攻方，代表美英。今值符天英星落兑七宫，兑宫落有生门。格局为辛加己入狱自刑，诉讼难伸，凡为主破败，暗地受灾殃，诸事虽然吉祥，须先耗费而后有益。

己为时干，代表英军水兵。己的本位在兑宫，为外盘，而天盘己却落入坎宫，坎为水，代表海域。阳遁坎宫为内，故英军水兵（己）越境进入伊朗水域境内是不争的事实。

庚为攻方，代表美英军队。今庚乘天任星落巽四宫，与天禽星同居四宫，有联盟之象。上乘玄武，格局为庚加丙白入荧，占贼贼必来。正应美国增兵行动。

这场对峙最终能否引发战争，要看生克关系来定。代表伊朗的值符天英星落于兑宫，代表美英的攻方庚金乘天任星落于巽宫。今兑宫克巽宫，从理论上说应该是伊朗主动去打击美英军队，但这是不可能的事情。兑为说为辩，说明伊朗方面有充分的说辞能证明英军水兵入侵伊朗海域的事实，从而使英方（包括美方）陷入理屈词穷的窘境，使英美找不到一个合理的借口进行开战。

由于代表伊朗的值符兑七宫生时干己所落之坎宫，说明伊朗方面最终一定会释放被抓的 15 名英军士兵。

从大象上来看，值符宫（兑）克庚宫（巽），攻方（庚）很难入侵。庚乘天任星，任星为艮卦，艮为止，又艮为庚之墓库，巽宫落有玄武，这些信息说明美英虽然增兵至海湾地区，又开了数艘航母，无非是想在气势上给伊朗以压力，并非想真的动武。况且于 2003 年开战的伊拉克战争已经使美军深深地陷入泥潭，至今仍没有完全解决问题，此时再向伊朗开战，对美国必为不利。因此，我坚信美方虽集兵于海湾地区，但这次战争不会爆发。

我于电话中对北京的王述达说："美军虽调集了这么多部队到海湾地区，只是想从气势上给伊朗以压力，迫使伊朗方面尽快放人，但这场战争肯定打不起来，伊朗近期肯定会释放被抓的 15 名英军士兵。"

王述达对我的判断不太相信，他懂六爻，曾摇了一个地水师变为雷水解卦。他说："从我今天摇的卦象来看，地水师卦四爻动，变雷水解，师卦代表兴师动众，大战前的集兵行动。解卦为上震下坎，有水上交战之象。四爻官鬼丑土临白虎发动，大战在即，新的一场海湾战争马上就要爆发。"

我笑了笑，对王述达说："佛学中有一水四见之说，讲的是不同的生命体对于水这种物质的不同理解。今日对于师卦变成解卦我是这样理解的：师卦代表美军兴师动众，集结兵力屯积于海湾地区，但变卦为解，解者散也。说明即将燃起的战火又慢慢地消散了。我认为现在的海湾局势是只打雷，不下雨。美军与伊朗之间不会打起来。这场即将打起来的战争阴霾会渐渐地散开，美英与伊朗之间这一次不会打起来，伊朗方面也会在近期释放被扣押的 15 名英军士兵。"

在绝大多数人都认为最近几天美军会对伊朗方面实施军事打击的情况下，事情却出现了微妙的变化和转机：4 月 2 日，被伊朗扣押的 15 名英国海军士兵在伊朗电视台播放的电视画面上都已承认是非法进入伊朗水域。4 月 4 日，伊朗释放了因非法进入伊朗水域而被扣留的 15 名英军水兵。在伊朗首都德黑兰，英军水兵在被释放后与媒体见面，伊朗总统艾哈迈迪·内贾德与英军水兵握手，并接见了被扣的 15 名英军水兵。4 月 5 日上午，15 名被释放的英军士兵在德黑兰的麦赫拉巴德机场乘坐一架飞机启程返回英国。

《每日邮报》说，这些被扣押的英军士兵出现在伊朗国家电视台承认自己侵入了伊朗水域，而那时英国国防部还坚持说他们乘坐的巡逻艇一直在伊拉克水域，这让英国外交部无法在联合国那里取得强大支持。英军士兵在电视上承认侵入伊朗水域这一事实后被释放，最后还和伊朗总统艾哈迈迪·内贾德握手话别，这个举动让伊朗人从羞耻的英国人那里捞走了这场政治纠纷中的所有好处，最后还留给世人一个宽宏大量的形象。

时至今日，美英也没有对伊朗开战。

十八、经济、财运预测

有关经济、财运方面的预测，是一个较大的项目，通常以日干、年命落宫为求测之人，时干、用神落宫为货物，戊为资本，生门为利息、利润，值符为银行、放贷人、物主，天乙为借款人，伤门为讨债人，开门为门市、门面、办公场所，死门为地皮，生门为房屋，值符、景门为行情，月干为同行竞争者。

由于经济、财运所涉及的内容很多，现将常遇到的情况分述如下：

(一)投资求财

凡所有的投资求财项目，均以天盘戊落宫为本金，生门落宫为利润。生门落宫生戊落宫，又乘吉星、吉格、吉神、不空亡者，必获倍利。

戊落宫生生门落宫，为投资越大，利润越大。

戊落宫与生门落宫比和，可获中等利润。

生门落宫克戊落宫，又乘凶格、凶星、凶神，必赔本。

戊落宫克生门落宫，为选错投资项目，切莫投资。若投资，必荡尽千金难回。

现通过实例来讲解之。

实例一：为洪女士预测

1995年公历2月9日下午2点多钟，一位姓洪的女士来我处求测，进屋后她坐巽位。她告诉我，是1973年出生的，今年想投资一个生意，不知前景如何？

我根据她前来求测的时间，用飞盘奇门遁甲的起局方法为其起了奇门局进行预测，并结合她坐的宫位进行参断：

乙亥年戊寅月辛未日乙未时，阳8局。

值符：甲午辛　天芮星　　值使：死门

朱　戊 雀　癸任伤	太　癸 阴　己辅生	勾　丙 陈　辛心休
太　乙 常　壬柱死	九　己 地　丁英	值　辛 符　乙芮开
螣　壬 蛇　戊冲惊	六　丁 合　庚禽景	九　庚 天　丙蓬杜

我全面地分析了一番整个奇门局，对洪女士讲：“你投资的项目与车辆有关，依我看好像是承包一条线路，这个车成天往返于这条线路上。你随车卖票，对吧？”

“刘老师你真神！说得一点儿不错！我就是想承包从瓦房店至复州城这条线的一个客运面包车，你看如果我承包后效益会怎么样？”洪女士十分关注这件事。

“整个投资在14万元左右，你就放心大胆地投资吧。客流量很大，生意不错，车辆在路上行驶也很安全，不会出现任何重大交通事故。正常发展的话，到年底不仅所投资金全部回来，最少也能让你赢利7万至9万元。”我十分肯定地对洪女士说。

“那好吧，明天我就去交钱签合同。你测得很准，按约定，明天我要交给对方 14 万 8 千元的承包费。如果到今年年底果真像刘老师说的那样，我一定会来重谢刘老师的。”洪女士很高兴地说。

1997 年春节期间，洪女士再次来到我家，买了很多年货来送给我，说是对我表示感谢。并告诉我，这一年下来生意不错，到年底腊月结算账目时，扣除本钱及所有费用外，纯利润为 9 万 6 千多元，一年来也没有发生过任何车灾等。

下面把判断思路详解如下：

1. 断洪女士投资的项目与车辆有关，依我看好像是承包一条线路，这个车成天往返于这条线路上，洪女士随车卖票：

洪女士坐巽位，巽宫地盘为癸，正是洪女士年命。天盘为天任星、伤门、朱雀。戊为本金，今戊乘天任星落巽宫，为日柱干支辛未的马星宫（亥卯未马在巳），又巽宫有伤门，也是车辆之符号，马星、伤门同落一起，必为车辆跑动之信息。又巽宫本身就是线路之象征（巽为绳为线为细长物品）。巽宫天盘乘天任星、伤门，天任星为艮卦，为倒震，伤门为震，这样以来，天任星与伤门同落巽宫这个组合，便可解读为车辆成天往返于这条线路上。朱雀为票据，地盘癸为洪女士年命，洪女士又坐在巽宫（马星巳）的位置，洪女士自然是随车卖票的了。又巽为利市三倍，故断洪女士要承包、经营这个线路。

2. 断整个投资在 14 万元左右，你就放心大胆地投资吧。客流量很大，生意不错，车辆在路上行驶很安全，不会出现任何重大交通事故。到年底不仅所投资金全部回来，最少能赢利 7 万至 9 万元：

戊代表本金，戊乘天任星落巽四宫，故取 4 数或 14 数，春季木旺，所以取 14 数。今生门落离宫，天辅吉星亦落离宫，离宫吉门吉星，戊所落之巽宫生生门所落之离宫，为投资后必有利润产生。故告诉洪女士可以放心大胆地投资。

天盘伤门代表动态的车辆，地盘伤门代表停止不动的车辆，也代表车站。今地盘伤门宫（震三宫）乘天柱星、死门、太常。天柱星上乘乙奇时干，代表乘客，与值使死门同落震三宫，为三奇得使吉格，又乙奇落震三宫为三奇贵人升殿、奇游禄位等吉格，死门为坤卦，坤代表众人等信息。同时与震三宫对冲的兑七宫有值符所在，奇门中值符、值使是绝对动态的，又卯(震三宫)、酉（兑七宫）为门户，这些信息足以说明客流量很大，生意不错。景门代表道路，今景门落坎一宫，生地盘伤门之震宫，又生天盘伤门之巽宫。故断车辆在路上行驶很安全，不会出现任何重大交通事故。

洪女士年命癸落离九宫，受戊所落之巽宫相生，戊为本金，故断所投本金可全部回来。生门为利润，今生门在离宫受地盘之生，又受震三宫太岁乙奇所在之位来生，己为今年腊月之月干（己丑月)。故断洪女士到今年年底不仅所投本金能全部回来，还能赢利 7 万至 9 万元。离宫数为南方二、七火，又为离九宫。故断能够赢利 7 万至 9 万元。

实例二：为孟先生投资预测实例

1999 年公历 3 月 5 日上午 8 点 30 分左右，一位姓孟的先生慕名前来求测，他是 1970 年出生的，其坐在我办公桌的坤位。我按孟先生来求测的时间起了一个飞盘奇门局如下：

己卯年丙寅月丙辰日壬辰时，阳 3 局。

值符：甲申庚　天禽星　　值使：生门

朱　乙 雀　己芮生	太　壬 阴　丁柱伤	勾　丁 陈　乙英开
太　丙 常　戊蓬惊	九　戊 地　庚冲	值　庚 符　壬禽休
螣　辛 蛇　癸心死	六　癸 合　丙任杜	九　己 天　辛辅景

我把整个奇门局分析透彻后，为孟先生断了许多事，都很应验。孟先生说："刘老师，今年我准备投资一个项目，你看投资以后我的发展会怎样？"

孟先生没有告诉我他的具体投资项目。我观局中生门落宫克戊落宫，直接对孟先生说："今年你千万不要投资，如果投资了，连本钱都回不来了，你会赔得一塌糊涂。你做这个项目需要租用一个门面，费用很大。依我之见，你还是放弃这个投资计划为好。"

"刘老师说得对，我做这个项目的确需要租用一个门面房，而且要装修得很漂亮。我做的是一家名牌服装的总代理，按理说这个项目应该会很赚钱的，我想试试。"孟先生还是跃跃欲试。

尽管我一再劝阻，最终没有挡住孟先生的投资计划。孟先生花了五万元租了一间门面房，装修花了四万元，然后进了一批名牌服装，开业了。

开业后第十个月，孟先生再次来找我进行预测，问测这个名牌服装店何时能转让出去？问之何因？孟答曰：自开业至现在，一直亏本经营，连个费用钱都挣不回来。

下面将判断思路详解如下：

1. 劝孟先生今年千万不要投资，如果投资了，连本钱都回不来，会赔得一塌糊涂：

天盘戊落中五宫，格局为戊加庚飞宫格，吉事不吉，凶事更凶，求财无利益。同时飞宫亦主换地方。生门落巽四宫，受巽木之克，生门代表利润，今受克，故利润不大。又生门与天芮星同落巽宫，巽主利市三倍，今利润（生门）与病星（天芮）同宫，说明利润不好。又巽宫克中五宫，为生门落宫克本金落宫，必赔本。故劝孟先生千万不要投资，如果投资，最终连本钱都回不来。

2. 断孟先生做这个项目需要租用一个门面房，费用很大，还是放弃这个投资计划为好：

孟先生来求测时坐在坤位，坤宫上乘开门，开门主门面。生门所落之巽宫克开门所落之坤宫，故费用很大。还是放弃这个投资计划为好。

(二)买货求财

以日干、年命落宫为收买货物之人，以时干、用神落宫为货物。时干、用神落宫乘旺相气再得奇门吉格者，为上等好货，质量上乘。时干、用神落宫乘休囚之气，不得奇门吉格，又临凶格、凶门、凶星，乘玄武、螣蛇者，为废货或假冒产品、劣质产品、腐坏的产品等。

时干、用神落宫来生日干年命落宫者，好货、坏货都能带来利润。时干、用神落宫来克日干、年命落宫者，或乘墓绝及空亡者，切莫买之，买必无利。

日干、年命落宫生时干、用神落宫，为主动去买。时干、用神落宫生日干、年命落宫，为送货上门。日干、年命落宫克时干、用神落宫，也主能买成。

下面举实例讲解之。

实例一：为乔女士买设备预测实例

1998年3月25日晚上7点45分，电话铃响了，一接听是沈阳市和平区的一位姓乔的女士打来的，她曾在今年春节期间来我处测过运程。

电话中乔女士对我说："刘老师，今年正月里你给我预测说我今年财运不错，现在我租了间门点房，想做服装干洗这桩生意。我正想上新设备时，有一家干洗店的老板因转营其他项目，有台干洗设备想低价位转让给我，他说是一台新机器，没用多久，让我放心使用。我现在心里没底，怕一旦买到手后再出故障就麻烦了。但考虑价格比较便宜，我还是想买这台设备。麻烦刘老师帮我测一下，这台设备我要不要买下？如果买下来以后，干活儿顺不顺利？会不会出故障？"

我按乔女士打电话时间起转盘局进行预测：

戊寅年乙卯月辛未日戊戌时，阳3局。

值符：甲午辛　天心星　　值使：开门

螣　丙 蛇　己蓬伤	太　癸 阴　丁任杜	六　戊 合　乙冲景
值　辛 符　戊心生	庚禽	白　己 虎　壬辅死
九　壬 天　癸柱休	九　乙 地　丙芮开	玄　丁 武　辛英惊

乔女士是辛丑年出生的，其年命与日干辛同落震宫又临值符。我分析一番全局，在电话中对乔女士说："这台机器设备的确用的时间不长，可以算上是台新机器，没有什么毛病，尽管大胆买下。这台机器的生产厂家是个大企业，售后服务很完善。依我估计，你们双方商谈后，对方会以原价三分之二的价位卖给你，这样你会节约不少资金，又不影响工作。明天你俩就能成交。"

第二天傍晚，乔女士从沈阳给我打来电话，告诉我成交了。价格果然和我预测的一样，比新机器价格便宜三分之一。

后来于2000年春节期间，乔女士再次从沈阳来我处，告诉我自从1998年买了干洗设备后，生意一直不错，机器买到手一直使用到现在，也没出过任何毛病。

下面把判断思路详解如下：

1. 断这台机器的确用的时间不长，可以算上是台新机器，没有什么毛病，尽管大胆买下：

时干戊乘天冲星落坤宫，天冲星于卯月旺相，时干代表机器，故断这台机器可以算上是台新机器。今值使门落坎宫，被时干宫（坤）所克，故断这台机器使用的时间不长。又天芮星代表毛病，今芮星落坎宫，被时干戊所落之坤宫所克，所以断机器没有什么毛病，尽管大胆地买下。

2. 断这台机器的生产厂家是个大企业，售后服务很完善：

时干戊代表机器，戊长生在寅，长生处为产品的生产厂家。今戊、寅均临太岁，故断这台机器的生产厂家是个大企业。又天盘戊落坤宫，地盘寅（厂家）在艮宫，均能克病星天芮所落之坎宫，即机器出毛病了，厂家会及时给予解决。所以断售后服务很完善。

3. 断双方商谈后，对方会以原价三分之二的价位卖给乔女士，明天即可成交：

地盘时干戊落震三宫，临值符，值符为行情。地盘戊代表原始的价位、行情。天盘时干戊落坤二宫，坤宫又临景门，景门也代表行情，故现在的价位、行情为二。戊为资金符号，今日干、乔女士年命辛均落震三宫，来克时干戊所落之坤二宫，日干、年命落宫克时干、用神落宫，也主能买成。所以断双方商谈后，对方会以原价的三分之二的价位卖给乔女士。

明天是壬申日，景门为合同书、交易契约等信息，坤宫又乘六合吉神，都主交易成功之信息。又明天的日干壬落艮宫，正对冲坤宫，故断明天（壬申）即可成交。

实例二：为杨先生买车预测实例

2001 年 9 月 30 日上午 8 点 30 分，一位姓杨的中年男士来我处求测。进屋后他坐在离位，他告诉我，属马的，1966 年出生的。杨先生说："刘老师，我今天来主要是问测一件事，最近通过朋友帮忙，买一辆车，今天下午就得交钱给对方。您帮我看看，如果买下这辆车，将来我的财运会怎样？"

我观察一下杨先生的年命落宫及他所坐的宫位，笑着对他说："开车是一个很辛苦的工作，何不做点其他方面的生意呢？再说这个行业做的人也很多，竞争十分激烈，你考察过市场吗？"杨也笑了："刘老师你尽管直言。"我根据杨先生前来求测的时间，用转盘奇门遁甲的起局方法起局进行预测：

辛巳年丁酉月丙申日壬辰时，阴 1 局。

值符：甲申庚　天任星　值使：生门

白　乙癸 虎 丁芮(禽)休	六　辛 合 己柱生	太　壬 阴 乙心伤
玄　己 武 丙英开	癸	螣　戊 蛇 辛蓬杜
九　丁 地 庚辅惊	九　丙 天 戊冲死	值　庚 符 壬任景

我认真分析一番，结合杨先生所坐宫位及其年命落宫，对他说："你想买的这辆车是二手车，如果我没断错的话，这车应该是1996年的车。"

"太准了！是二手车，的确是1996年的车。刘老师断的很准。"杨先生十分兴奋地说。

"这辆车在上个月刚刚喷的漆，是黑色的，外表看起来像新车似的，但车的内部机关有很多毛病。依我看，这辆车至少出过四次较大的毛病而进行过维修。并且这辆车耗油量很大。你要是听我的，最好放弃这个买车计划。如果真的把车买回家，最后你肯定会后悔的。因为如果把车买到手后，非但不能给你带来财运，而且还会带来麻烦和灾难。明年（壬午）还要出车祸。"我耐心地劝阻杨先生。

"刘老师说得对。卖方的确说是上个月刚喷的漆，是黑色的。看起来确实像新车似的。但内部机关是否有毛病现在我们也无法考证。不过很多朋友都说这车价格便宜，还是买下为好。我买这是一辆加长林肯，主要是婚礼专用。我估算了一下，两年半到三年左右时间，买车的本钱就能赚回来。"杨先生说。

后来尽管我一再劝阻，杨先生还是花了十几万元将这辆二手的加长林肯买下了。结果一年下来没有出租几次不说，还在2002年冬季拉一对新婚夫妇过程中，因路上冰雪多路太滑而肇事，新郎、新娘都受了伤。杨先生不仅要给新郎、新娘包赔医疗费等，还要自己花钱修车。

2003年春节期间，杨先生再次来我处，后悔当初没有听我劝阻。并告诉我，自车买到手以后，生意并不好，有几次拉新郎、新娘途中车出毛病了，找人修理半天才重新上路，把新婚夫妇的时间都给耽误了。这样以来外界都传说我这辆加长林肯车有毛病，生意更不好做了，从买到手到现在，算总账还赔钱，一分钱也没赚，并格外从腰包又掏出五千多元填进去了。现在惟一的想法就是尽早地将这辆车转让出手。这辆车在维修中发现，内部机关有很多地方都拆修过，至少有四处以上的地方换过部件。

下面把判断思路详解如下：

1. 断杨先生想买的这辆车是二手车，应该是 1996 年的车：

伤门代表车辆。今伤门落坤二宫，为入墓，又酉月坤宫休囚，故必不是新车，所以断二手车。伤门所乘暗干为丙，且与伤门同气的天冲星乘丙奇落坎宫。星代表事物的初始阶段，今天冲星乘丙奇落坎 (子) 位，故可解读为该车是 1996 年 (丙子) 的车。

2. 断这辆车在上个月刚刚喷的漆，是黑色的，外表看起来像新车似的：

坤宫上乘天心星与伤门，天心星属金，上乘壬水，壬主液体、油漆等信息。伤门为车。坤宫有申，申者身也，壬长生在申，申主七月，故断上个月这辆车刚刚喷的漆，长生主新的，故外表看起来像新车似的。坤二宫主黑，所以断车是黑色的。

3. 断车的内部机关有很多毛病，这辆车至少出过四次较大的毛病进行过维修，车的耗油量很大：

坤宫上乘天心吉星与伤门，又乘太阴吉神，天盘星、门、神代表事物的外表现象。坤宫地盘有天芮凶星、死门凶门，地盘代表事物的内部现象。如此便有这辆车从外观看起来像新车似的，而车的内部机关有很多毛病。天芮星代表病症，乙奇代表维修方案、方法，天心星代表汽车修配厂。今天芮星落巽四宫来克伤门所落之坤宫，故有这辆车至少出过四次较大的毛病之断语。因天芮星上乘乙奇，乙奇代表维修方案、方法，又坤宫上乘天心星、伤门，天心星为修车厂，伤门为车，综合起来便可断这辆车出过四次较大的毛病而送车厂进行维修。休门代表油，今休门落巽宫为入墓又逢日建空亡，休门被同落四宫的芮、禽二星所克（土克水），休门宫（巽）又来克伤门宫（坤），所以断这辆车耗油量很大。

4. 建议杨先生最好放弃这个买车计划，如果把车买到手以后，非但不能带来财运，而且还会带来麻烦和灾难，明年还要出车祸：

日干丙、杨先生年命丙均落坎一宫，时干壬、用神伤门同落坤二宫，为时干、用神落宫来克日干、年命落宫，切莫买之，买必无利。此例亦可从投资求财这个角度来论，今生门落离宫，正是杨先生所坐之宫位，戊落兑宫，为所投之本金。现生门落宫（离）克戊落宫（兑），必赔本。

杨先生坐离宫，乘天柱凶星，辛加己入狱自刑凶格。又从日干丙来查，离宫是羊刃宫（丙羊刃在午），从日柱丙申来查，离宫又为灾煞宫（申子辰见午），故离宫（午）这个时空点必有灾厄出现。

乾宫为值符天任所落之宫位，格局为庚加壬小格，景门落乾宫入墓。景门主道路，景门与杨先生所坐之离宫通气，又与杨年命通气（景门本位地支为午）。从另一个角度来看，伤门落坤宫，杨先生年命丙落坎宫，伤门宫克年命宫，必主车灾。值符落乾宫，格局为庚加壬移荡格，今年流年辛巳，明年为壬午，又乾宫有景门，景门为午位，故断明年（壬午）还要出车祸。

（三）卖货求财

以日干、年命落宫为卖主，时干、用神落宫为货物。日干、年命落宫生时干、用神落宫，为人恋货，不肯卖；时干、用神落宫生日干、年命落宫，为货恋人，卖不出去；日干、年命落宫克时干、用神落宫，虽欲快速将货出手，但成交慢，暂时卖不出；时干、用神落宫克日干、年命落宫，货物出手必速。

卖货得财否，视时干、用神落宫与甲子戊、生门落宫之间生克关系来定。时干、用神落宫生甲子戊落宫，但克生门落宫，为本钱可回，但无利润；时干、用神落宫生甲子戊落宫，又来生生门落宫，为连本带利俱收获；时干、用神落宫生生门落宫，但克甲子戊落宫，为暂时本金回不来，但长久之后必本利俱收；时干、用神落宫克甲子戊落宫，又克生门落宫，为赔了夫人有折兵，切莫投资买卖货物。

下面举实例讲解之。

实例一：为杜永汉南行做生意预测实例

1998年12月10日早上8点20分，我的朋友杜永汉来到我家，说求测一件大事。进屋后他坐离位。杜永汉是1973年出生的，我按其前来求测时间起局（转盘）进行预测：

戊寅年甲子月辛卯日壬辰时，阳遁4局。

值符：甲申庚　天心星　　值使：开门

太　壬 阴　戊任生	六　乙 合　癸冲伤	白　戊 虎　丙辅杜
螣　丁 蛇　乙蓬休	己	玄　癸 武　辛英景
值　庚 符　壬心开	九　辛 天　丁柱惊	九　丙 地　庚芮死

杜永汉坐离位，没有说具体测何事，只是说有件大事，让我测一下吉凶。

我审视了一会儿奇门局，根据杜永汉所坐的离位及其年命所落宫位，十分肯定地对他说："你最近要出一趟远门，是往南方走，对吧？"

"你的易经预测越来越准了，我真的是要去南方，去的是广州，你能测出我去广州做什么吗？"杜有意来考我。

我观察了一下时柱干支壬辰所在的巽宫，对杜永汉讲："你想去广州做生意赚钱。"

"你又测对了！实话跟你讲吧，我已组织好了几车皮水果，两边的差价很大，如果正常运作的话，这次应当会稳稳地赚上一笔。"杜永汉很自信地对我说。

我看看奇门局，对杜说："不要盲目行事，要慎重一些，那边你有可靠的朋友吗？"

"这点你不必多虑，那边有几个好哥们儿，你今天认真仔细帮我预测一下，看看这次去广州我能赚多少钱？货销售情况怎样？整个运输过程顺利否？"杜永汉问。

"如果你信我，这次最好不去广州。因为这次去了之后你的货卖不上好价位，搞不好要赔钱的。"我给杜永汉敲警钟。

"不会吧？我已经提前派人去广州考察过了，那边价格比这边好多了，而且货供不应求。我这次主要发的货是李子和葡萄，马上就快到元旦了，每年这个时候水果都会卖上好价的。"杜永汉疑惑地问。

"如果你非要去的话，谁也拦不住。但这次南行的结果是：李子全部卖掉了，葡萄可就卖得不好了。没准有一部分剩了还得拉回来。"我从奇门局中又看出一些细节。

"现在货都备齐了，如果不去广州，就得在家边批发出去，这样以来赚的就太少了。"杜永汉不甘心。

"那就别怪我没提醒过你，总之这次南行你肯定会后悔的。"我坚持自己的意见。

杜永汉没有听我的，当天下午就起程了，走了四车货，两车李子，两车葡萄。到广州后销了几天，很不理想，李子全部卖掉了，赚了些钱，可葡萄卖得很不好，最后舍本卖都出不了手。无奈之下只好拉回来。算算总账，本钱刚刚回来，吃住费用还不算在内。耽误了那么多天的时间更不能算。回到瓦房店之后见到我便说："真后悔当初没听你的劝，不然我不会这么惨的，来回走了半个月时间，一分钱没挣回来，白搭进去路费、时间、还有那么多人力。这一趟广州跑得太不值了。"

下面把整个的判断思路详解如下：

1. 断杜永汉最近要出一趟远门，是往南方走，并断其想去广州赚钱：

杜坐离位，日干辛落坎宫，坎宫旺相冲动离宫，冲则必动。杜年命癸落兑宫，被日支卯宫所冲，又是动的符号。因此，断杜永汉要出一次远门，杜坐离位，其年命癸落兑宫，均落外盘，故应出远门。时辰为测来意的重要依据，今时辰干支壬辰均在巽宫，巽宫地盘为戊，门盘为生门，都是财的信息，故断杜要外出求财。断杜要去南方，因其本身就坐在离宫，离宫地盘又是其年命癸之故。

2. 劝杜永汉这次最好不去广州，这次去广州之后货卖不上好价位，搞不好要赔钱：

生门代表利润，今生门落巽四宫，巽为利市三倍，做生意之符号。生门被巽宫所克，利润必不会太大。值符、景门落宫为行情，今值符天心星上乘庚，与值使开门同落艮宫而入墓，故断行情、价位不好；景门亦为行情，子月景门为走死地，又景门落兑宫，门克宫为门被迫，不吉，景门五行属火，火长生在寅，帝旺在午，死在酉（兑），故必行情不好，卖不上好价位。又生门所落之巽宫克甲子戊所落之坤宫，故断搞不好要赔钱。

3. 断杜永汉这次南行的结果是：李子全部卖掉了，葡萄可就卖得不好，没准有一部分剩了还得拉回来：

在这个实例中，我取用神的方法与传统的方法不一样。传统的取用方法是：日干为卖方，时干为货物。而我在这里把离九宫做为李子来看，把坤二宫做为葡萄来看。

为什么这样取用神呢？如果按传统的时干为用神的话，现在有二种货：一种李子、一种葡萄，时干到底代表李子，还是代表葡萄？若再遇上同时运输五种、十种货物，一个时干能代表那么细致吗？

显然是不能。所以可以肯定地讲：传统的以时干为货物的取用神方法是不够精确的，也很难应付复杂的求测与判断。这里我取离九宫代表李子的理由是：离九宫的格局为乙加癸，乙为木，癸为水为“子”，而木加子正是“李”字。离九宫为天冲星、伤门，全是木，又离九宫为“九紫”，正是李子的颜色。

我取坤二宫代表葡萄的理由是：坤二宫上乘天辅星，“辅”与“葡”字有谐音、象形之说，又天辅星为巽卦，葡萄亦为藤本植物属于巽卦之类。故取坤宫天辅星代表葡萄最为贴切。

从全局大象来看，戊为本金，落宫在坤，生门为利润，落宫在巽。巽宫克坤宫，利润克本金，故不宜投资。这里我以杜的年命癸为求测者，今癸落兑七宫。离九宫为李子，离宫克兑宫，货克人，离九宫又逢空亡，所以断李子全部卖掉，价格卖得也较好（离九宫生甲子戊所落之坤二宫，又受生门所在之巽宫来相生）。

坤宫天辅星为葡萄，现来生杜永汉年命癸所落之兑宫，为货恋人，故难以出手。坤宫格局为戊加丙青龙返首，所以卖不出又拉回来（青龙返首主返回）。

这个实例的关键点在于：辛卯日午未空亡，离九宫空亡，但坤二宫不空亡。因未为阴支，而坤宫为戊加丙，都为阳，《奇门法窍》曰：阳与阳比，阴与阴比，坤宫并不空亡，不空即葡萄出不了手。又坤宫临杜门，主闭塞不通，杜门临坤宫又为入墓，都是葡萄出不了手之象。

实例二：为贾先生选择还债项目

1996 年 3 月 31 日上午 9 点多钟，一位姓贾的先生慕名来我处求测，他是 1957 年（丁酉）出生的。贾先生坐离位，我按其前来求测时间用飞盘奇门局的起局方法为其预测。

丙子年辛卯月丁卯日乙巳时，阳 6 局。

值符：甲辰壬　天蓬星　　值使：休门

九　辛 天　丙英伤	勾　乙 陈　辛禽生	朱　己 雀　癸柱休
九　庚 地　丁任死	值　壬 符　乙蓬	太　丁 阴　己冲开
六　丙 合　庚辅惊	太　戊 常　壬心景	螣　癸 蛇　戊芮杜

我为贾先生预测了几件事之后，贾连连称准。之后贾又提出一个问题：“刘老师，别人欠我的货款，短期内拿不出现金，现在对方手中有一辆豪华轿车和一栋房子想用来抵货款，任我选其一。我现在房子有，轿车也有，即使对方把轿车或房子送给我抵货款了，到手后我还是要转卖出去变成现金。你帮我测一下，我是要轿车好，还是要房子好？哪个出手快？”

我分析了一下全局，对贾先生说：“对方想转账给你的车确实是辆名牌车，但你不能要。如果要到手自己留着用尚可，若是拿到手之后想转手卖出去就困难了。”

“这辆车到手以后我也是要卖掉的。因为我手中现在有车开。再者，现在我很需要资金周转。”贾先生说。

“房子所处的地段不错，交通十分方便，是正房，采光好。依我看，还是要这房子为好，到手后很快就会卖出。”我对贾说。

“刘老师说得对。这个房子地段不错，交通很好，是正房，室内采光也很好。我只是担心要到手以后不好出手。我现在家里有房子住，不需要那么多的房子。刘老师您帮我仔细看一下，如果我要这房子，最快多长时间能出手？”贾先生急切地问。

我分析了一下全局，十分肯定地对贾先生说：“如果现在将房子的产权过户到你的名下，在今年阴历五月份肯定会卖出去，算起来还有两个多月的时间。”

在我的指点下，贾先生选择了欠款方用房子抵债的方案。最后果然于同年 6 月 26 日（农历五月十一日）将房子转手卖给他人了。

下面把判断思路详解如下：

1. 断对方想转账给贾先生的车是辆名牌车，但不能要。如果要到手，想转手卖出去就困难了：

伤门代表车辆，今伤门乘暗干丁奇落巽宫，为旺相，巽宫地盘有岁干丙奇，巽宫天盘乘天英星，英星带有辛金，辛为品牌，太岁丙奇当然代表高档名牌了。贾先生年命丁酉俱落兑宫，来克伤门所在的巽宫，为人克货，出手慢。

2. 断房子所处的地段不错，交通十分方便，是正房，采光好。依我看，还是要这房子为好，到手后很快就会卖出：

生门代表房屋，现生门与天禽星同落离宫。天禽星代表中央地带，故断房子所处的地段不错。离宫为采光很好的信息，离为南，故为正房。伤门代表车辆、交通，今伤门落巽宫生生门所落之离宫，所以断交通十分方便。现生门在离宫克贾先生年命丁酉所落之兑宫，为货克人，出手快。故断房子到手后很快就会卖出。

3. 断今年阴历五月份房子肯定会卖出去：

生门代表房屋，落离宫，离宫格局为乙加辛青龙逃走，乙为时干，亦代表房屋。现因乙奇加到辛上才会“逃走”，现在时空点为辛卯月，至五月为甲午月，甲午即为辛（甲午辛），离宫来克贾先生年命干支丁酉所落之兑宫，为货克人，出手快。但离宫、兑宫毕竟在外盘，故应在两个多月以后的五月（甲午月）出手。

（四）借贷财物

以值符为银行、物主，以天乙为往借之人。各以所落宫分生克论之。值符宫生天乙宫、天乙宫克值符宫，借贷必遂；值符宫克天乙宫、天乙宫生值符宫，借贷不成；值符与天乙有一空亡者，借贷不成。

又法以所往之方天盘所得之星为求借之人，地盘星为银行放款人或物主。地盘星生天盘星，借贷必成；地盘星与天盘星比和，也能借出，但较迟或借贷数量不多；地盘星克天盘星，必不借，反招羞辱；天盘星克地盘星，为强行借，若天盘星旺相，虽可借出，但彼不愿借，碍于面子或压力不得不借；天盘星休囚，来克地盘星，借贷难遂意。

下面举实例详解之。

实例一：为孙晓妍女士款项之事预测实例

2000 年 7 月 23 日上午 10 点多钟，一位名字叫孙晓妍的女士慕名来找我预测，她是1965年出生的。按她来的时间用转盘奇门起局方法进行预测：

庚辰年癸未月壬午日乙巳时,阴7局.

值符：甲辰壬　天冲星　　值使：伤门

九　丙 地　辛英休	玄　癸庚 武　丙芮(禽)生	白　戊 虎　癸柱伤
九　辛 天　壬辅开	庚	六　己 合　戊心杜
值　壬 符　乙冲惊	螣　乙 蛇　丁任死	太　丁 阴　己蓬景

孙晓妍坐位在巽宫，见我起好了奇门局，她便直接说明来意：“刘老师，我今天来主要是求测一下合伙人的款项什么时间能打过来？”

“合伙人是哪一年出生的？”我问道。

“合伙人是1959年出生的，属猪的。他是一个制药厂的厂长，对我手中的一个秘方很感兴趣，有意要与我合作，准备批量生产这种药，我提出生产这种药的所有原材料由我们供给，药厂只管加工成成品即可。这样能够充分保证药品的真实性与疗效，又能保证药方的保密性，开始的时候对方不同意这个条件，要求我方把全部药方送给药厂，由药厂统一购置原材料，给我较高的报酬，经过反复考虑，加上我父亲的反对，最终拒绝了药厂的这个条件，药厂厂长经过一段时间的考虑，还是同意了生产成品药的过程中，所有的主要原料由我方供给，其余的辅佐原料及包装等由药厂提供。并在利润的分成上达成共识。并且规定，每次批量生产药品之前一个月，药厂要预付给我方百分之七十的购置原料款，另外百分之三十先由我方垫付，待成品药生产出来后，其余的款项加上利润分成等一次性全部付清。这个条件对我来说已经很优越了。按原定计划于今年8月20日开始进行首批生产，药厂按理应该在7月20日将百分之七十的购置原料款打过来，现在已经是7月23日，药厂也没有动静，刘老师，外面都传言说你测事特准，求你仔细帮我测一下，这笔款哪一天能过来？”孙晓妍急切地问道。

我认真仔细地分析一番奇门局，对孙晓妍女士说：“你这药方如果真的推广开，会造福人类的，并且疗效很好。若是药厂果真能批量生产的话，一定会赚大钱的。但这次你与药厂的合作以失败而告终，厂方不会打钱过来的，药厂厂长也变卦了，你们之间的合约是私下签定的，有许多内容是不能公开的，最重要的是，合约没有经过法律公证，其法律效应要打折扣的。”

“不会吧？昨天药厂厂长还与我通电话了，说最近几天把百分之七十的购置原料款给打过来，让我近期不要出远门，做好购料准备。”孙晓妍疑惑地看着我说。

“我也希望你这事能合作成功，但奇门局中反映的确实是预付款下不来，合作也没有成功。看最后结果吧。”我对孙晓妍说。

后来事情发展果如我所预测，一直到2000年年底，厂方预付款也没打过来，孙晓妍要起诉药厂，被我制止。

下面将判断思路详解如下：

1. 断这药方如果真的推广开，会造福人类的，并且疗效很好：

乙奇代表药品、药方，今乙奇乘天任吉星落坎宫，格局为乙加丁，奇仪相佐，百事可为。天芮星代表疾病、病症，现芮星落离宫，被乙奇所落之坎宫克制，故断孙晓妍这药方如果推广开，会造福人类，并且疗效很好。

2. 断药厂若是能批量生产的话，一定会赚大钱的：

戊为本金，生门为利润，天心星为制药厂，现生门落离宫生戊所落之坤宫，为生门宫生戊落宫，必获倍利。戊落之坤宫又来生天心星所落之兑宫，故断制药厂若是能批量生产，定会赚大钱。

3. 断孙晓妍这次与药厂的合作以失败而告终，厂方不会打钱过来，药厂厂长也变卦了：

值符为放款方，天乙为借贷人。今值符落艮宫克天乙（天任星）所落之坎宫，为借贷不遂。故断厂方不会打钱过来。

从另一个角度看，孙晓妍年命乙落坎宫，药厂厂长年命已落兑宫，本来兑宫是来生坎宫的，但从日柱干支壬午来查，兑宫空亡，已落兑宫空亡了，说明药厂厂长说空话（兑为说），故断药厂厂长也变卦了。

4. 断你们之间的合约是私下签定的，有许多内容是不能公开的。最重要的是，合约没有经过法律公证，其法律效应要打折扣：

丁奇、景门为合同、契约之符号，今丁奇、景门均落乾宫为入墓，又乘太阴，故断之间的合约是私下签定的，有许多内容是不能公开的。开门落震宫，被丁奇、景门所落之乾宫所克，都是合约内容不能公开之信息。又六合代表法律公证，今六合落兑宫逢空亡，故断合约没有经过法律公证，其法律效应要打折扣的。

实例二：为贺立群借贷之事预测实例

1998 年 4 月 23 日中午 11 点 37 分，应朋友之邀到本市海润酒店用餐。席间结识了一位名字叫贺立群的朋友，他是 1961 年（辛丑）出生的。酒桌上贺坐兑位，相聊熟悉后，贺立群对我说："听说刘老师在易学上很有研究，今天能否给我预测一下运气呢？"

天下没有免费的午餐，我早就料到这顿饭他们必然有求于我，于是把早已起好的奇门局拿出来稍加分析，结合贺立群所坐宫位及其年命，对其进行预测。当时用的是转盘奇门遁甲起局方法，如下：

戊寅年丙辰月庚子日壬午时，阳 5 局。

值符：甲戌己　天心星　　值使：开门

九　庚 天　乙柱生	值　己 符　壬心伤	螣　癸 蛇　丁蓬杜
九　丁 地　丙芮休	戊	太　辛戊 阴　庚任(禽)景
玄　壬 武　辛英开	白　乙 虎　癸辅惊	六　丙 合　己冲死

稍加分析，我便单刀直入对贺说："你现在经济上压力很大，有些账在外面收不回来，现在你同时还欠别人的钱，人家跟你追款追得紧，你正为这事犯愁呢！"

只见贺立群瞪大了眼睛望着我，半晌才说："你真神了！这事咱们今天在坐的四个人没有一个知道，刘老师你说得完全正确！这些日子我为此事正发愁呢！外面欠我的工程款要不回来，而工人天天催着要工资钱，搞得我焦头烂额。刘老师帮我看一下，我正通过朋友帮忙，在银行搞一笔贷款，谈这事已经一个多月了，还没有消息，朋友劝我不要着急，让我等等，你看银行贷款这事能成吗？"

我认真分析一下全局，对贺立群说："你耐心等待吧，这银行贷款一定能办下来。就是在时间上能稍往后拖些时日。"

"具体在什么时候这贷款能办下来？"贺立群急切地问。

"再过一个半月，即阴历五月份，这贷款就能到你手中。数目在70万或170万元左右。"我对贺立群说。"刘老师说得数目差不多，帮忙的朋友说，如果办成，大约能从银行贷下来150万至200万元左右。这事如果真的办成了，我要好好地感谢刘老师。"贺立群说。

事情果然如我所测，在1998年6月9日这天（农历五月十五日），贺立群兴奋地给我打来电话："刘老师，你测的真准！贷款真的下来了，正好是170万，时间、数目完全和你预测的一样！"

下面将判断思路详解如下：

1. 断贺立群现在经济上压力很大，有些账目在外面收不回来：

贺坐兑宫，兑宫格局为戊加庚飞宫格，戊为财，今财（戊）加庚上（戊加庚）主财外流（飞宫格），又兑宫阳遁为外盘，贺立群年命辛亦落兑宫，且有景门在兑宫，景门主账目，戊主财，合在一起即可解读为有些钱财、账目在外面。为何断收不回来呢？因离九宫生天乙艮八宫之故。值符宫为放款人，天乙宫为欠款人，伤门为讨债人。

2. 断贺立群欠别人的钱，人家追款追的紧，贺正为这事犯愁呢：

伤门为讨债人，今伤门与值符同落离九宫，克贺立群年命辛及其所坐之宫位兑宫，故断欠别人的钱，人家追款追得紧。

3. 断银行贷款一定能办下来，就是在时间上能往后拖些时日：

值符天心星落离宫代表银行，天乙天英星落艮宫，代表借贷人贺立群。今值符宫来生天乙宫，借贷必遂。由于值符落离九宫，为外，天乙落艮八宫为内，一内一外，故断在时间上能往后拖些时日。

4. 断再过一个半月，即阴历五月份，这贷款就能到贺立群手中，数目在70万或170万元左右：

贺立群求测的当日为1998年农历三月二十七日。值符落离九宫来生天乙之艮八宫，离宫主阴历五月。又代表钱财符号的戊落兑宫，与贺立群的年命辛同落兑宫，兑宫又落有景门，景门为离卦，主相见之意，再者现在为丙辰月，到阴历五月正是戊午月，故断阴历五月份，这笔贷款就能到贺立群手中。因兑宫数为七，故断70万或170万元。

(五)放贷预测

以值符落宫为银行或放款人，天乙为借贷人，生门为利息。生门、天乙宫同来生值符宫者为本息全归；生门、天乙宫同来克值符宫者，为本息俱难回。

生门宫克值符宫、天乙宫生值符宫者，为本钱可回，但利息难归；生门宫生值符宫、天乙宫克值符宫者，为借贷人先归还利息而不还本金。

天乙宫休囚但生值符宫，为借贷人有心想还，但目下无力偿还；天乙宫旺相乘吉门、吉格、吉星、吉神，但来克值符宫者，为借款人虽然有钱，但有意拖欠不还。

值符宫克天乙宫、又克生门宫者，为本金利息俱讨回；生门宫克值符宫，值符宫克天乙宫者，为借出之本金可回，但利息难归；值符宫生天乙宫，又生生门宫者，本息俱难回。

下面举例详解之。

实例一：为潘玉芬女士预测放贷实例

1999年公历10月7日上午9点40分左右，一位中年女士前来求测。经介绍，她叫潘玉芬，是1958年（戊戌）出生的。进屋后她坐离位。我根据其前来的时间用飞盘奇门起局如下：

己卯年癸酉月壬辰日乙巳时，阴4局。

值符：甲辰壬　天英星　　值使：景门

螣　辛 蛇　戊蓬伤	太　乙 常　壬禽生	六　己 合　庚冲开
太　庚 阴　己芮杜	值　壬 符　乙英	九　丁 地　丁柱休
玄　丙 武　癸心景	白　戊 虎　辛辅惊	九　癸 天　丙任死

我分析了全局，根据潘女士坐的宫位，直接说："你是为钱财之事来预测的吧？"

"对！对！刘老师真厉害，一下就看出来了。是这样：我妹妹的一位老同学，通过我妹妹这层关系，向我借贷20万元用于扩大经营规模，并答应使用一年后连本带利一次性全部还清。利息按年利率20%计算，即10000元钱一年下来连本带利应付给我12000元整。这样算来，20万元放贷一年后，应拿回24万元，比放在银行里划算。刘老师您帮我仔细看看，这笔款要不要放给他？一年后往回收款顺利否？"潘玉芬急切地问道。

"你妹妹的老同学多大年龄？"我问。

"他和我妹妹同岁，是1965年（乙巳）出生的。"潘回答。

我认真地将奇门局分析了一番，对潘玉芬说："你妹妹这位老同学的生意不是很景气，现在缺少流动资金。如果将这20万元款借给他了，将来本金能回来，但这利息钱就不好说了，对方到了还款期限的时候，会尽力还款的，但碍于生意不好，还款会很吃力的。依我之见，这笔款最好不借给他。”

尽管我如此般劝阻，潘玉芬碍于妹妹这面再三说服，最后还是将这20万元借给对方了。

一年后，于2000年10月8日，潘玉芬和妹妹潘玉红一齐来我家再次求测，问对方何日能还款？

我拿出保存了一整年的预测记录，同时又再次用大六壬起课进行参断，最后告诉潘氏姐妹二人："对方现在并不是有意不还钱，是有心还钱但手中没钱，我相信最后对方会用房子做抵押放到你们手中。最快也得在2000年阴历十二月份才能把本金还给你们，至于利息钱可能就不太好要了。”

果然，潘玉红的老同学到期仍然还不上款，压力之下潘的同学将家里的120多平方米的住宅房房照放入潘玉芬手中做质押，说最晚不超过2001年春节，一定连本带利全部归还潘玉芬，如果愈期不还款，潘氏姐妹便有权将房子拍卖掉，并通过公证部门进行合法公证。

最后在2000年腊月十三日，对方将20万元的本金全部归还给潘玉芬了，但应该给的4万元的利息钱却暂时给不上了。这令潘玉芬非常气愤，最后想将借方的房子拍卖掉，然后将利息钱扣除，被妹妹潘玉红给拦住了。最后妹妹从自己家的存款中取出4万元送给姐姐做利息，姐姐知道后哭笑不得，她不可能要自己妹妹的钱，无奈之下只好认命了，算是帮亲妹妹一把了。

下面将判断思路详解如下：

1. 在求测者潘玉芬没有说明来意的情况下，断她是为钱财之事来预测的：

潘女士进屋后坐离位，离宫格局为乙加壬日奇入地，主有悖乱之事、官讼是非，生门落离宫，生门主钱财之事，又戊落坎宫来冲克离宫，戊主钱财，戊又是潘玉芬的年命，综合观之，必有钱财之事而来求测，并且还会有口舌、悖乱之事出现。

2. 断潘玉芬妹妹这位老同学的生意不是很景气，现在缺少流动资金：

妹妹的同学的年命乙落离宫，生门落离宫，生门代表利润，从日柱干支壬辰来查，离宫空亡，生门落空亡了，自然是利润不好，生门亦代表生意，故断生意不景气。戊落坎宫，来克离宫，戊为投资，生门为利润，现投资宫克利润宫，说明生意做的不好，坎宫主水，亦主流动，戊在坎宫，自然是流动资金缺少。坎者，险也，陷也。

3. 断如果将这 20 万元借给妹妹老同学了，将来本金能回来，但利息钱就不好说了：

值符落宫为放贷人，天乙落宫为借款人。今值符落中五宫，天乙（天禽星）落离九宫，现离九宫生中五宫，本为资金回来之象，但逢空亡（壬辰日空午未），生门在离九宫，今逢空亡，故断利息钱不好说能回来。因戊亦代表本金，现戊落坎宫，被值符宫（中五）所克，故断本金可回。

4. 断对方到了还款期限的时候，会尽力还款的，但由于生意不好，还款会很吃力：

借款人年命乙乘天禽星落离九宫，上乘生门。禽星主其人品厚重、诚信，又离宫生值符所在之中五宫，为天乙宫生值符宫，说明欠款人还是诚心想还钱的。现离九宫逢日柱干支空亡，又戊落宫克生门落宫，故断借款人会尽力还款，但由于生意不好，还款会很吃力。

5. 断对方现在并不是有意不还钱，是有心还钱但手中没钱，我相信最后对方会用房子做抵押放到你们手中：

妹妹老同学 (借款人) 年命乙乘天禽星落离宫，生值符所落之中五宫，天禽星正好是天乙，此为天乙落宫生值符落宫，借款人有心想还款，但目下无力还款（离宫空亡），生门代表房屋，现生门亦落离九宫，来生值符中五宫，说明借款人想用房屋（生门）来抵押还款，生门落离宫，今逢空亡，即房子内空了，不住人了，故有欠款人欲以房子（生门）来抵押还款。又景门代表房照，今景门落艮宫，上乘天心星，天心星为乾卦，内藏戌、亥二支，戌正是潘玉芬年命地支（戊戌），艮宫为手，故有欠款人将房照（景门）放入潘玉芬之手中 (艮) 做抵押。

6. 断欠款人最快也得在 2000 年阴历十二月份才能把本金还给潘玉芬，

至于利息钱可能就不太好要了：

2000年为庚辰年，乙庚之岁戊为头，按此推算，2000年的腊月为己丑月，现震三宫为庚加己组合，震宫落有杜门，杜门藏有暗干戊，戊即是资金之符号。由此可知，在庚这个大环境里，于己这个小环境中，有戊这件事情出现。于是便可得出：庚辰年的己丑月里，有资金戊出现。

从另一个角度来讲，戊乘天辅星落于坎宫，而坎宫所对应的节气是冬至——小寒——大寒，戊为本金，故断2000年腊月（己丑）借款人会把本金还给潘玉芬。

实例二：为初文刚先生放贷之事预测实例

2001年3月13日上午10点左右，一位名字叫初文刚的男士前来求测，他是1959年出生（己亥），进屋后坐在坤位。初文刚是个十分爽快的人，他直接向我说明了来意："刘老师，今天我来找你主要是为了预测一下往外放款的事情。我有个多年未见面的朋友，他是1961年（辛丑）出生的，现在做房地产生意。由于资金周转不灵，需要从我手中借贷50万元周转，并答应在今年年底之前全部偿还，而且还给较高的利息。出于多年的交情，我愿意帮他一下，但同时又担心如果把钱借给他了，到还款期限的时候如果对方不能按期还款，这朋友关系就没法相处了。刘老师你帮我看看，这笔款敢不敢借给他？他今年生意怎么样？到了年底能否按期还款？"

对于这样的求测，我的经验是：首先重点看求测者的年命落宫，再看借款人的年命落宫，然后看求测者所坐的宫位。以这三个基本点为主线，看相互间的生克关系。一般情况下，借款人年命落宫生放款人年命落宫者，放出的款能够索回；借款人年命落宫克放款人年命落宫者，放出的款难以索回；放款人年命落宫克借款人年命落宫者，放出的款亦能索回；放款人年命落宫生借款人年命落宫，放出的款难以索回。再结合值符、天乙落宫的生克关系参断。

我以初文刚问测时间用转盘奇门起局预测：

辛巳年辛卯月乙亥日辛巳时，阳7局。

值符：甲戌己　天任星　　值使：生门

六　庚 合　丁英死	白　壬 虎　庚芮惊	玄　戊 武　壬柱开
太　丁 阴　癸辅景	丙禽	九　乙 地　戊心休
螣　癸 蛇　己冲杜	值　己 符　辛任伤	九　辛 天　乙蓬生

我认真看了一会儿奇门局，对初文刚说："你不用担心，尽管放心地把这50万元款借给朋友吧。你朋友今年生意很好，到了阴历十月，他会连本带利都还给你的。"

"既然刘老师说得这么有把握，我就把这笔款借给他。外界很多人都传言说刘老师测事很准，我可就相信你了。"初文刚说。

2001年12月2日（农历十月十八），初文刚开车前来非要请我去饭店吃饭。饭桌上初文刚笑呵呵地告诉我：预测应验了。昨天朋友将50万元借款全部还清了。并且给了4万多元的利息钱，从借出去到还款一共用了8个多月时间。

下面把判断思路详解如下：

1. 让初文刚不用担心，尽管放心地把50万元借给朋友：

值符天任星落坎宫，代表放款人初文刚。天乙天蓬星落乾宫，代表借款人。今生门也落乾宫，生门与天乙蓬星同落乾宫来生值符之坎宫，为本息全回之象，故让初文刚放心地把钱借出。

从另一个角度来看，初文刚年命己落坎宫，借款人年命辛落乾宫，乾宫生坎宫，也为借款人能够还款之象。

2. 断初文刚的朋友今年生意很好，到了阴历十月，会连本带利都还的：

戊为投资，生门为利润。今戊落坤宫，生门落乾宫，为戊落宫生生门落宫，必有利润。生门落乾宫，所乘暗干为己。乾宫地支为戌亥二支，故断到了阴历十月（己亥），会连本带利都还——天乙宫（乾）生值符宫（坎）。

(六)索债预测

以值符落宫为放债人，天乙落宫为欠债人，伤门落宫为讨债之人。伤门宫克天乙宫，讨债人实心实意卖力气去讨债；天乙宫克伤门宫，彼此争斗有口角，欠债人不想还；伤门、天乙落宫同生值符宫者，本息全能追回；伤门与天乙落宫同来克值符落宫，本息俱难以追回；伤门宫生值符宫、克天乙宫，主讨债有成；伤门宫生天乙宫、克值符宫，讨债人吃里扒外，追款不遂，反害其主；伤门落宫克天乙落宫，同时又来克值符落宫者，为讨债人虽能讨回债，但向放款人一方索取好处费；伤门宫生值符宫，同时又来生天乙宫者，为讨债人两边做好人，谁也不得罪，但讨债无功；伤门宫被值符宫克，同时又被天乙宫所克，为讨债人两边受气，能力有限，讨债不遂。

又可以放债人与欠债人双方年命落宫之间的生克关系来论，放债人年命落宫克欠债人年命落宫者，讨债必遂；欠债人年命落宫克放债人年命落宫者，讨债难遂意；欠债人年命落宫生放债人年命落宫者，讨债必成。

下面举实例讲解之。

实例一：为方普龙先生索债一事预测

2006 年 12 月 25 日中午 12 点左右，应朋友之邀去饭店做客。席上新结识了一位名字叫方普龙的先生。经相聊，方普龙是 1953 年（癸巳）出生的。吃饭的时候，方普龙坐在巽位，我坐坎位。其他朋友随意就坐。席间，方普龙站起来，用筷子将餐桌上兑宫位置盘子里的鲍鱼夹了两只放到我的面前，并十分客气地说：“请刘老师品尝一下，这道菜是很有营养价值的。听朋友们讲，刘老师的易经预测很厉害，能帮我看一下吗？我最近有事。”

我料到他们请我吃饭必是有事相求，于是把早已起好的转盘奇门局拿了出来。

丙戌年己亥月戊午日戊午时，阴 5 局。

值符：甲寅癸　天英星　值使：景门

太　**庚** 阴　己冲伤	螣　**己** 蛇　癸辅杜	值　**癸** 符　辛英景
六　**丁** 合　庚任生	戊	九　**辛戊** 天　丙芮(禽)死
白　**壬** 虎　丁蓬休	玄　**乙** 武　壬心开	九　**丙** 地　乙柱惊

我稍加分析，结合奇门局以及方普龙的举动，十分肯定地说："方先生最近运气很差，要有口舌官非出现。方先生在去年 (2005 年) 放出去一笔数额较大的款，现在往回追款出现了麻烦，是吧？"

"刘老师果然是高手！一语中的！今天我请客的目的就是想麻烦你帮我看看这件事的，确实是去年把款借出去的。"方普龙验证了我的判断。

"你去年放出去的款数目是'二'，比如是 20 万或 200 万。"我细致地说了下数目。

"完全正确！是 200 万。刘老师能否再说得具体些？"方急不可待。

"借钱人将款拿到手以后投资失误，一直没有赚到钱。现在你跟他往回索债，对方拒不还钱，还蛮不讲理，你现在是本钱、利息钱均要不回来，你正准备通过法律手段来起诉对方。"我说出一些更细致的事来。

"刘老师说的完全正确！欠我款的人是我亲舅舅。他去年向我借钱，是建一个大型养鸡场，并向我保证，在一年后（2006 年 10 月 20 日）连本带利一次性还给我。至今已超过还款期限二个月零五天了，一分钱也没有还我。"方普龙诉说。

"你舅舅由于不懂养鸡技术，也没有聘任技术好的兽医，最后导致所饲养的鸡大量病死，从而使其经济状况陷入困境。"我从奇门局中又讲出一些信息来。

“简直跟亲眼看见了一样！你说得一点儿不错！我舅舅人很倔，他书读的不多，听不进别人善意的劝谏，聘请了几位养鸡专家来指点工作，由于我舅舅不懂养鸡技术，又不虚心听取专家的意见和建议，最后人家都辞退不干了。我舅舅就按自己的一些土办法来养殖，结果去年冬天整个鸡场闹了鸡瘟，死、病数目相当大，从此舅舅的经济便陷入困境。还款期限到了，我向他要钱，他不但不还钱，还说我没有亲情味儿，落井下石等，搞得我左右为难。要不是我舅舅，早就把他告上法庭了。刘老师，你看我这款什么时候能要回来？”方普龙十分着急。

我认真地将整个奇门局分析一番，对方普龙说：“你放出去这二百万，恐怕在短时间内是要不回来的。如果强行索债，你舅舅无奈之下只能把整个养鸡场归你用来抵债。”

后来的事情发展完全如我所测：方普龙用法律的手段给予舅舅重重压力，方的舅舅于万般无奈情况下，只能将整个养鸡场所有权转让给方普龙抵债，尽管这样，所欠的债务尚不能全部还清，方普龙只好认命了。

下面把整个的判断思路详解如下：

1. 断方普龙最近运气很差，要有口舌官非出现。方在去年（2005年）放出去一笔数额较大的款，现在往回追款出现了麻烦：

方普龙席间坐巽位，巽宫格局为庚加己，刑格。主官司受刑、经商破财、出行患病。故有最近运气差，要有口舌官非出现；方普龙从巽位站起来，用筷子在兑宫位置盘子里夹了两只鲍鱼放到我的面前（坎宫），这个动作正说明方普龙在2005年（乙酉）放出一笔款——从兑宫（酉）位拿出去一笔数额较大的款——鲍鱼放到坎位（空亡）。兑宫上乘天禽星临甲子戊，戊代表钱财，今戊落宫生坎宫，坎宫又逢日柱空亡，故有钱财落空之象。方普龙坐巽宫，上乘冲星、伤门，伤门为讨债人，今天乙（天芮星）落宫克伤门落宫，故断往回追款出现了麻烦。由于鲍鱼属于比较昂贵的高档海鲜品，且又从甲子戊所在宫位（兑）夹起来放到我的面前（坎），坎宫又逢空亡，所以有数额较大的款项落空之象。

2. 断方普龙去年放出去的款数目是“二”，是 20 万或 200 万：

值符为放款人，天乙为借款人，今值符落坤二宫，天乙落兑宫，值符宫生天乙宫，正应去年方普龙将 200 万的款借出去。方普龙的年命天干癸正落坤二宫，故主二数。又方用筷子夹了二只鲍鱼放入我坐之位（坎宫），也应二数。由于鲍鱼属于海中之物，冬季水旺，故应数目较大，定为 20 万或 200 万。

3. 断借款人将款拿到手以后投资失误，一直没有赚到钱：

天乙代表借款人。今天乙为天芮星落兑宫，戊为资本，代表投资，也落兑宫。生门代表利润，现生门落震宫，被戊落宫所克，天芮星上乘辛，辛为错误，综合起来可解读为借款人拿钱后投资失误，没有赚到钱。

4. 断方普龙现在往回索债，对方拒不还钱，还蛮不讲理，现在是本钱、利息钱均要不回来，方正准备通过法律手段来起诉对方：

天乙为欠款人，伤门为讨债人。今天乙宫克伤门落宫，故断对方拒不还钱。又天乙宫乘芮星、死门，又乘辛、丙，故断蛮不讲理。

值符为放款人，方普龙年命癸正乘值符英星落坤二宫，生门落震宫来克值符宫，故利息钱要不回；戊为本金，落兑宫，又临死门，值符宫生天乙宫，本金难以讨回之象。

值符为原告，景门为诉讼状，方普龙年命癸与值符同宫，方坐巽宫，巽又为其年命地支巳所在之宫位，巽宫为庚加己刑格，主官司受刑，经商破财，出行患病。由此可知，方普龙正准备通过法律手段来起诉对方。

5. 断方普龙的舅舅由于不懂养鸡技术，也没有聘任技术好的兽医，从而导致所饲养的鸡大量病死，使经济状况陷入困境：

杜门代表技术，杜门落离宫，克借款人宫位（兑宫），故不懂养鸡技术；乙奇代表医生、兽医，今乙奇乘天心星落坎宫，但逢空亡，故断方的舅舅没有聘请技术好的兽医。鸡为酉，看兑宫。今兑宫上乘天禽、天芮星，又临死门，天禽星主家禽，天芮星主疾病，死门主死亡，综合起来便可解读为所养的家禽鸡大量地病、死。戊代表经济，今临死门，故有经济陷入困境之断。

6. 断方普龙放出去的这 200 万，恐怕在短时间内是要不回来的，如果强行索债，其舅舅无奈之下只能把整个养鸡场所有权归给方普龙；

值符落宫为放款人，天乙落宫为借款人，伤门落宫为索债人。今值符落宫生天乙落宫，索债不遂之象；又天乙宫克伤门落宫，欠款人不欲还款之象。

方普龙年命为癸巳，年干癸乘英星值符落坤二宫，待这轮值符甲寅癸用完值事权以后，下一轮即将来到的值符便是甲子戊，天禽星主事。又方普龙坐在巽宫，巽宫正是先天八卦兑的位置。由此可知，兑七宫所代表的养鸡场的主管权迟早要落入方普龙的手中。于是便有如果强行索债（巽宫庚加己刑格乘伤门），欠款方必然会用养鸡场来抵债之断。

实例二：为冯斌厂长回款索债之事预测实例

2000 年 10 月 22 日下午 2 点多钟，一位戴着眼镜的中年男人前来求测，经介绍，他名字叫冯斌，是一个私营企业的厂长，他是 1958 年（戊戌）出生的。我按他前来的时间，用转盘奇门起局的方法对其进行预测，冯斌进屋后很随意地坐在书桌的坤位上。奇门局如下所排：

庚辰年丙戌月癸丑日己未时，阴三局。

值符：甲寅癸　天柱星　　值使：惊门

太　辛 阴　乙英景	螣　己丙 蛇　辛芮(禽)死	值　癸 符　己柱惊
六　乙 合　戊辅杜	丙	九　丁 天　癸心开
白　戊 虎　壬冲伤	玄　壬 武　庚任生	九　庚 地　丁蓬休

我的奇门局刚排完，冯斌厂长便开口直言：“刘老师我久仰您的大名，今天来主要是请您帮我预测一下，最近两个月我厂面向用户赊销出去 180 多万元的产品，按预计应该是在今年年末回款。您看我厂今年回款顺利吗？会

不会出现拖欠？如果到年底这180万元不能全回来的话，厂子将会因为流动资金不够而被迫停产，我十分担心这件事情。如果不赊销的话，就会失去用户，这年头做生意真是两头难。”

我认真看看奇门局中的组合，笑着对冯斌厂长说：“你这次算是冒了一次很值得冒的风险。对方是一个贪婪善变的人，但这次他不会瞎你的钱，按正常发展，在今年年底、明年年初，对方会将赊欠你厂的180万元现金全部付给，你放心地等待吧。”

事情发展果如我预测的那样，在2001年春节期间，冯斌厂长特地前来给我拜年，并告诉我对方是在2001年元月15日（2000年腊月二十一）将所赊欠的180万元一次性还清了。

下面把判断思路详解如下：

1. 断冯斌这次算是冒了一次很值得冒的风险，欠款方是一个贪婪善变的人：

值符落宫为放债人，天乙落宫为欠款人。今天乙（天芮星）落离九宫，上乘死门、螣蛇，芮星主贪毒，螣蛇主善变，死门主偏执，综合起来，便可解读为欠款人是一个贪婪善变的人。但由于天乙落宫生值符落宫，为欠款方能够还款的信息，因此断冯斌是冒了一次很值得冒的风险。

2. 断在今年年底、明年年初，欠款方会将赊欠的180万元现金全部归还：

值符落坤二宫，受天乙（离宫）来相生，对方有意还款之象。伤门为讨债人，今伤门落艮宫，天乙于离九宫来生伤门之艮八宫，欠款人能够还款之象显矣。又伤门所落之艮八宫与值符所居之坤二宫相比和，亦为索债成功之信息。由于从日柱癸丑来查，寅卯空亡，戊落艮宫，临空亡，故必待填实之际（丑、寅月）欠款可回。因戊落艮宫，艮数为八，故断回款数是180万元。还有一条更重要的原因是：冯斌厂长年命为戊戌，艮八宫天盘所乘的天冲星、伤门所带的天干均为戊，伤门为讨债人，今戊已经居于伤门之上了（暗干），戊又为年命天干，这种组合充分说明款项已经在艮宫（丑、寅）这个时空点上回归到冯斌（戊）的手中（艮为手）。

通过这个例子可以看出，求测者年命落宫的信息参照特别重要。离开年命这个参照依据，很多断语下不了，因此，年命落宫体系的作用，会起到一锤定音之妙用。只用日干、时干体系来进行判断的方法，是很不完善的。

十九、股票交易及股市走势预测

传统的奇门遁甲中没有股票、股市预测这一项。近代出版的有关奇门预测方面的著作中，也没有涉及到股票、股市预测这一项的。笔者根据经济预测项目的一些原理，结合大量的实践经验，总结出一整套预测股票、股市的具体方法，现将此方法详述如下：

以景门落宫为大盘（主要指中国的深证成指、上证综指、美国的道 琼斯指数、香港的恒生指数、德国的法兰克福指数等等），太岁落宫代表了国家的宏观政策、宏观调控等，值符落宫代表了影响股市走势的最根本的主要因素（主要指近期），日干及年命落宫代表股民，戊落宫代表本金，生门落宫代表利润。各公司、企业的上市股票，则要根据易理进行具体归类，如青岛啤酒取休门，东方明珠取景门，一汽金杯取伤门，华北制药取乙奇，厦门机场取九天，黄埔房产取生门等等。由于上市股票种类繁多，不能面面俱到，易友可仿上述例子以理类推之。

景门落三、四宫，又受值符宫来相生，大盘必一路上涨；景门落坎宫，又受值符宫来克，大盘必跌；景门落坤、艮宫，逐渐下跌，但跌幅不大、缓慢；景门落乾宫或落空亡，为停牌；景门落兑宫，春季、夏季仍上涨，但涨幅不大或缓慢，秋、冬季则下跌，但跌幅不大或缓慢；景门落离宫，为大盘已到最高点，应急急出手。

景门落宫代表了大盘指数涨跌的大环境、主流趋势。值符落宫对景门落宫的生克耗泄代表了影响股市行情的一些具体因素（比如庄家的蓄意炒作、政府有关新政策的介入等诸多因素）。下面将影响股市大盘涨跌的一些详细信息列举如下：

1. 景门落震、巽宫，再受值符落宫相生，则大盘指数必一路上涨，牛市在即。

2. 景门落震、巽宫，受值符落宫相克，为大盘主流在上涨过程中有短暂的下跌。值符落宫越旺相，大盘（景门）跌落幅度越大。

3. 景门落坤、艮宫，但受值符宫相生，为大盘指数在缓慢下跌的主流中，有所回升。回升幅度由值符宫旺衰来决之。值符落宫越旺相，大盘回升幅度越大。

4. 景门落坤艮宫，又受值符落宫来克，为大盘指数在缓慢下跌的主流中，又遭遇突然跌落，跌落幅度由值符落宫旺衰来决之。值符落宫越旺相，则大盘下跌幅度越大。

5. 景门落离宫，又受值符落宫来相生，为大盘指数已走入最高点，但此高点会维持较长一段时间。值符落宫越旺相，则牛市的持续时间越长。

6. 景门落离宫，但受值符落宫来相克，为大盘指数已走入最高点，但此高点不会维持较长时间，马上会出现下跌趋势，须急急出手为妙。

7. 景门落坎宫，但受值符落宫来相生，为大盘指数在下跌为主的过程中，有反弹回升之趋向，值符落宫越旺相，大盘反弹回升之幅度越大。

8. 景门落坎宫，又受值符落宫来相克，为大盘指数在以下跌为主的过程中，又遭重创，有大幅下跌之趋向。值符落宫越旺相，大盘下跌之幅度越大。

9. 景门落乾宫，为入墓。此时往往会出现停牌、停市现象。须遇逢冲之日才能继续交易。也有时景门入墓，代表大盘维持在一个数值上相对平稳较长时间而无太大的涨跌。

10. 景门落兑宫，若遇春、夏之季，值符落宫来相生，为大盘指数在缓慢的上涨过程中会出现一个较大的冲高 (上涨)。

11. 景门落兑宫，若遇秋、冬之季，遇值符落宫来相生，为大盘指数在缓慢的下跌过程中会出现一个反弹（回升）。

凡炒股票，以戊为所投之本金，生门为利润，年命落宫为炒股之人。生门、戊均落内盘，年命亦落内盘，且生门落宫与戊落宫相生者，最宜炒短线股票；生门落宫与戊落宫相生，但一内一外者，适宜做中线期限投资；生门落外盘，戊亦落外盘，但生门宫与戊落宫相生，最宜做长线投资，方能获利。

不论景门落何宫，大盘涨与跌，只要戊与生门落宫相生，并且戊、生门落宫来生求测者年命落宫，则炒股必会盈利。

不论景门落何宫，大盘涨与跌，只要戊与生门落宫相克，并且戊、生门落宫来克求测人年命落宫者，则炒股必赔钱。

景门落震、巽宫，受旺相之值符宫来相生，大盘会持续上涨，牛市时间较长，上涨幅度较大。

景门落震、巽宫，受休囚之值符宫来相生，大盘会短期内上涨，但上涨幅度较小，牛市时间较短。

景门落坎宫，受旺相之值符宫来相克，大盘会持续大跌，熊市时间较长。

景门落坎宫，受休囚之值符宫来相克，大盘会下跌，但下跌幅度不是很大，熊市时间较短。

景门落艮、坤、兑宫，涨跌幅度不大，为盘整阶段。

以上所述的内容，为股市操作中的一些常见操作方法，只要易友们细心研究，必会在股票股市预测这一项上有所开悟。

下面举实例讲解之。

实例　：为易友及股民预测股市走势

2007年4月17日上午9：30左右，两位正在炒股的中年男士来到我的办公室，求我用奇门遁甲帮助他们选择买哪支股票为好，我起好奇门局之后，正在为他们分析，深圳易友谭亚成给我打来长途电话：“刘老师，最近股市很火，大盘指数在不断地上涨，我准备大投一笔资金，麻烦刘老师用奇门、六壬测一测，看看大盘上涨这势头还能持续多长时间？我用六爻卦测了一下，大盘指数在立秋之前会一直走高，一路上涨。希望刘老师再帮助锁定

一下，看看我们的预测结论是否一致？如果结论一致，我将投入100万元人民币，赚上一把。”当时的奇门局如下：（转盘）

丁亥年甲辰月辛巳日癸巳时，阳7局。

值符：甲申庚　天英星　　值使：景门

螣　壬 蛇　丁芮杜	太　戊 阴　庚柱景	六　乙 合　壬心死
值　庚 符　癸英伤	丙	白　辛 虎　戊蓬惊
九　丁 天　己辅生	九　癸 地　辛冲休	玄　己丙 武　乙任(禽)开

谭亚成易友是庚子年出生的。他常年炒股，对易经也十分爱好。主要对四柱、六爻有研究。他是在网上与我相识的。之间经常通电话交流学易心得。于去年年底到现在，谭亚成炒股赚了一些钱，由于近来大盘一路上升，牛市在即，谭亚成自然是想大赚一把。

我认真地分析了一下奇门局，对在坐的两位求测者及电话中的谭亚成说：“从我的奇门局来分析，大盘指数基本上已涨到最高点，随时都有大跌的可能性。依我的观点来看，现在绝对不能进入，如果将资金投入进去，必会有很大的风险。”

谭亚成在电话中又问：“如果我炒短线，将资金投入，在多长时间内撤出来能够保证是绝对安全的？”

我仔细分析了一会儿，于电话中对谭亚成说：“你千万不要抱有侥幸心理，我认为大盘指数大跌在即，听我一言，一定不要将这一百万元资金在这个时候投进去。否则你肯定后悔莫及！”

尽管我一再劝阻，谭亚成还是忍不住大盘连日上涨的深度诱惑，于2007年4月19日上午将100万元资金投进股市，随后打电话告诉我。听到这事之后我特别着急，劝谭亚成短期内将股票全部出手。谭亚成却笑着对我说："刘老师你多虑了，从我的经验来看，中国股市正处于一个十分稳定的牛市阶段，我估计这牛市将持续到立秋前后，这段时间我一定要赚上一笔的。"

见谭亚成这样执着，我也不好再说什么。到了5月22日，谭亚成再次从深圳给我打来电话："刘老师，告诉你一个好消息，我所投的100万元经过一个月的时间，现在已经变成120万元了，按我的预计，到立秋前出手，很可能变成200万，做股市必须有冒险精神的。"

我真的不知说什么好，最后只对谭亚成说："我劝你现在马上将全部股票出手，稳稳地赚上20万元已经很好了，千万不要等到立秋，那时一切都晚了，我预计股市马上会出现大跌，你尽快出手吧！"

尽管我一再苦口婆心地劝阻，谭亚成终究没有听我的劝谏，依然将巨款留在股市，以期望股市继续有更大的涨幅。

终于，在5月30日这一天上午一开盘，所有的股票都在跌，大部分跌停。大盘一下子跌200多点，后来在9点35分左右，有所回升，但不久又开始狂跌，到了中午11点左右，跌幅更大。在整个5月30日这一天，盘中跌停股票接近1000只。全天最终上证综指收于4053点，下跌281点，跌幅6.5%，成交2757亿元。深证成指收于12627点，下跌829点，跌幅6.16%，成交1395亿元。

而导致大跌的主要原因是：财政部上调证券交易印花税率至千分之三，此消息一出，大盘便应声低开。5.30的大跌，令众多股民受到重创。

5月30日晚上7点多钟，谭亚成从深圳给我打来电话："刘老师，我今天跌惨了，原来投进去的100万，最好的时候达到121万多，今天这一跌，我只剩下75万元了，太可怕了！都怪我当初没听你的劝阻。我买的17只股票今天全部下跌，倒霉透了！"

我只能在电话中安慰他几句，这个时候后悔已经太晚了。

下面将判断思路详解如下：

1. 断从奇门局中来分析，大盘指数基本上已涨到最高点，随时都有大跌的可能性：

景门落宫代表大盘指数，今景门落离九宫伏吟，为大盘已涨到极限高点位置，由于值符落震三宫来生离九宫，继续给离宫增加气数，所以大盘高点仍能维持一段时间。但离九宫为火（景门）之帝旺点，即使震三宫临值符来生扶之，离九宫仍然会维持在一个高度上，难以有更大的涨幅。

更重要的一点是，现在正值事的值符为甲申庚天英星，待这轮值符完成值事任务之后，下一轮即将上任值事的值符是甲午辛天蓬星。天英星属火，位居离九宫，为南极；天蓬星五行属水，位居坎一宫，为北极。由于坎宫克离宫，下一轮即将值事的天蓬星必然要来克现任值符天英星，因此，大盘出现大跌情况是必然的，也是即将要出现的情形。

2. 建议谭亚成现在绝对不能进入，如果将资金投入进去，必会有很大的风险，千万不要抱有侥幸心理，一定不要将这 100 万元资金在这个时候投进去，否则肯定会后悔莫及：

谭亚成年命是庚子，其年命庚乘值符天英星落震宫，格局为庚加癸大格，不吉之象。地盘庚居离九宫，离九宫格局为戊加庚飞宫格，戊为资金之信息，今临飞宫格，有破财之象。

从另一个角度来讲，现在为甲辰月，下一个月为乙巳月。下个月月干乙落坤二宫，坤二宫来耗泄景门（大盘）之离九宫，故下个月的时候（乙巳）大盘必会下跌。

股市大盘的涨跌有时幅度比较小，而于这个奇门局中，为何要断近期会出现大跌呢？

主要是现任值符天英星本位居南极，而下一轮即将到任之值符天蓬星位居北极，即从一个极端（南极）走到另一个极端（北极），由此断近期大盘会出现大跌。

实例二：运用奇门帮助股民选择投资方案

2007 年 7 月 4 日下午 1 点多钟，一位名字叫万华的中年女士慕名前来求测。进屋后万华坐离位，她直接向我发问：“刘老师，外面都传言说你测事很准，我最近在炒股，前一阵时间赔进去不少钱，想往回捞一捞，你能否用易经帮助我选几支好的股票？”

我按万华女士来求测的时间用转盘起局：

丁亥年丙午月己亥日辛未时，阴6局。

值符：甲子戊　天心星　　值使：开门

九　癸 天　庚蓬生	九　丙 地　丁任伤	玄　辛 武　壬冲杜
值　戊 符　辛心休	己	白　庚 虎　乙辅景
螣　乙 蛇　丙柱开	太　壬己 阴　癸芮(禽)惊	六　丁 合　戊英死

起好奇门局之后，我对万华女士说：“中国上市的企业、公司太多，不知你想选择哪类板块、哪类企业公司的股票？”

只见万华女士拿出一个小本子，上面密密麻麻地记录了很多股票及代号。她向我提供了以下多种股票，并希望我能通过易经预测的方式帮她选定几只未来能够有较好涨幅的股票。她所提供的股票有：云南铜业、国药股份、长江电力、浦发银行、敦煌种业、古井贡酒、天山纺织，一共七家公司的股票，万华经过大量的资料分析，认为这七只股票未来的前景会很好，但又不能全部都买，只想在这七只股票中选二只或三只，然后做中长线投资。预计共投资50万元。

万华女士将7月4日这一天整个股市状况向我介绍了一下。我根据万华女士提供的这七只股票，于奇门局中将它们一一归类。取坤宫天盘辛金作为云南铜业；取艮宫天盘乙奇作为国药股份；取兑宫天盘景门代表长江电力；取震宫值符为浦发银行；取坎宫代表古井贡酒；取巽宫所落之生门代表敦煌种业；取乾宫天盘死门代表天山纺织。

当这七只股票一一对号入座之后，我对奇门局进行了全面透彻的分析，最后我建议万华女士选择：国药股份、云南铜业这两只股票做中长线持有，必会获利。而其他股票暂不选取。

在我的建议下，万华女士将50万元资金全部投到国药股份、云南铜业这两只股票上。

7月4日晚上，我注意看了一下电视中对当天股市的有关报道：整个7月4日这一天，沪市（综合指数）开盘价为：3906.01点，收盘价为：3816.17点，涨跌幅为-83.56点，成交额：737.77亿元；深市（成份指数）开盘价为：12798.37点，收盘价为12509.14点，涨跌幅为：-251.92点，成交额：413.62亿元。国药股份于7月4日这一天开盘价为41.35元，收盘价为41.50元；云南铜业于7月4日这一天开盘价为39.89元，收盘价为37.70元。

而7月4日下午，在我的建议下，万华女士将50万元资金分两部分投入，将30万元投到云南铜业（000878）这支股票上，另将20万元投到国药股份（600511）这支股票上。

由于当时我建议万华女士将云南铜业与国药股份这两支股票做中长线持有，于是在中间出现价位波动时，万华女士并没有急于出手，其中国药股份曾于2007年10月29日跌至为39.30元，万华女士于这天给我打来电话，欲将国药股份（600511）这支股票全部出手卖掉，被我制止。我让其继续持有，并告诉她：国药股份（600511）这支股票的最佳出手时间应该是在2007年阴历十二月。

对于云南铜业（000878）这支股票，我建议万华女士2007年阴历七八月这段时间是最佳抛出时间。

事情均如我所预料的那样向前发展。2007年10月8日这天是星期一，上午9：53分，云南铜业（000878）升到了有史以来价位的最高点98.02元，万华女士十分高兴地给我打来电话报喜，我查看了一下万年历，是农历八月二十八，明天（二十九）便是寒露节了，于是我果断地告诉万华女士：“今天在收盘之前你必须将云南铜业（000878）这支股票全部出手，现在的价位应该是最高点了，稳稳地赚上一笔吧。如果再等下去，怕行情下跌。”

万华女士从心里有些不舍得卖掉，认为云南铜业还有较大的上涨空间。我坚决让其全部卖掉，最后她还是接受了我的建议，将手中持有云南铜业股票全部出手了，赚上了一笔数目十分可观的资金。

2008年1月25日上午10：23分，国药股份价格升至63.99元，这一天为2007年农历十二月十八日，星期五。我得知这个价位后，马上给万华女士打电话，告诉她马上将手中握有的国药股份所有股票全部出手。万华听从了我的建议，将手中握有的国药股份（600511）全部出手。

尽管后来国药股份出现过比63.99元更高的价位，但万华女士对于该价格全部出手已经十分满意了。2007年7月4日，万华女士在我的指点下购买的国药股份（600511）与云南铜业（000878）这两支股票，投入资金共50万元，最后扣除印花税、交易各种费用外，共赢利120余万元（本金除外）。

下面将判断思路详解如下：

1. 取坤宫天盘辛金作为云南铜业；取艮宫天盘乙奇作为国药股份；取兑宫天盘景门代表长江电力；取震宫值符为浦发银行；取坎宫代表古井贡酒；取巽宫所落之生门代表敦煌种业；取乾宫天盘死门代表天山纺织：

坤宫天盘落冲星，上乘辛金，坤宫又落有杜门、玄武，地盘落有壬水。由于云南位于中国版图西南方（坤宫），辛为阴金，可用来代表各类金属，因辛金乘天冲吉星，冲星旺于午月，故辛金所乘冲星可代表比较贵重的金属铜。杜门为巽卦，巽为风为云，加之坤为西南，故有云南之象，综合坤宫信息，可将坤宫作为云南铜业。

艮宫天盘落有天柱星，上乘乙奇，艮宫又落有开门，格局为乙加丙。乙奇代表医药，开门为乾卦，其中含有戌、亥二个地支。亥为太岁，开门为太岁、国家之信息，综合起来便可将艮宫作为国药股份。

兑宫天盘落有天辅吉星，上乘庚金，又兑宫落有景门，景门主电力方面之信息。兑为水之源，天辅星为巽，巽主细长。故综合兑宫信息，长江电力用兑宫代表最为恰当。

震宫落有天心吉星，心星上乘戊，震宫上落有休门。奇门中一般取值符来代表银行，戊亦是钱财之信息。上海位居中国版图之震宫，浦字中有三点水，而休门可代表之。综上信息，取震宫作为浦发银行十分恰当。

坎宫天盘落有天芮、天禽星，又落有惊门、太阴。坎为水为酒，惊门为兑为酉为酒。格局壬加癸亦为水，都是酒水之信息。太阴主古老，芮星为坤卦，纯阴之象，亦主古。芮星为坤卦，坤卦有未、申二支，未为井，综合起来，以坎宫来代表古井贡酒最为恰当。

巽宫天盘落有蓬星、生门、九天，巽为木主农业，生门为生命、种子等信息，故取巽宫上乘生门代表敦煌种业。

乾宫天盘落有英星、死门，乾为天，乾宫格局为丁加戊，戊为山，死门为坤，坤为布为纺织业，故取乾宫死门代表天山纺织。

2. 建议万华女士选择国药股份、云南铜业这两只股票做中长线持有，必会获利。而其他股票暂不选取：

在整个奇门局中，代表大盘指数的景门落兑七宫。只有艮、坤这两宫来生景门所在之兑七宫，即国药股份、云南铜业这两支股票的指数（景门）会持续上涨。万华女士年命为丙午，其年干丙乘天任吉星落离九宫。

由于戊落震三宫、生门落巽四宫均来生万华年命丙所在之离九宫，故本金（戊）、利润（生门）必然俱收获。

其余的宫位均来克、耗、泄景门所在之兑七宫的气数，故暂不选取。

3. 建议万华女士在2007年阴历七八月这段时间将云南铜业（000878）出手是最佳时间：

代表云南铜业的坤二宫来生景门之兑七宫，坤宫所对应的节气是：立秋、处景、白露，故断在2007年阴历七八月将云南铜业这支股票抛出是最佳时间。因为届时坤宫气旺，生景门（大盘）所在兑七宫之故。

4. 建议万华女士在2007年阴历十二月将国药股份（600511）这支股票抛出是最佳时间：

代表国药股份（600511）的艮八宫代表农历十二月，至阴历十二月这个时空点时，艮宫气旺，艮宫气旺来生景门所居之兑宫，当然这个时候大盘行情（景门）为受生最佳之时，故断该时出手为最佳。

二十、终身运预测

终身运的预测，古籍中论述颇多。而首推《金函玉镜奇门遁甲秘笈全书》一书中论述比较细致，现摘录如下，供易友们参考：

凡占人生贵贱，其法先明戴九履一，细寻接气超神，八门配合九宫，九宫要带三奇，年月日时要旺相，八门九宫须推移。离宫头面，乾艮两足，肩耳坤巽，震兑左右手筋。坎为阴肾，中为心腹。年干父母，月干兄弟，日干本身，时干属儿，推及妻妾。但看乙丁之落宫，庚为夫定不移，要详细其强弱，即能决其荣枯。旺相得奇，且富且贵；死囚墓绝，极贱极贫。格局要分轻重，命运验其得失。未布局先看孤虚旺相，即开口必辨天地乘时。太白入乾坤，父母早年沦没，如若临兄弟宫位，手足竟是仇敌。日奇被刑，庄生嗟叹；时干逢之，邓通无儿。生门产业，要得门奇。成败分于内外，生克决其得失。生门太白逢冲陷，背祖离乡之客，被冲克，售尽祖父旧园。生在外而身在内，必迁居而发富；身在外而生在内，纵有祖业亦难容。身生二宫俱在内，安享仆马之福；身生俱在外宫，远方创业之人。日值孤时值虚，少年无依；时落孤日落虚，老后鳏独。命被冲克，乞食道路，日入绝墓，难释愁眉。财官生旺，盖因飞鸟跌穴；鳌头独立，必得青龙返首。天辅旺相得奇门，文明翰苑；天冲旺相得奇仪，威震边疆。天禽位镇中宫得奇门，百官元首；英星右弼合吉格，鼎鼐元勋；大柱直言谏仪；天心入垣医药最良；任为左辅，司农之职；天芮不可得地，逢奇门曹董之流；蓬星位镇北垣，得奇门叛君之贼。开门有奇，应是文职；伤门得令，定系虎臣。生门得奇，石崇富足；景门合局，丹天文明；惊门入式，好辩之人；乾宫为开，白头出任；死门得奇，职在司刑。分布八门，星神奇仪，合局者豪富豪贵；失局者下等平人；开门心星皆是金，稍有气，医卜星相。若值死囚，手艺辛勤；休门天蓬同一水，稍有气，兵弁役吏。值死囚，军件贼人；生门天任，是土宿，得地者，田地富足，若失时，庸工耕耘；伤门天冲皆为木，稍有气，兵役之首。值死休，马后相奔；杜门天辅亦是木，稍有气，乃是寒儒。值墓绝，僧道山林；景门天英是火宿，稍有气，行行威烈之表。全失局，凡治劳碌之人；死门天芮皆是土，稍有气，赵魏家长。值墓空，孤穷之人。八门辨别旺相，再论九星。得天蓬星乘时，边疆之将。失地利，军卒贼人；天任得地，田土仆马之富。受克，农圃辛苦之人；天冲有气者武贵，背时车船江湖之流；天辅为左枢，得气者文雅仕官。失地利，僧道画工；天英火司南离，乘权者，必主文明。背时者，贪暴昏庸；天芮本是黑星，得天时，性恶霸盗。失天时，收隶庸工；七赤（天柱）位镇西垣，有气者，舌辩当世。被冲克，优伎乐工；天心原是六白，得地者，才华国柱。若空墓，九流相寻。青龙返首，鳌头独占。飞鸟跌穴，窝富而成名。青龙得光，邑长县令。丁加戊富家之名，白虎猖狂，凶顽之辈。青龙逃走，懦弱之人，更主因妻成败，而且驼背驼身。朱雀投江，刀笔书吏。螣蛇夭矫，毒心小人。失时者目盲耳聩，乘气者火焚伤身。太白入荧惑者，进主先贫后富。荧入太白者，退主家业萧条。天乙太白，太白天乙，多成多败。太白同宫，兄弟雷坟，太白蓬星，妻室常病。蓬星太白，惟薄丑声。大格者，萍迹四海，小格者，暂时清贫。年月日时四格，即六亲而推去，看是何宫测验，而为悖戾无礼相从，推及父母兄弟妻子贤否，可以详明。辛为天狱，壬为地牢，主低下之品，更主抑郁难伸。癸为天网，须看高低，高者化为华盖，可推贵格，低者天网缠身，寂寂孤贫。且忌玉女守门，妻随人行。乙丁妻妾，看是谁亲谁疏。乙奇入墓，妻不生子。子乙同宫，另续相亲。乙奇在上，妻妾协和，丁加乙上，妾幸夫心。诸格忌落空亡，吉者咸昌而苦者更苦。若临墓绝之地，无告穷民。八门推来最怕反吟，伏吟亦是凶神。五行配合斯理，取刑在乎一心，余不尽言，同志者识之。

以上为古法，然具体断流年、具体定六亲之方法未能详尽披露，更难以在经典古籍中找到一个完整的占断终身运的详细案例，致使多数奇门研习者难以登堂入室。

笔者在此不揣浅陋，将研究了十几年的奇门占终身运的一些方法、研究心得奉献给广大奇门爱好者们。

凡用奇门占人之终身运，大抵可用以下方法来进行预测：

1. 以求测人的出生时间（年月日时）起局，日干为我（求测人），生我者为父母，我生者为子孙，我克者为妻财，克我者为官鬼，与我（日干）五行相同者为兄弟。如此形成六亲体系后，便可进行占断。

细而分之，对男性而言：正印为母亲，偏印为父亲，食神为儿子，伤官为女儿，比肩为兄弟，劫财为姐妹，正财为妻子，偏财为情人。正官为祖母，偏官为祖父。

对女性而言，正印为父亲，偏印为母亲，食神为女儿，伤官为儿子，正官为丈夫，偏官为情人，比肩为姐妹，劫财为兄弟，正官为祖父，偏官为祖母。

以求测人本命地支宫起一岁，逐一推测二岁、三岁、四岁……如癸卯年生人，则从震宫起一岁，巽宫为二岁、三岁，离宫为四岁，坤宫为五岁、六岁，兑宫为七岁……如此，任何一年运程仿此都可推出。

2. 以求测人前来求测的时间起局，以求测日日干为我，男性以正印为母亲，偏印为父亲，食神为儿子，伤官为女儿，比肩为兄弟，劫财为姐妹，正财为妻子，偏财为情人，正官为祖母，偏官为祖父；女性以正印为父亲，偏印为母亲，食神为女儿，伤官为儿子，正官为丈夫，偏官为情人，比肩为姐妹，劫财为兄弟，正官为祖父，偏官为祖母。

3. 以求测人本命地支位起一岁，顺时针逐宫断流年。如甲午年生人前来求测，以其前来求测时间起局，以求测日日干为求测人，形成六亲关系，以求测人年命地支午位起一岁（即离宫为一岁），坤宫为二岁、三岁，兑宫为四岁，乾宫为五岁、六岁……如此，任何一年运气皆可推出。

这里需要说明的是，由于六亲体系的引入，有些六亲符号是重复使用的。如对女性，正官为丈夫，正官又为祖父，这将如何区分？

如果在预测中遇上女性求测，其既预测丈夫状况，同时又预测祖父状况，将如何定断？我的经验是：外盘正官代表丈夫，内盘正官代表祖父。又可以天盘正官代表丈夫，地盘正官代表祖父。其他遇六亲符号重复情况时，均仿此类推。

4. 另一种占断终身运的方法是以宫位来进行判断，对男性而言：艮宫主少年运，坎宫主中年运，震宫主长年运，乾宫主老年运。当求测者年命介入艮宫时，或求测者落坐于艮宫时，则以艮宫之星、门、神、格局来论其少年运气；求测者年命介入坎宫时，或求测者落坐于坎宫时，则以坎宫之星、门、神、格局来论其中年运气；求测者年命介入震宫时，或求测者落坐于震宫时，则以震宫之星、门、神、格局来论其长年运气；求测者年命落乾宫时，或求测者落坐于乾宫时，则以乾宫之星、门、神、格局来论其老年运。

对于女性而言，兑宫主少年运，离宫主中年运，巽宫主长年运，坤宫主老年运。当求测者年命介入兑宫时，或求测人落坐于兑宫时，则以兑宫之星、门、神、格局来论其少年运；当求测者年命介入离宫时，或求测人落坐于离宫时，则以离宫之星、门、神、格局来论其中年运；当求测者年命介入巽宫时，或求测者落坐于巽宫时，则以巽宫之星、门、神、格局来论其长年运；当求测者年命介入坤宫时，或求测者落坐于坤宫时，则以坤宫之星、门、神、格局来论其老年运。

实例一：为蔡文英女士预测终身运实例

2006 年春节期间，一位名字叫蔡文英的女士专程从哈尔滨来瓦房店向我求测，经相聊，蔡文英女士也喜欢易经，还参加过几次易经学习班呢。

蔡文英女士是个直爽的人，她单刀直入地对我说："刘老师，我可是见过很多搞易经的人，也花了不少钱让大师、名家算过的。今天慕名而来，听说刘老师的奇门遁甲研究水平很高，我有一个请求：刘老师您能否用我的出生时间摆成奇门来为我预测一下整个人生运气呢？我自学过奇门遁甲，也能摆出局来，就是断不好，今天是向刘老师学习来了，顺便看看是用奇门断终身运细致？还是用四柱预测终身运细致？哪种方法更值得深入学习？以便锁定我今后学习努力的方向。"

遇到了同行，我很客观地对蔡文英女士说："从我个人研易近 20 年的经验来看，四柱学预测人的一生运气，固然是个传统的、主要的预测模式和方法。就目前国内易学界来看，有百分之九十九的人都是用四柱学的方法来给人预测一生运气的。应该说有一定的准确率，但绝不能达到百分之百的准确度。同时四柱预测有几个明显的技术上的漏洞与不完善之处，现在易学界没人能解决得了：之一，便是同年同月同日同时出生的人比比皆是，他(她)们的四柱组合完全一样，大运、小运、流年都一样，但各自的命运却截然不同。这是四柱预测模式的弊端之一；之二，四柱预测模式有时会遇上六亲不全的现象，如二气成象、一气专旺等格局，很多六亲都找不到具体信号，导致很多干支反复重复使用，大大地降低预测准确率。因此，我认为，真正能够细致、准确地预测人一生命运的最好的预测模式首推奇门遁甲和大六壬。因为在奇门遁甲、大六壬这些数术模式中不存在找不到六亲这种弊病，问什么有什么，信息量特别大。为了证明这些，请你把出生时间报给我，我以你的出生时间用奇门遁甲的方式来预测你一生的运气。”

“我是1942年公历10月29日傍晚6点左右出生的。”蔡文英女士告诉我。

我翻阅万年历，排出了蔡文英的四柱，并按其出生时间起了一个转盘奇门局如下：

壬午年庚戌月乙卯日乙酉时，阴8局。

值符：甲申庚　天心星　　值使：开门

螣　　己 蛇　壬柱死	值　　庚 符　乙心惊	九　　丙 天　丁蓬开
太　　丁辛 阴　癸芮(禽)景	辛	九　　戊 地　己任休
六　　乙 合　戊英杜	白　　壬 虎　丙辅伤	玄　　癸 武　庚冲生

蔡文英女士坐在离位。我分析全局之后，对蔡文英说：“我从你小时候讲起：你小时候在7岁那一年便开始上学了。学校在你家北边较远的地方。

每天上下学都是你父亲骑自行车带你的，对吧？”

蔡文英惊讶地问：“这些内容都是从奇门遁甲中看出来的吗？”

“当然是了！你看，这是我刚才起好的奇门局，是按你的出生时间起出来的。”我指了指刚才起好的奇门局给蔡文英女士看。

“刘老师您说得一点都不错！小时候我家住在郊区，学校在家里北边10多里的地方，父亲每天骑自行车带着我上下学。一直到小学四年级的时候，我自己学会了骑自行车，从此不再用父亲骑车送我上下学了。”蔡文英向我讲述着过去的事情。

“在你10岁这一年，也就是1951年（辛卯），你上小学三年级的时候，大病了一场，这一年总是发烧，都烧到38°C，吃药也不管用，有这事吧？”我对蔡文英说。

只见蔡文英按捺不住兴奋：“刘老师您的奇门遁甲真的是让我大开眼界，我找过那么多预测师测过我的四柱，没有一个能说得像您这样细致而准确的！这次您又说对了，在我10岁这一年，我全身出麻疹，发烧厉害，经常烧到39°C，吃退烧药能维持一会儿，之后又开始烧。为此，在家休息了一个多月，才慢慢恢复了正常，当时我正上小学三年级。”

“你性格比较急，为人很热情，和同学们相处得很好，同学们也愿意和你交朋友。只是你总不听老师的话，对于老师的一些教育方法看不惯。和你相好的同学有时做错事怕被老师知道后挨批评，你总是替同学保密。为此，同学们都觉得你这人可交，也都愿意帮你。”我又说出些细节事情来。

“看来在刘老师面前什么秘密都得曝光，您测对了，我从小到现在就是个急性子人，直来直去的，但我是个热心肠的人，见谁有困难了，总会去帮人一把，就这样，时间久了大家都愿意与我交朋友。我们小学时候的班主任老师喜欢骂人、打人，我看不惯，有时和老师讲道理，老师还打过我呢！记得有一次，我的一个要好的同学有两天没有上学，也没有向老师请假，老师向我打听这位同学哪去了？我随口替同学向老师请了病假。事后才知道，这位同学出门串亲戚去了，怕老师不给假才先斩后奏的。当同学回来后得知我替她向老师请了病假后，非常感谢我。”蔡文英兴奋地讲述着。

“在你13岁那一年，应该是1954年（甲午），你学习成绩好，人缘也不错，当了学生干部，对吧？”我又讲出一些信息来。

“是的。那是在我读小学六年级的时候，我的学习成绩很好，老师让我做班长。”蔡回答。

“在你19岁这一年，又是一次人生重大转折点。这一年应该是1960年（庚子），你换了一个新的学习环境，这个新的学校是国家正规的学府，从此你的人生开始走向一个很好的开端。”我说。

“完全正确！我在19岁那年（1960年）由于学习成绩优秀，被保送到师范学校深造（相当于现在的师范大学），在当时来说是一件很荣耀的事情。这是我人生中一个重要的转折点。从此把我的人生奋斗目标定位在教育这个行业上。”蔡文英回忆着说。

“你在25岁那一年（1966年）结婚了，你的丈夫是你高中时的同学，他可能是从事医务工作的。”我把蔡文英的婚姻说了一下。

“真没想到奇门遁甲竟然能预测得这样准确、细致！比起四柱预测要准确细致得多！从此以后我要把主要精力用在学习奇门遁甲上。我是在1966年秋天结婚，那年有25岁。我的丈夫确实是高中时的同班同学。他毕业后考医学院，大学毕业后回到本地一家医院工作。做了一辈子医生，工作很辛苦。”蔡文英又印证了我的断语。

“结婚后第二年，也就是1967年（丁未），你生了儿子，儿子大眼睛，高高的个头，长得很像爸爸。儿子成才，也考上了很好的大学。你还有个女儿，女儿长得像你，身体不是太好，带着眼镜，性格不太像你，比较内向，喜欢看书，学业也不错，是个大学生。这一生女儿要离家在外边发展。”我讲了一下蔡文英的子女状况。

蔡文英女士很高兴地说：“刘老师测得十分正确！我结婚后第二年便生了我儿子。后来于1971年生了女儿。儿子是大眼睛，个头也高，有一米八二左右，长得像我丈夫；女儿生下来就体弱多病，直到现在也是如此。女儿性格比较内向，确实戴着眼镜，特别喜欢看书，尤其喜欢看小说。好在我这两个孩子都是大学毕业。儿子是哈工大毕业的，现在在哈尔滨市内工作。女儿毕业于大连外国语学院，如今在大连市内的一家外企工作，经常出国。”

“你的工作能力很强，工作做得十分出色，经常受到领导的认可与赞赏。你在教育方法上有一个特点：就是能和所有的学生打成一片，一些其他老师难以管好的‘坏学生’到了你这儿，都得乖乖地听你的话，是这样吧？”我讲述了蔡文英女士工作上的情况。

“奇门遁甲真是太奇妙了！什么细节都讲得出来。刘老师说得完全正确！我在学校里几乎年年都获奖，学校领导、教委的领导都很认可我的工作。凡是难以管理的‘坏学生’见了我都怕，也都听我的话，这是其他老师都比不了的。”蔡文英自豪地向我讲述着。

因篇幅所限，这里就不一一细讲了。

下边把整个的判断思路详解如下：

1. 断蔡文英小时候 7 岁那一年便开始上学了，学校在家的北边较远的地方，每天上下学都是父亲骑自行车带着去上学、下学的：

蔡文英年命为壬午，从离宫数一岁，则坤宫为二岁、三岁，兑宫为四岁，乾宫为五岁、六岁，坎宫为七岁。坎宫落有天辅星、伤门。辅星乘有蔡文英年命天干壬，伤门为震为卯，卯正是蔡的日支。天辅星为学校，故断蔡 7 岁这一年上学。坎宫为北边，阴遁坎宫为外，故断学校在家的北边较远的地方。壬为日干乙的正印，故壬代表蔡文英的父亲。伤门代表车，坎宫代表旋转（坎为轮），伤门为震为足，足在旋转，故为自行车。组合起来便可解读为父亲每天骑着自行车送蔡文英上下学。

2. 断蔡文英 10 岁（辛卯年）这一年，大病了一场，总是发烧，常烧到 38℃，吃药也不管用，当时正上小学三年级：

蔡文英年命为壬午，离宫起一岁，坤宫为二岁、三岁，兑宫为四岁……震宫为十岁。其日干乙乘天英星落艮八宫，震宫落有天芮星、景门，景门为离卦为午，正是蔡的年命地支午，芮星为病神，今震宫克日干乙木之艮宫，为病神（芮星）宫克日干（乙）宫，故这一年大病一场。芮星上乘丁奇，震宫又落有景门，丁奇、景门均为火，故断总是发烧。震宫数目为东方三、八木，故断烧到38°C。乙奇代表医药，今乙落艮宫，被天芮病神所在之震宫所克，所以断吃药也不管用。

3. 断蔡文英性格比较急，为人热情，和同学们相处的很好，同学们也愿意与之交朋友。只是蔡文英总不听老师的话，对老师的一些教育方法看不惯。相好的同学有时做错事怕被老师知道后挨批评，蔡文英总是替同学保密。为此，同学们都觉得蔡可交，也都愿意帮助她：

日干乙木乘天英星落艮宫，英星主性格急躁。英星为火，火主热情，故为人热情。艮宫落有六合吉神，月干庚落离宫来生艮宫，月干为同学，故断和同学们相处得很好，同学们也愿意与之交朋友；天辅星代表老师，辅星落坎宫，代表蔡文英本人的乙木落艮宫，艮宫克坎宫，故断蔡文英总是不听老师的话，对老师的一些教育方法看不惯；月干庚代表同学，庚落离宫，离宫落有惊门，惊门为兑卦，兑为缺为错，即当同学有时做错事的时候，落于坎宫的天辅星（老师）要来冲克离宫（批评同学），艮宫却来克（制止）坎宫，艮宫落有杜门，杜门主杜绝、保密等信息。组合在一起，便可解读为蔡文英护着同学，帮助同学们保密，不让同学挨老师批评（艮宫克坎宫）。

4. 断蔡文英在13岁那一年（1954年），由于学习成绩好，人缘也不错，当了学生干部：

13岁流年宫位正好落于值符离九宫。离宫地盘落有日干乙木，日干乙木代表蔡文英，天盘落有庚，庚为乙木之正官，离宫又临值符，故断蔡文英当了学生干部。丁奇为文章，景门为试题，今丁奇、景门均落震宫来生离宫，故学习成绩好；庚为同学（月干），现乙庚同宫又相合，所以人缘不错。

5. 断蔡文英在19岁这一年，是一次人生重大转折点，这一年（庚子年）换了一个新的学习环境，学校是国家正规的学府，从此人生走向一个很好的开端：

蔡文英19岁这一年（庚子年）流年落于坎宫。坎宫落有天辅星、伤门，伤门为震为卯木，卯为日柱，辅星主高等学府，辅星上乘天干壬，壬为太岁，故学校是国家正规的学府。坎宫的十二消息卦为地雷复卦，故断从此人生走向一个很好的开端。

6. 断蔡文英在 25 岁（1966 年）这一年结婚了，丈夫是高中时的同学，他可能是从事医务工作的：

蔡文英 25 岁这一年流年宫位落于离九宫。离九宫地盘落有日干乙木，代表蔡文英。天盘落有乙木的正官庚，庚加乙为奇格，亦为合格，乙庚为夫妻之合，离宫又临值符，故该年必然结婚。由于庚为日干乙木的正官，庚又为月干，月干代表同学。地盘庚落于乾宫，乾宫落有天冲星，冲星为震卦，震为卯，卯正是日柱地支，日柱地支为夫妻宫位。乾宫为蔡文英女士十七、十八岁时的流年宫位，卯（蔡文英）与庚（丈夫）曾经在乾卦这个时空点上相遇过，故必是高中时的同学。由于庚乘天心星，天心星代表医院、医疗等信息，地盘乙奇又代表医生、医药等，由此可知，丈夫是从事医务工作的。

7. 断结婚后第二年（丁未年），蔡文英生了儿子，儿子大眼睛，高高的个头，长得像爸爸。儿子成才，也考上了很好的大学。蔡文英还有个女儿，女儿长得像蔡文英本人。女儿身体不是太好，戴着眼镜，性格不太像蔡文英，比较内向。女儿喜欢看书，学业也不错，是个大学生，这一生女儿要离开家在外边发展：

日干乙木代表蔡文英，丙、丁火代表其子女。现丙乘蓬星落于坤二宫，坤宫落有值使开门。凡临值符、值使宫位的信息，都是主流的、首选的、必然要经历的事物。丙为日干的伤官，代表蔡女士儿子，坤宫地盘丁代表未来要出现的事情 (丁为日干乙木之食神，代表女儿)。由于坤宫天盘为丙，地盘为丁，坤为母，坤又为产室，从易里角度来讲，先有天后有地，故蔡文英先生儿子 (丙)，后生女儿 (丁)。坤宫有未、申二支，坤宫地盘落有丁，故应丁未年生了儿子。丙乘蓬星，故儿子大眼睛。坤宫乘开门、九天，故儿子个头高。开门为乾卦，乾为父，又开门所带暗干为庚，故儿子长得像其爸爸。地盘丙落坎宫，坎宫落有太岁壬乘天辅文曲星，故断儿子成才，考上了很好的大学。丁奇乘芮星落于震三宫，由于景门亦落于震三宫，景门带有暗干乙 (日干——蔡文英)，故蔡文英必有女儿 (丁)。丁乘天芮星，芮星为坤卦，坤为母，又与日干乙同宫 (景门所带暗干)，故女儿长得像蔡文英。因丁奇乘天芮星，又来克日干乙所在之艮宫。故断女儿身体不是太好。震宫为丁加癸朱雀投江，丁为目，又乘芮星，故女儿视力不好，戴着眼镜。芮星为卦是坤，坤主静，震宫又落有太阴，故断女儿性格内向，不太像蔡文英的性格。女儿丁奇乘芮星落震宫，同时震宫还落有景门，丁奇与景门同为火神，同气相求，故女儿喜欢看书。天辅星乘太岁壬落于坎宫来生丁奇之震宫，故女儿学业也不错，是个大学生。阴遁震宫为外，故断女儿这一生要离开家在外发展。

8. 断蔡文英的工作能力很强，工作做得十分出色，经常受到领导的认可与赞赏。在教育方法上有一个特点：就是能和所有的学生打成一片，一些其他老师难以管理好的“坏学生”到了蔡文英这儿，都得乖乖地听话：

日干乙木乘天英星落艮宫，英星代表蔡文英是位女强人，英明果断，善于计谋、方法。值使开门代表重要的工作。现艮宫冲坤宫，说明蔡有能力胜任比较重要的工作（坤宫开门值使），日干乙奇乘天英星落于艮宫，艮为山为高，艮亦为阻碍，但英星却旺于艮宫（我生之处诚为旺），说明蔡文英工作能力很强，能够胜任难度、阻力（艮宫）较强的工作。值符落离宫来生艮宫，说明蔡文英的工作受到领导的认可与赞赏。

由于日干乙代表蔡文英，时干乙代表学生，今日干、时干均为乙木同气，故断蔡文英与所有的学生能打成一片，心心相印。天盘时干乙代表表现较好的学生（天主贵），地盘时干代表平时表现较差的“坏学生”（地主贱）。今地盘时干落离九宫，并且上乘庚，庚为最坏的信息。天辅星（老师）落坎宫与地盘时干宫（离）形成对冲的关系，是水（坎）与火（离）的关系，说明老师十分讨厌的坏学生（地盘时干离宫）。尽管是这样的学生，也能与蔡文英相处得很好（地盘时干离宫来生日干乙之艮八宫），乖乖地听蔡文英的话。

实例二：为郑刚先生断终身运实例

2005 年农历正月初九傍晚 6 点左右，一对夫妇前来求测，经介绍，男的名字叫郑刚，是 1962 年出生的。女的姓曹，是 1963 年出生的。进屋后郑刚坐巽位，曹女士坐离位。我按他们前来求测时间用转盘奇门方法起局进行预测：

乙酉年戊寅月壬申日己酉时，阳2局。

值符：甲辰壬　天心星　　值使：开门

螣　乙 蛇　庚蓬死	太　丁辛 阴　丙任(禽)惊	六　己 合　戊冲开
值　壬 符　己心景	辛	白　庚 虎　癸辅休
九　癸 天　丁柱杜	九　戊 地　乙芮伤	玄　丙 武　壬英生

郑刚见我写好了，便说：“今天来这儿，主要是想让你把我一生的运气给测一测，我的出生年月日记得，但时辰父母已经记不清楚了，您能否给推出时辰来？”

“我不用四柱一样可以为你断一生运程的，请放心。”我对郑刚说。

我认真地分析一下全局，结合郑刚及曹女士所坐宫位，对其下断语说：“你是官场上做官的，现在是正职，对吧？”

只见郑刚与曹女士相互对视了一下，然后回答：“您测得对，继续往下说。”

判断思路：

郑刚年命壬乘天心星加临值符落震三宫，值符代表领导。又郑刚坐巽宫，巽宫天盘落有乙奇，乙为当年太岁（乙酉），也为当官之符号。一般来说，值符代表正职，值使代表佐职。太岁代表正职（一把手）。

接下来我又接着断：“你小时候是在8岁那年秋天上的小学，9岁就当班干部了。14岁那年，应该是在初中，还是当班干部，而且应该是主要班委。”

“太准了！我是1969年秋天上的小学，那年我正好8虚岁。上小学二年级时，因为我体育好，老师就让我做班里的体育委员。上初二的时候，被老师任命为团支部书记，是 1975 年的事，应该是 14 岁吧。”郑刚很兴奋地向我讲述着学生时代的事情。

判断思路：

郑刚是壬寅年生人，年命寅在艮宫起一岁，震宫二岁，巽宫三岁、四岁，离宫五岁……兑宫为八岁，兑宫乘天辅文曲星，正冲动郑刚年命壬所落之震三宫。又兑宫地盘为癸（甲寅），寅正是郑刚年命，故断他 8 岁（1969 年）上小学，兑宫主酉年，兑又主秋天。9 岁在乾宫，乾宫地盘为壬，正是郑刚之年命天干，由于乾宫为地盘值符宫位，乾为官，所以断郑刚 9 岁当班干部。体育委员者，应乾宫为天心星武曲星之故。断郑刚 14 岁那年当班干部，而且是主要班委——14 岁流年宫位走在震宫，应在 1975 年（乙卯）。震宫天盘壬乘天心星值符，壬为日干，又临值符旬首（甲辰壬），且又为郑刚年命。所以断这一年当班委，值符当然是最主要的班委了。

然后经过分析，我又断郑刚父亲有大灾，应该是在郑刚 20 岁那年（辛酉）。郑刚马上回答：“非常准确！在 1981 年清明节前后，我父亲遭遇了车祸，后来经抢救无效，去世了。”

判断思路：

以日干壬为求测人郑刚，庚为壬之偏印，故取庚为郑刚父亲，今天盘庚落兑宫，为自身羊刃宫（庚羊刃在酉），格局为庚加癸大格，正冲着值符所在之震三宫，震宫又落有郑刚年命、日干壬。地盘庚在巽四宫临死门凶门、蓬星凶星。以上这些都是父亲有灾的最明显的信息。应在 1981 年者，因 1981 年为辛酉年，兑宫为酉之故。兑宫乘白虎凶神，白虎主道路，庚也主道路，震三宫亦为车辆符号，值符宫一般都是动态的，现震兑相冲，必主车灾。从另一个角度来看，1981 年年干辛落离宫，惊门为兑卦，主酉，惊门落离宫，今离宫克庚落之兑宫，也主辛酉年父亲有灾。

接下来我又继续下断语：“你父亲是个有学问的人，但人很清高，比较抗上，和领导处不来，但群众对他还是很拥护的。”

郑刚立即验证道：“你说的一点不错，我父亲是工程师，只是和单位领导总有摩擦，原因很简单：单位领导不懂技术，总是乱指挥工作，父亲发现不对头，就和领导火起来了。但领导最终还得给我父亲赔礼道歉。工人们对我父亲都非常尊敬。”

判断思路：

断郑刚父亲是个有学问之人：庚乘天辅星之故；断郑刚父亲清高、抗上：庚在兑宫直接冲克值符震三宫；断父亲受群众拥护：时干己落坤二宫乘六合来生庚落之兑宫。

接下来我又对郑刚说：“尽管你在学校里学习成绩不错，但最终你没能读大学。”

郑刚回答：“因为当时我家里经济条件不是很好，在高中一年级时因身体突然患病而不得不休学一年，待到重新返回学校想好好学习一番参加高考的时候，父亲又突然出了车祸，家里整个塌了天，这时的我根本没有精力再去参加高考了。我从小学到高中，学习成绩一直都是很好的。”

判断思路：

郑刚年命壬落震三宫，临值符，但天辅星临庚在兑七宫冲克震三宫。兑七宫是今年太岁酉的位置。太岁主高等学府，酉为亚魁星，亦主高等学府、高考之类的信息。这些信息都来冲克壬所落之震宫，故断郑刚没能读大学。断郑刚在学校学习成绩不错：震宫乘景门生丁奇所落之离宫，景门为考试题目，丁奇为考生答卷。故郑刚学习成绩不错，考试能拿到好成绩。

观察一番乾宫的信息，我对郑刚讲：“1982 年，你参加了工作，同年有人给你介绍了女朋友，女朋友家经济条件很好，但你们没有相处成功，分手了。”

郑刚回答：“我是 1982 年秋天参加工作的。上班三个月左右，便有人上门提亲。女方家经济条件确实很好，我们相处了二个多月时间，因性格不合分手了。刘老师测得太准了 ！连这事也能看出来!”

判断思路：

1982年是壬戌年，乾宫藏有地支戌，乾宫地盘又临壬，壬既是1982年（壬戌）年干，同时又是郑刚年命壬，乾宫为开门本位，开门主工作，开门所乘暗干壬正是日干，又是郑刚年命，故断1982年参加工作。落于乾宫的生门所乘暗干为丁，丁与壬合，丁为壬的正财，故断这一年处女朋友。当时为寅月，寅月生门旺相，故断女方经济条件很好。壬申日戌亥空亡，即乾宫空亡，故双方没有谈成，分手了。又郑刚坐在巽位，正被乾宫所冲克，故乾宫的信息是否认郑刚的。

分析片刻，我又从艮宫的组合里找出一些新的信息：“在你24岁那一年（1985年），经人介绍又相处了一个女朋友，这个女朋友性格比较稳重、内向，戴了一副眼镜。你们相处了两年又分手了，是你主动提出分手的。”

“活灵活现！刘老师测得太准了、太精彩了！1985年年末，单位同事给我介绍一位1963年出生的女朋友，她属兔的，戴着一副近视镜，人也稳重，话语不多，当我们相处到1987年时，正商量准备结婚的事情，女方父母在经济上对我们家要求很苛刻，双方僵持起来，最后终因我们家经济条件不是很好，难以满足对方的过分要求，无奈之下只能分手。”郑刚十分感慨地讲述着过去的经历。

“苦尽甜来，1987年虽然失恋了，但工作上你却另有收获，这一年你被提升了，对吧!”我从震宫之组合中又读取出更新的信息。

“是的！因为我工作干得较好，单位领导在1987年提拔我做了车间的副主任兼计划员，从此我的收入好了一些。”郑刚回答我。

判断思路：

断郑刚24岁（1985年）经人介绍又处了一个女朋友：艮宫藏有丑、寅二支，今艮宫地盘为丁，丁为阴干，奇门中有阳与阳比、阴与阴比之说。丑为阴，寅为阳。1985年为乙丑，为阴，丁为阴干，故艮宫之信息应在阴年1985（乙丑）年，丁为壬之正财，郑刚坐巽位，巽宫天盘为乙奇，乙正是

1985年之年干。巽宫地盘为庚，乙庚乃是夫妻之信息。艮宫格局为癸加丁，螣蛇夭矫，丁为目，癸为水，水克火，故女的视力不好，戴着眼镜。丁奇到艮宫为入墓，艮宫又落有杜门，故断女的性格稳重、内向。由于郑刚年命为壬寅，寅在艮宫，所以艮宫出现的这些信息组合均应验在郑刚过去的经历中。

断郑刚与女朋友相处了两年时间又分手，郑刚年命壬临值符落震宫，克艮宫。“克”主否认之信息。震宫应卯年，1987年为丁卯，故从相处（1985年）至分手（1987年）正好是两年时间。断是郑刚主动提出分手的：震宫克艮宫之故，震宫落有郑刚年命壬，艮宫落有女友年命癸。

断1987年郑刚被提升了：郑刚年命壬乘值符天心星落震三宫，值符为领导、权力之象征，震宫应1987年（丁卯）。

这个时候坐在离宫的郑刚妻子曹女士说话了：“哦！原来你还有那么多精彩浪漫的过去，你怎么从来都没有向我坦白过？”说着曹女士半开玩笑地用手在郑刚的后背拍了几下，我细心观察了一下，曹女士是用右手在郑刚的左肋后侧拍打了几下。结合这个动作之外应，加之震三宫的信息，我十分肯定地对郑刚说：“也就是在1987年和原来女友分手之后，你的运气发生了很大转变，一是工作上被提升当官了，再者就是当年就又谈女朋友了，这个女朋友就是你现在身旁的妻子，如果我没说错，你们二人应该是在1988年(戊辰) 上半年结的婚。”

这一席话，令郑刚和妻子曹女士兴奋不已：“刘老师测得完全正确！1987年阴历二月中旬，我和原女朋友正式分手，不久便被单位提拔为计划员兼车间副主任。阴历五月大概在端午节前后，经人介绍与现在身边的她（曹女士）相识了，我们谈得比较融洽，于1988年五·一国际劳动节举行了婚礼。你说我是正职，说对了，我现在是厂长兼党委书记。易经是一门真正了不起的科学！”郑刚十分高兴地说着。

判断思路：

断郑刚于1987年和原女友分手后，运气转变，当年又谈女朋友了，而且就是现在身边的妻子曹女士：震宫有郑刚年命壬，1987年为丁卯，卯为震，震宫落有景门，景门通气于离宫，离宫正坐着郑刚妻子曹女士。景门为离卦为地支午，午中有丁，丁为日干壬之正财，又曹女士年命为癸卯，卯亦在震宫。曹女士用右手拍打郑刚左后背，左后背处为震卦，正应离宫信息动态传到震宫，离宫的先天卦位在震，景门（离卦）落震宫，为后天卦返回先天卦位。再者，郑刚年命为寅，寅为艮卦，艮为天任星，现天任星落离宫，正是妻子曹女士所坐之位。如此，便可锁定1987年郑刚与曹女士相处这个事实，因天任星乘着丁奇之故。

判断思路：

最后断郑刚与曹女士在1988年上半年结婚：郑刚坐巽宫，巽宫天盘乙，地盘落有庚，乙庚为夫妻之符号。巽宫乘死门，死门带有暗干戊，巽宫地支为辰、巳，又巽宫有申子辰三合局之组合（地盘庚为申——甲申，天蓬星为坎为子，巽宫地支有辰），这些信息都说明1988年（戊辰）郑刚与曹女士结婚这个事实。应1988年上半年者，巽宫也。巽主辰、巳月。

后　记

自从2003年10月经民政局、文化局批准成立“瓦房店市周易文化研究会”以来，每天工作变得十分繁忙。绝大多数时间都要用于学员培训、对外服务等项目。白天很少有闲暇时间来写书稿，只好每天利用业余时间，常常爬格子到子夜。如此般地夜以继日，用了近三年的时间，从数万占例中几经筛选，提取出一些最具代表性的精华实占例题，精心组合，这本凝聚着我研究奇门遁甲十六载心得的《奇门启悟》一书，终于在2008年元月杀青定稿了。

《奇门启悟》一书在成稿过程中，得到很多热心朋友、易友的鼎力相助，在实占案例中凡涉及到当事人具体姓名的，我都征得了当事人的同意，有些不愿意透露真实姓名的，在写作过程中我都冠以“先生”、“女士”等来代表之。在编辑排版、文字打印、文稿校对过程中，我的学生于桂花、工作人员孙晓平都倾注了大量的心血、时间。于此，我向这些支持、帮助《奇门启悟》一书顺利成稿的朋友、学生、工作人员们致以诚挚的谢意！另外我还要感谢两位非常重要的人物：一位是我的恩师廖墨香教授，他在百忙中将《奇门启悟》一书反复阅读数遍后，给予了关键性的指点，并为该书写了长长的序言，鼓励我一定要将《奇门启悟》一书推向社会，正式出版，造福易界。另一位是梁奕明先生，他在《奇门启悟》一书的出版事宜上做了大量的工作，可以肯定地讲：《奇门启悟》一书的公开出版，梁奕明先生功不可没！在这里我向梁奕明先生表示深深的感谢！

继《奇门启悟》之后，笔者将继续《刘氏外应预测体系》、《大六壬预测学精义》、《梅花源本与六爻索真》等书籍的成稿与出版工作。力求早日将这些易学著作推向社会，为弘扬祖国易学文化尽一点微薄之力，了却笔者多年之夙愿。

易学同仁及读者们如有学术方面的交流与问题，可直接与我联系，通讯地址：辽宁省瓦房店市新华办事处阳春社区66号楼105室，邮编：116300，电话：0411-85620022（办）、0411-85584122（宅）、13478688100（手机）、网址：http://www.lwyoo.com

刘文元

2009年2月于瓦房店市周易文化研究会